正軌道兮樹風聲

——培正中學建校一百三十年史

葉深銘 著

你要謹守聽從我所吩咐的一切話，

行耶和華——你神眼中看為善，

看為正的事，這樣，

你和你的子孫就可以永遠幸福。

申命記12章28節

香港培正中學附屬幼稚園第廿三屆畢業典禮 一九八六年美林樓

第七屆畢業典禮 一九八六年美林樓

星期 時間		一	二	三	四	五
第一堂	8:30 9:25	地理	集會	英語	自然	集會
第二堂	9:30 10:15	國文	算學	歷史	英語	國文
第三堂	10:15 11:00	算學	國文	國文	國文	自然
第四堂	11:10 11:55	歷史	英語	英語	體育	算學
第五堂	11:55 12:40	英語	地理			英語
第六堂	2:00 2:45	國文	聖經		算學	

香港培正中學附屬小學

香港培正六年制中學第六屆畢業生合照 一九七一年

香港培正中學

學生證

第 B2 號

一九五零年度上學期

培正校歌

培正培正何光榮 教育生涯慘淡營 培
後進分其素 志正軌道分樹風
聲 萬千氣象方造 勃啟瑞華村倘請
煙 愛我培正莫課逸 永為真理之干城 永為真理之干城

Pui Ching's
glory day

序一

創立於晚清，歷經民國、抗戰、內戰、政權輪替，文革、改革開放；肇基於省城，落戶於澳門、香港，在港澳兩地又先後經過殖民地時代，到今日是中國的特別行政區。培正自19世紀創辦，已度過130個寒暑，一直秉持「至善至正」的辦學理念，堅持以中文教學，育人無數，英才輩出，歷久不衰，方興未艾，為內地及港澳地區的教育事業，作出巨大貢獻，成績有目共睹。

廣州培正中學的校史，正是一本中國近現代史，它是由民間自發創立，其時科舉制度尚未廢除，後來廢科舉後，朝廷才頒令成立學校，可見培正一直走在時代之前。百多年來，國家動亂不息，培正的發展也非一帆風順。民國肇造，未幾五四運動爆發，民族主義思潮風起雲湧，非基督教運動席捲全國多個城市，廣州也不能倖免，不旋踵，國民政府收回辦學主權，由於培正自創辦之日始已是華人自理，學生自治，故能安然度過此兩關。到30年代後期抗戰軍興，培正先後播遷於鶴山、澳門、坪石、桂林各地，顛沛流離，居無定所。至和平後，復校不到數年，神州巨變，廣州培正校方失去管理權，並數易其名，直至改革開放後，幾經波折，才恢復原名及重建與香港培正的關係。

香港分校創辦於1933年，正承接著金文泰總督強化漢文教育，大量私立漢文學校湧現之時。創校初期的香港培正，秉承了廣州的辦學傳統，重視德智體群美及宗教教育，在30年代，香港人口大增，不少來自羊城，早已知悉培正師資優良，校風純正，故學校大受家長歡迎，學生人數有增無已，更在抗戰軍興後，開辦中學。在日佔時期結束後，培正復校，在40年代晚期，國共內戰爆發，大量人逃港避難，短短數年，

香港人口已從重光時的 60 萬暴增至逾 200 萬，其中有大量適值入學年齡的青少年，培正中學在林子豐校長的領導下，在原有基礎上，在校舍、師資、管理方面均精益求精，戰後，香港培正培育了一大批優秀人才，在科學、教育、文化、體育等方面均有卓越成就。部分頂尖科研人才更蜚聲國際，取得最高的榮譽，使香港培正中學名聞遐邇。

培正中學創辦於 1889 年，至今已 130 年，其歷久不衰，愚見以為有三點特別值得稱道的。

其一，有異於其他基督教學校多由差會管理，培正自創立之初已是由華人教徒自理，後隸屬兩廣浸信聯會（戰後則為香港浸信會聯會），歷任監督和校長均為華人，管理層亦為熱心基督徒，秉承融合基督精神和儒家精粹的「至善至正」宗旨辦學，營運經費來自教徒募捐。早年培正，篳路藍縷，慘淡經營，多任校長以經費不敷，不辭勞苦，遠赴海外籌款，足跡遍及南洋及北美洲各地，得熱心人士捐獻，才足以維持。也基於上述原因，它才可在民族主義思潮風靡全國的 20 世紀 20 年代，屹立不倒。從廣州到港澳，本色化是培正辦學的一貫傳統。

其二，在英殖民地時期的香港，於上世紀 70 年代前，只有英文是法定語文，以英語授課的英文書院從來是香港教育的主流，父母每多把子女送往英文書院就讀。重英輕中，是百多年來香港教育的特色。九七回歸後，特區政府進行教育改革，強推母語教學，規定除被批准的 114 所符合要求的中學繼續使用英語授課外，其餘的 300 多所中學須改以中文教學，造成標籤現象，中文中學好像低人一等。而在這種環境中，只有為數不多的中文中學可以脫穎而出，與英文書院較一日之長短，培正中學是其中的表表者。戰後培正師資優良，尤以數理科更為突出，培養出大批出類拔萃的學生，日後取得傑出的成就，即與本港任何一間傳統英文書院比較，有過之而無不及。

其三，培正校友的凝聚力和對母校的歸屬感，是其他學校難以比擬的。培正每年畢業生均冠以社名，比方 1954 年畢業的吳家瑋（科技大學首任校長）便屬匡社，而 1957 年畢業的崔琦（諾貝爾物理學獎得主）是輝社，1966 年畢業的丘成桐（數學最高榮譽菲爾茲獎得主）屬皓社，身份清晰，各有所屬。培正雖然是中文中學，但赴美加升學而留居彼邦的至為普遍，培正畢業生遍佈天下，並不誇張。早在 1965 年，世界培正同學會成立，在本港以至美、加、澳、紐、英、法、星、泰、菲等國的大城市均有分會，方便聯絡。每遇重大慶典，居於外地的校友均聯群結隊回港參與慶祝活動，甚至個別級社亦有慶祝畢業若干年而結伴回港聚首的。培正校友崔琦在 1999 年便趁歸省母校機會，把他的諾貝爾物理學獎獎牌送贈給母校，對母校感情之深，可見一斑。

為慶祝培正中學建校 130 年，校董會年前委託葉深銘博士編撰培正中學校史。葉博士執教中學多年，熟諳本地教育發展，復精研中國基督教史，更是培正中學舊生家長，由他肩此重任，至為恰當。今校史付梓在即，謹遵校董會之囑，綴數言以為序，順祝培正中學繼往開來，精益求精，在未來歲月為香港以至國家培育更多人才。

丁新豹博士

香港歷史博物館前總館長

序二

培正的校訓是「至善至正」，校徽的設計是外圓內方，中有旭日和星星散發的光輝，堅持聖經所教導的信、望和愛。學習真理，以衷誠和忠毅服務社群，這是培正130年來的辦學精神，也是維繫全球「紅藍兒女」的長存浩氣！

以學生為本，以知識導航，以榮神益人為目標，以校友對世界的貢獻為光榮，這概括了培正整個校史。感恩一班浸信會的先賢在晚清年代創校，慘淡經營；後人開枝散葉，分別落戶粵、港、澳大灣區各地。培正學風純樸，育才靈活變通，在明德格物的大道上，培育出無數社會棟樑。自20世紀50年代，香港培正中學在眾教職同工、家長和校友的共同努力下，不斷創新，持續發展，在德、智、體、群、靈、藝各方面，卓有成績，深得各方的認同和讚許。所謂「萬千氣象方蓬勃，鼓鑄群才備請纓」，愛我培正謨謀遠，定期寫下昔日的史跡，以資紀念，亦為鏡鑑，更可作為指引，以訂立前途方向，誠屬必要！

感謝何力高校長的帶領、眾編委們一年多的協力齊心，使此階段性的校史得以出版。能夠把學校近年的長足發展，以有系統的方式編納成書，讓讀者們一目了然，充分理解各項數據和事實，及其背後之含義和影響，誠非易事！萬望大家細加閱讀，並予珍藏。代編委會敬告一聲：如有錯漏，敬希包涵，並予指正！

願榮耀歸於創天造地、賜下真理和生命氣息、培正元老們所尊崇侍奉的上帝！

何建宗
香港培正中學校監

序三

培正創校於 1889 年的廣州，迄今已 130 載。2019 年 11 月便是穗、港、澳三地培正慶祝創校 130 週年的大日子。我於 2015 年 9 月回香港培正母校服務，2018 年 8 月底退休，三年歲月匆匆，本以為無緣參與籌劃 130 校慶。有幸同事提醒，舉凡每十年的學校慶典，由於要協調穗、港、澳三地培正的活動及場地，必須於慶典前兩年開展籌備工作，遂於 2017 年 10 月在校內召開會議，商討港校校慶的籌備事宜，席間我提出為香港培正中學編寫校史，以此慶祝母校 130 年華誕，獲與會者一致贊同。

我於 1963 年入讀培正小學一年級，1976 年中六畢業，在學期間經歷了培正中學 80 週年校慶，印象中頗為盛大隆重。雖然我在培正讀書的日子有十多年，期間聽過不少老師講述學校的人和事，但對培正中學的發展歷史仍很模糊。及後翻查每十年出版的校慶特刊，大多記錄廣州創校早期經過，至於港校自 1933 年創立至今的發展，少有較詳盡的描述，故萌生編寫培正校史之意念，心想日後讓每位入讀培正中學的學生人手一冊，了解先賢創校的艱辛，明白今天的成就得來不易，是歷代師長們及紅藍兒女奮鬥的成果。讓培正教育的光輝歷史世世代代傳頌下去，是多麼美好的事情！

況且自港校創校以來，經歷了日本侵華、香港淪陷及重光、1997 年香港回歸祖國等重大歷史時刻，期間香港教育制度及政策亦多有改變，是以編委會決定在編寫培正校史時應緊扣香港教育發展，讓讀者明白校歌中的「教育生涯慘淡營」並非空談。在香港這英語掛帥的城市，培正高舉母語教育的旗幟，並能在同一校園內維持幼稚園、小學、中學 15 年的教育體系，歷數十年不倒，在香港是絕無僅有的。

最後，衷心感謝葉深銘博士承擔了編寫培正校史這艱巨任務，丁新豹博士擔任編委會的顧問，三聯書店（香港）的鼎力相助，致使此書如期出版，為培正中學 130 週年慶典添上色彩！

譚日旭

香港培正中學校長（2015-2018）

作者序

一個多世紀以前，培正先賢以篳路藍縷，艱苦卓絕的精神，憑 67 元的薄資，於 1889 年創立廣州培正，成為中國基督徒自主辦學的濫觴。創校初期，由於資源匱乏，培正曾六遷校址，備嘗艱辛，至 1908 年才奠基廣州東山。至上世紀 50 年代初，中國政局板蕩，培正播遷香港，經過一個世紀的滄桑變化，培正由一所穗城學塾，發展至今，一樹根深，花開三地，穗、港、澳三地培正以承先啟新，踵武前賢的精神，繼續成為培育人才的杏園芳圃。

校園是育人的搖籃，又是許多年輕人經歷青蔥歲月之所。培正是百年老校，建校至今，前後跨越三個世紀，而其中最為人樂道的是那一份濃濃的師生之情與同窗之誼，同學對學校懷有強烈的歸屬感與認同感。在圖書館庋藏著一排又一排整齊全備的畢業同學錄，歷年畢業生不僅在畢業之年出版精美的同學錄，還在畢業後的銀禧、金禧以至鑽禧之年，出版專刊，以誌其盛。其中涵載的是不忘師恩，心繫友情的強韌感情。而幾乎在每一冊的同學錄之中，都載述校史、社史和班史，匯聚了強烈的承先啟後的歷史意識，沉澱著一代又一代的紅藍精神。正是這種順承傳統，又力求立新的精神，啟導了這本培正校史的面世。

執筆為培正修撰校史緣於兩年前與譚日旭校長的一句戲言。原想藉粗淺的史學訓練，為培正校史提供一點謅陋的意見，未想校方竟委以重任，將整部校史的撰寫工作交由我一人承擔。心懷惴慄，唧命動筆，修撰工作歷時兩年，四易其稿，幸好趕及校慶慶典前付梓。全書採編年史體，將學校 130 年卷帙浩繁的史料，按年代先後，分成若干階段，編撰全書的主軸；再以時代變遷為背景，突出每個時期學校發展的特色

與及全人教育的理念，連成經緯，條貫脈絡，以記錄培正百年的育人事業。
每章輔以校史趣聞及專題特寫，用以突出各個階段重要的人和事，兼具紀
事本末體的性質，讓讀者從微觀角度，觀察培正發展的另一方景貌。

事實上，我與小兒望風，父子兩代，均沐承培正教澤。望風於 2001 年 9 月
入讀培正中一，是禧社（2006 年級）的同學。初中時，由於習染一般年
輕人粗率不羈，任情恣性的習氣，在校內頗多踰行。幸賴師長悉心教導，
至高中時始漸歸正途，最終完成大學課程。至於筆者，以中國文史為終生
志趣，亦拜培正之賜。中學時，中國歷史科授業恩師陳樹衡老師是培正
1966 年級皓社的同學。陳師賦性耿介，對國家民族懷有強烈感情，是我得
窺國史堂奧的引路人。入讀香港大學中文系以後，曾追隨在培正任教經年
的林天蔚及羅慷烈老師，分別學習中國社會經濟史及元曲。亦曾於陳炳良
（1954 年級匡社）及何沛雄（1953 年級誠社）兩位教授帳下，研習中國古代
小說及韓（愈）、柳（宗元）古文。可以說我一身文史之學，得益自培正
教澤匪淺。

謹以此書作為培正 130 週年校慶禮讚，並獻予我摯愛的家人——韻蘭、望
風、穎風、程風，是他們的支持令我的學術生命得以煥發光彩。是為序。

葉深銘
己亥晚秋於望風軒

目錄

廣州階段　*1889-1953*

第一部分

追源溯流

第一章

創校及奠基時期

1889-1937

創校緣起

1889-1907

基督新教入華，始於倫敦傳道會（London Missionary Society）傳教士馬禮遜（Robert Morrison, 1782-1834）於 1807 年入廣州傳教。由於清廷禁教，故馬禮遜及米憐（William Milne, 1785-1822）於馬六甲創設英華書院（Anglo-Chinese College），以溝通中西文化，亦為訓練傳道人才的場所，成為教育傳道的濫觴。

1871 年，美南浸信會紀好弼牧師（Rev. Rosewell H. Graves, 1833-1912）在廣州石基里開辦義學書館一所，目的在培育華人信徒及傳道同工，成為浸信會在華辦學的先聲。

至於培正中學的發軔可追溯至清朝光緒十五年（1889）秋，當時廣州惠愛八約浸信會禮拜堂的教牧和信徒李濟良（1858-1951）、馮景謙、廖德山（1868-1924）及李賢士（1854-1950）諸人，為遵照聖經訓誡，避免信徒子女入讀世俗學塾，並習染跪拜偶像之風，因此希望興辦一所華人基督教學校，融入基督精神與聖經義理，提倡新學，以培育新一代的華人信徒。

同年 11 月 4 日，四鄉浸信會會友到廣州舉行研經大會，創校諸賢約同余德寬、歐陽康、李全信、歐陽德寬、黃心堂、張玉屏、魯子珍等，共同擘劃。11 月 23 日主日崇拜後，諸賢聚議於品泉茶居，席間動議創辦書院。11 月 24 日，再集 18 人於五仙西浸信會福音堂，即席籌得 67 元作開辦費。11 月 28 日，李濟良牧師在四鄉傳道人大會上報告成立書塾本意，獲眾支持，學校定名「培正書院」，義取「培植教會子弟，免送俗塾，有失正虞也。」同時公舉馮景謙牧師為總理、廖德山醫生為協理、李濟良牧師為理財司數、李賢士為英文書

（左起）廣州培正中學創辦人：李濟良牧師、馮景謙牧師及廖德山老師。

記、楊海峰牧師為中文書記，並制訂書院的章程規條，刊印成冊，向本地、國內及海外籌募建校經費。培正建校標誌著中國基督教史上第一所由華人信徒自行籌建，不依賴外國傳道會的本色化學校正式出現，在中國基督教教育史上具有非常重要的歷史意義。

「培正書院」於 1890 年 1 月 16 日正式開課，校址位於廣州德政街，學生 44 人。學校聘請清朝秀才杜應元、冼清波為副教習，馮景謙、李濟良、廖德山、李賢士、紀好弼為義務教習。1891 年，學校於年內先後遷校於大塘街及雅荷塘，並於校內設立祈禱會。至 1893 年 7 月，遷至珠光里，改名「培正書塾」，學生 70 人。

光緒二十八年（1902），清廷下令停廢科舉，並頒佈《欽定學堂章程》，令全國所有書院改為學堂，培正因而改書塾為學堂。1905 年，學校因經費不繼，宣告停辦。1906 年，兩廣浸信會議決支持培正復校，更成立了「勸學部」（即後來的「教育部」）專司其事，培正始得購址建校於廣州東山；同時於榨粉街籌辦「羊城培正師範傳習所」，由廖卓庵出任所長，以訓練師資。1907 年，復辦「培正學堂」，收錄小學生，校址暫設於秉

◀ 培正書院創校員生合照
▶ 東山培正建校碑記

政街曹先賢祠。

至 1908 年,校址移駐東山,學校於 7 月 15 日開課,先辦小學部,由自美買棹歸國的李錦綸(1886-1956)出任培正監督,林秉倫任監學,教師 12 人,學生 90 人,為創校以來人數最多的一年。同年,「培正學堂」獻歸兩廣浸信總會辦理,成為正式的教會學校。總計培正從德政街至東山建校,凡六遷校址,歷時 20 載。

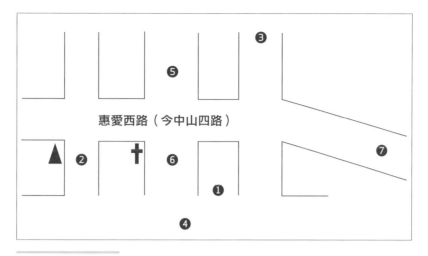

廣州培正校址變遷示意圖

圖例：

❶ 德政街（1890）：培正書院（1889-1892）

❷ 大塘街（1891）：培正書院（1889-1892）

❸ 雅荷塘（1891）：培正書院（1889-1892）

❹ 珠光里（1893）：培正書塾（1893-1904）
　　　　　　　　　培正學堂（1905-1911）

✝ 廣州惠愛八約浸信會禮拜堂

▲ 品泉茶居

❺ 榨粉街（1906）：
　　羊城培正師範傳習所（1906- ?）

❻ 秉政街（1907）：
　　培正學堂（1905-1911）

❼ 東山烟墩崗（1908）：
　　培正學堂（1905-1911）
　　培正學校（1912-1927）
　　私立廣州培正中學（1928-1953）

東山是距廣州市東門約五里的近郊地區，前臨珠江，後枕雲山，四周茂林修竹，鳥語花香，環境清幽，是莘莘學子進德修業的勝地。培正選擇東山為校址，與浸信會在廣州的發展有密切關係。清末，浸信會在廣州的主要傳教地點在五仙門（廣州外城五門之一）外，即今長堤一帶。不過這片地方環境複雜，既有黑社會結幫割據，不時發生毆鬥，加上賭館、妓院林立，風氣敗壞，因此教會中人亟欲另覓據點開展傳教事業。先是光緒二十九年（1903）美南浸信會通過華人信徒廖卓庵於東山區寺右、山河兩鄉，購入兩幅土地，以構築校舍，並把位處城區中心的培道女學遷校於此。其後浸信會陸續在東山購地，興辦禮拜堂、神道學校、恤孤院等，教友亦有多人在此經營房地產，令東山儼然成為一個浸信會社區。培正初期的校址既不理想，因此在兩廣浸信會的支持下，亦在東山購地建校，由此邁進了發展和振興的新時期。

內外交困，慘淡經營

1912 年，中華民國肇建，培正學堂改名「培正學校」。至 1916 年，開辦中學部，學生五人（黃澤光、伍英樹、朱耀芳、張亦然、蘇作卿）。但發展至 1921 年，學生人數已躍增至 680 人。直至 1937 年，抗戰開始，當時中學人數已增至 1,241 人，共計 27 班。學校又分別於 1931 年及 1933 年先後開設廣州西關及香港分校，學生人數以倍數增加。因此，20 世紀的 20 至 30 年代可說是培正發展的黃金時期。不過，在這段期間，學校其實備嘗內外挑戰，幸賴先賢篳路藍縷，蓽叢開山，最終奠立學校的丕基。

建於 1908 年的東山新校舍「白課堂」

表 1：20 世紀 20 至 30 年代全校學生總人數表

年度	人數*
1920	482
1921	674
1922	650
1923	670
1924	1,560
1925	1,472
1926	1,450
1927	1,500
1928	1,660
1929	1,749
1930	1,880
1931	2,474
1932	2,542
1933	3,035
1934	3,430
1935	3,493

*人數包括：中學、小學、女小、西關分校及香港分校。

培正西關分校校門

表 2：20 世紀 30 年代培正中學各級人數統計表（1930-1937）

	初中一	初中二	初中三	高中一	高中二	高中三	總計人數	班數
1930	159	108	80	80	64	47	538	13
1931	152	155	111	93	86	56	653	15
1932	201	133	103	86	87	73	688	16
1933	194	190	122	82	71	63	722	17
1934	290	178	171	128	84	61	922	21
1935	308	232	149	145	114	78	1,026	25
1936	338	274	187	150	146	114	1,209	26
1937	368	273	189	153	146	112	1,241	27

學校首先面對的挑戰是內部的財政困難。民國以後，學生人數急增，學校遂加建宿舍，以應需求，但此舉卻導致負債累升，學校再陷困境。1915年，張立才牧師（1867-1965）與張新基醫生（1889-1960）發起「培正維持會」，召集關心培正的社會賢達及教會先進，籌得 1,600 元，以濟燃眉之急。同時學校開辦英文專修班，由於繳費報名者踴躍，學校因此籌集資金。再加上，1918 年，校董王國璇（1880-1974）慨捐 17,000 元，興築「王廣昌

寄宿舍」一座，東山建校以來的財政壓力得以紓緩。

同年 9 月，李錦綸監督以政務紛繁，辭職求去。校董會改聘楊元勳（雅荷塘培正書院校友，1884-1957）繼任，又任命黃啟明（珠光里培正書塾校友，1887-1939）為中學校長。黃校長履任後，即提出整頓與擴展的計劃。從 1919 年起，十年間三次不惜跋涉萬里，出洋募捐，足跡所至，包括南洋群島、美國、加拿大、西印度群島、古巴、澳洲等地，向當地華僑籌募經費，共籌得款項數十萬元。捐款用於購地擴建校舍，先後興建了古巴堂、美洲堂、澳洲堂、美麗金堂（小學部）、圖書館、芳園等建築。於是培正得以在 20 世紀 20 至 30 年代不斷發展，無論在校制結構、校舍設備、分校擴充與及校風成績等各方面，皆有長足進步，也逐步走出內部財困的陰霾。（有關黃啟明校長在籌款及發展學校方面的功績，詳參附於本章的專頁——〈培正之父：黃啟明校長（1887-1939）〉。）

踏入 20 世紀 20 年代，培正接連受到全國的非基督教運動及收回教育主權運動等外部衝擊。當時，非基督教運動席捲全國，華南地區以廣州響應最為積極，而培正作為教會學校亦受牽連。

非基督教運動起源於 1922 年 4 月在北京清華大學召開的「世界基督教學生同盟」第 11 次大會。在會議舉行前，上海青年學生組織「非基督教學生同盟」在 3 月 9 日發表《非基督教學生同盟宣言》，聲討西方國家利用宗教侵略中國，同時抗議「世界基督教學生同盟」在中國召開會議。他們通電全國學校，要求支持，各地響應者甚眾，持續六年（1922-1927）的非基督教運動由此展開。全國大城市如上海、長沙、廣州、南京、濟南、北京等地，紛紛召開反基督教群眾大會，並舉行大規模的示威。在風潮中，不少反對矛頭直指教會教育，認為教會教育是奴隸教育，教會學校是壓制愛國運動的幫凶，更動輒以罷課、罷考、退學為要脅，與校方對峙。各地因此學潮不斷，其中最著名的是發生於 1924 年的廣州聖三一事件。

廣州私立聖三一中學是由英國聖公會華南傳道福音會創辦。1924 年 3 月下旬，該校部分學生欲成立「班聯會」（學生自治會），遭英人校長制止，學生號召罷課抗爭。校方決定開除為首鬧事的學生：梁福文、劉文真和鄧漢忠。學生因此群起罷課，甚至退學，並於 4 月 16 日發表〈廣州聖三一學校通電〉，號召全國聲援。事件中共有 83 名學生集體退學，而廣州黃埔軍校學生竟乘機進駐學校，驅散了在校的教職員及學生，學校更被迫暫時關閉。事件引發高漲的民族主義情緒。5 月底，廣州學生聯合會成立，極力主張從外國教會手上收回教育主權。

不過，在非基督教運動的風潮下，培正所受到的衝擊遠較其他教會學校為輕，學校從未發生學生罷課或退學的事情，這與學校的管治體制、政治取向與師生關係有密切關係。自 1908 年起，培正正式歸屬兩廣浸信總會，而非美南浸信會差會（American Southern Baptist Mission），並且自成立以後無論監督或校長均由華人出任，與一般差會學校由西人任校長迥異。因此，由於種族歧異而產生的矛盾，亦較其他教會學校緩和。加上，學校從 1926 年開始，由校長制變成委員會制，予人校政民主化的觀感，較一般由西人校長把持校政，作風獨斷亦有所不同。

此外，自 1925 年的 5、6 月，中國相繼發生「五卅慘案」（上海）及「沙基慘案」（廣州），中國反日排外的風潮日益澎湃。廣州為「沙基慘案」的肇事地點，民眾仇外情緒高漲，紛紛上街遊行示威，抗議帝國主義對中國的侵凌。一般而言，由外國傳教士執掌的差會學校，並不主張學生參與政治運動。但培正在黃啟明校長領導下，卻展現強烈的愛國主義精神。事實上，黃校長一直致力培養學生的民族感情，每年的 3 月 29 日，學校均組織全體師生列隊徒步，前往黃花崗致祭 72 烈士墓；又於每年的雙十節，舉行慶祝國慶活動。當天早上，全體學生齊集操場，舉行升旗儀式，並向國旗致敬，以培養愛國情操。

培正學堂於 1912 年改名為「培正學校」，後於 1928 年依法令更正校名為「私立廣州培正中學」。

因此，在慘案發生後，學校上下，均積極參與抗爭運動。在黃校長及老師的鼓勵下，學生更自發組成「培正救國宣傳團」，一方面派出銀樂隊，以鮮明制服、整齊步伐，列隊帶頭組成遊行隊伍；另一方面又派出童子軍為糾察隊，維持各遊行隊伍的秩序。此外，學生在老師的帶領下，出發前往四鄉，公演話劇，宣傳國難，喚醒民眾，又為省港大罷工的工人籌募款項，獲各方稱譽。在有關國家民族的大是大非上，由華人信徒營辦的培正較其他由外國差會主辦的教會學校顯得旗幟鮮明，處處不落人後，突顯培正在處理中外關係轉變的局勢時，有較明顯的優勢。

令培正在風潮中屹立不倒的更重要原因是培正融洽的師生關係。早期的培正已實行學生自治，校內各項課外活動與及制服隊伍（如童子軍、陸軍團等）均由學生自行負責。至於各種集隊、集會，以至日常校內紀律，均由值日生巡視學校，執行紀律，維持秩序。學校一般紀念盛會、大型活動，均由學生主持。因此，學生對學校有很強的歸屬感。而黃校長亦非常著重與學生建立關係。首先，他與留宿老師每天均與學生一起在白

培正獲教育廳批准，為廣東省最早獲准立案的學校之一。

課堂（東山培正第一間課室）晚膳，藉此與學生建立情誼。其次，在入學初期，黃校長會以小組形式，約見每一位新入讀培正的學生，令學生感到校長非常親切。而老師亦克盡人師之責，樂於與學生建立關係。例如，財務主任冼錫鴻老師（1871-1973）被稱許為「風度溫雅，心腸熱誠」，經常面露笑容，更邀請學生回家吃飯，師生關係融洽。

除非基督教運動外，培正在 20 年代中期亦面對國民政府收回教育權，令學校的基督教辦學理想受到嚴峻的挑戰。收回教育權運動可說是由非基督教運動衍生而成的。由於當時中國不少學校由外國差會主辦，主事人也多為外人，因此，為要重奪教育主權，不讓外人壟斷，全國教育會聯合會於 1924 年 10 月在河南開封召開會議，議決取締外國人在國內辦理教育事業與及限令學校之內不得傳佈宗教。決議通過後，各地教會學校的學生紛起回應。廣州聖三一中學、協和中學、聖心學校、南京明德女校、長沙雅禮大學、開封濟汴中學、重慶廣益中學等校學生紛紛退學。五卅

運動爆發以後，教會學校學生的退學風潮更遍及全國。而自 1925 年 6 月，
沙基慘案發生後，廣州的教會學校亦風潮迭起，聖心、中德、聖三一等
學生大量退學，不少教會學校的教育工作一度停頓。

1925 年 11 月 16 日，國民政府頒佈〈外人捐資設立學校辦法〉，正式收回
教育主權。法令規定傳教學校須由中國人擔任校長，並且需要以私校名
義向政府立案登記，接受監管。學校不得以宗教科目為必修科，亦不得
在課內作宗教宣傳或強迫學生參加宗教儀式。培正於同年向政府申請立
案，同時取消聖經科為必修科，學生可自由參加宗教活動。1928 年 11 月
14 日，培正獲教育廳批准，成為廣東省最早獲准立案的學校之一，並依
法令更正校名為「私立廣州培正中學」。

弘揚基督，提倡新學

創校伊始，培正便以為年輕人提供基督教全人教育為辦學宗旨。在〈廣州華人浸會書院創辦緣起〉（"The Chinese Baptist Academy of Canton"）一文，創校先賢便提到開辦培正的目的：

> ……本書院設立目的純為吸收誠心慕道及有志向學之青年，教以永生之道，希望拯救彼等，免於沈淪。他方面亦欲提高青年人之德性及教育。吾人深信此種教學、訓練與潛力在德性上必收良好效果……

培正先賢正以此為正軌，栽培了一代又一代的紅藍兒女。

1916 年，中學部成立。楊元勳監督以「至善至正」為校訓，取自《聖經》及《大學》。在《舊約聖經》的〈申命記〉12 章 28 節載：

> 你要謹守聽從我所吩咐的一切話，行耶和華你神眼中看為善，看為正的事。這樣，你和你的子孫就可以永遠幸福。

《大學》為「四書」之一，是儒家的經典。開首即云：

> 大學之道在明明德，在親民，在止於至善。

可見培正的立校精神除建基於基督教的義理訓誨之外，還包含濃厚的儒家思想，頗有中西文化兼容並包的意味。

1917 年，當時培正並沒有規定校色、校旗，楊元勳監督認為培正應有其光輝標誌，遂以紅藍為校色，並以此設計紅藍校

〈培正創辦緣起書〉

旗，自此紅藍兩色便代表了培正的精神。一般而言，紅色代表澎湃的熱情和火熱的心；藍色代表冷靜機智、周到的思考和策劃。在詮釋紅藍精神時，何世明牧師（1928 年級樂群社）認為情感（紅）與理智（藍）需要有圓滿而均衡的發展，才能邁向「至善至正」的目標。鄭秉仁校長（1934 年級蔭社）指出紅藍精神的特質「就是仁愛、服務與犧牲」。而由於它是「本乎基督仁愛善正之真理」，因此，王祖詒老師認為紅藍精神會「歷久不衰」。至於黃靈根學長（1927 年級會仁社）更指出紅藍精神讓紅藍兒女經得起挑戰與考驗，「不以逆境而餒志，不以挫折而喪心」，是歷代培正人生命價值所寄。

隨著學校的發展，培正亦逐步實踐基督教全人教育的理念，無論在德、

1922 年全體教職員合影

智、體、群、美、靈各方面，學生均有顯著成長。

智育

在教學改革方面，楊元勳校長亟欲擺脫當時公立中學外語及數理科目水平低下的情況，自 1916 年開辦中學時已定下目標，要求要比公立學校教授高一級別的數理科目課程。另一方面，楊元勳有感中國出版的教科書程度較淺，因此引入外國出版的教科書及教材，要求老師以英語講授。對於英文科學名詞，則規定於必要時可用中文譯釋，以便學生易於領略。這樣，培正在理科和英語教學方面，明顯比其他學校優勝。1927 年，廣州舉行全市學生英文競賽，培正學生奪得一個第一名，與及三個第二名，成績驕人。

至黃啟明時期，更大力擴充實驗室及增加相關儀器設備，例如有購自英、美的顯微鏡、本生燈、滾軸齒輪儀器、高速乳化機、低速離心機等，務

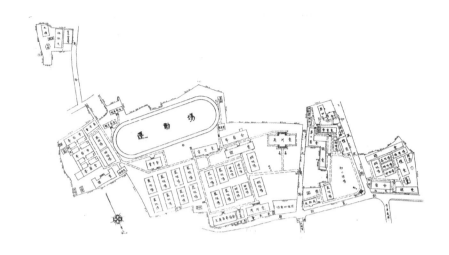

東山培正校舍平面圖

求讓學生可親自參與實驗，以裝備學生升讀中國以至外國大學的理、工、農、醫等科目，而培正的實驗室亦成為廣州市設備最先進的學校實驗室。此外，黃啟明校長又大力發展圖書館，於 1935 年建立新的圖書館，樓高三層：第一層左為書庫，右為閱報室和雜誌閱覽室；第二層為普通閱覽室，第三層為博物館。閱覽室可容 284 人，書庫則可藏書六、七萬冊。圖書館開幕時，圖書藏量為 36,200 餘冊；中、日文書籍 32,000 餘冊，西文書籍 3,000 餘冊，雜誌 139 種。對推動讀書風氣，甚有裨助。

為了豐富學生的知識面，學校經常舉辦演講會，邀請學術名流蒞校演講。包括嶺南大學陳序經教授（1903-1967）主講「中國文化問題」；中華基督教全國總會總幹事范定九博士（1899-?）主講「中國青年與社會問題分析」；中山大學農學院院長鄧植儀教授（1888-1957）主講「廣東農業發展之經過」；中山大學歷史學系主任朱謙之教授（1899-1972）主講「文學與音樂」等。又舉行教育播音，接收首都南京的學術演講，包括當代國際政治概況、農業倉庫的意義和推行進程、青年與社會服務、科學家的修

校園內的化學室，裏面有先進的實驗儀器設備。

養、如何培養職業興趣與選擇職業等。讓學生對學科及學科相關的知識均有所涉獵，拓闊學生的知識領域，為融合新知識提供良好的基礎。

教師是主導教學的靈魂人物，自楊元勳校長開始，培正不惜高薪邀聘良師。國文科方面，先後從華北聘請了積極投身新文化運動的學者來校任教，包括主編中學國文教材的王頌三、曾任教燕京大學中文系的梁寒操（1899-1975）和陳黃光教授（1904-1935）。英文科方面，除聘任美國哥倫比亞大學（Columbia University）的李寶榮博士任教外，黃啟明又邀請美南浸信差會派遣外籍傳教士來校擔任兼職教師，如威林士（James T. Williams）、謝北士（C. R. Sheplasd）、靳女士（Alvada Gunn）等，讓學生有更多接觸英語的機會。數學科方面，聘請燕京大學數學系助教何宗頤（1926年級奮志社）；化學科方面，聘請任教於北平大學化學系的周達仁教授；地理科方面，聘請清華大學畢業的伍德祺和劉瑞。至於美術科方面，則聘請了被譽為「國畫大師」的黃君璧（1898-1991）和美術家吳馥餘（1926年級奮志社）來校任教。

培正歷屆高中畢業生，多升讀國內著名大學。由於學術成績優異，部分大學更認許培正為聯絡中學，對培正畢業生的入學申請准予優先或免試入學，包括：嶺南大學、滬江大學、光華大學、金陵大學、燕京大學、齊魯大學及東吳大學。至於國外則有美國列治文大學（University of Richmond）給予培正畢業生免試優待。表 3 是 1934 年培正高中畢業生的升學調查報告，從中可以反映培正畢業生的升學路向。

表 3：1934 年度高中畢業生升學調查表

	投考人數	取錄人數	入學人數
燕京大學	14	12	8
金陵大學	11	3	1
嶺南大學	7	6	5
滬江大學	10	10	7
東吳大學	2	2	2
中山大學	19	3	3
交通大學	4	0	0
清華大學	11	0	0
南京中央軍校	3	3	3
北平大學	1	1	1
勷勤大學	未詳	2	2
商船學校	4	3	2
無線電學校	4	4	4
軍醫學校	5	3	3
留學國外	未詳	8	8
總計	95	60	49[*]

[*] 當年培正畢業生人數為 53 人，升學人數佔 92.4%。

表 3 反映培正畢業生以國內升學為主，近半學生選擇入讀聯繫大學（表 3 首五所大學），而前往外國升學者只佔總升學人數約 15%，至於選擇入讀專科學校者有九人，佔總人數 18%。

德育

培正立校以來，一向注重學生品格修養，並以勤勞、儉樸、友愛和服務的校園生活精神來建立純樸的校風。學校設訓育部以統籌中學部訓育事務，由訓育主任統率行事，高、初中各設訓育員一人，另高中每級設級主任一人，初中每級設學生管理員一人，協助訓育部推行訓育工作。

由於當時培正大部分學生都是離家求學的寄宿生，為增進同學的孝親觀念，培正青年於每年重陽節都會舉行「思親節紀念會」。集會在節日的早上舉行，開會時，全體同學肅立，默念思親，禮堂內琴聲繚繞，氣氛更覺莊嚴。紀念會散後，青年會會將特製的思親節紀念信封及信箋分發予高、初中及小學同學，鼓勵他們向親人致書問候，令節日倍添道德教育的意義。

此外，培正又配合國民政府推動軍訓及新生活運動，以磨礪學生的心志與生活紀律。1927年，為加強國民軍事教育，國民政府於7月28日發佈〈高級中等以上學校軍事教育方案〉，各校設軍事訓練主任，負責以軍事管理方式訓練在校高中學生，是統合文武教育的具體實踐。1934年，廣東省教育廳召開全省軍事訓練主任會議，議決由1934學年上學期開始，全省中學開始實行軍訓。培正軍訓主任徐鉉與學校當局會商執行辦法，決定由1934年9月中旬開始，對高中學生施行軍事管理，學生一切行動均行紀律化，校規與軍紀同時執行，並加派八名軍訓教官協同監學、舍監等執行職務。

至於新生活運動是1934至1949年期間由中華民國政府推出的公民教育運動，目的在提倡紀律、品德、秩序、整潔等，以儒家「四維」（禮、義、廉、恥）和基督教的「八德」（忠孝仁愛信義和平）為綱領，並以「三化」（生活藝術化、生活生產化、生活軍事化）為行動指引。1934年5月，

蔣介石親自擬定《新生活運動綱要》。7月1日，新生活運動促進總會於南昌成立，蔣介石就任會長，新生活運動正式向全國推展。蔣介石要求學校除於校內嚴格執行《新生活運動綱要》外，並組成服務團，由師生親作模範，負責推廣、督導、檢舉。培正於1936年接到廣東省教育廳令，要求組織「新生活勞動服務團」，並於同年10月15日成立團部，由黃啟明校長擔任團長。為讓學生掌握運動的精神，學校亦舉行新生活教育演講會，邀請廣東省新生活運動促進會派員到校主講。新生活運動由於抗戰形勢日趨嚴峻，未能深入全國各地（尤以農村為甚）。但運動的實施，對於改善百姓生活狀況、提高民眾素質、振奮民族精神、增強民眾團結，具有十分積極的作用，亦有助培正德育工作的發展。

體育

培正一向重視體育運動，李錦綸校長於1908年時已開設體育課，積極提倡體育活動，興建新型運動場，亦特別注意學生課外活動的表現，所以當時學生參加外界體育比賽屢獲佳績。例如1908年時，廣東省舉行第四屆全省運動會，培正總成績為全場第三名，表現一鳴驚人。1912年12月，第五屆全省運動會開幕，培正派出50名學生參賽，再次獲得全場季軍。

至楊元勳時期（1914-1918），學校繼續支持學生參與體育運動。1919年5月，第四屆遠東運動會於馬尼拉（Manila）舉行，培正第一屆高中生張亦然（1920年級）獲選為中華民國排球隊代表，被認為是培正「馳譽於體育壇坫之始」。楊校長又嘗試引入新的體育項目，並聘請名師指導。例如鼓勵學生學習中國拳術，由山東著名拳師劉續封師傅任教。學校每年均舉辦校運會，體育競技水平大為提升。

黃啟明校長在任期間（1918-1939），對體育發展更是不遺餘力。1930年，黃校長廣置場地，在中學部南面開闢大運動場，面積30餘畝，跑道周長

1924 年參與全國運動會的培正選手合照

375 米，中附足球場，也可用作壘球場，或田賽項目的訓練場所。大運動場以外還有籃球場 13 所，排球場六所及游泳池一所，位於南校門外。黃校長強調體育運動普遍化，要求所有學生均編隊訓練，他認為此舉可以「達到健身、強種、救國之旨」，令體育運動多了一重德育意義與民族情懷。體育運動自此成為培正最重要的傳統之一。

在這段時期，培正學生續在校外大型體育賽事屢獲殊榮。1921 年 4 月，廣東省舉行第八屆全省運動會，培正成績更上層樓，獲全場亞軍。學校舉辦盛大的祝捷會，更提燈巡行，東山區居民沿路燃放鞭炮，祝賀紅藍健兒取得佳績，氣氛熱烈。1924 年 5 月，第三屆全國運動會於武昌舉行，由於當時廣東政局不穩，對於派隊參賽，當局未有具體表示。培正毅然向主管機關取得參賽資格，成為華南區代表，並自費派隊參加籃球、排球、游泳、田徑各項賽事。由一所中學代表一個地區出席全國運動會是史上僅見的。結果，培正健兒在排球與游泳兩項賽事勇奪全國冠軍，籃球則以三分之微，負於華北區，屈居亞軍。由於培正在體育方面表現傑出，黃啟明校長受邀出任廣東省體育委員會委員，更代表廣東省出席全

國體育會議。

在各種體育競技項目中，培正以籃球及排球的成績最為突出，其中籃球更被譽為培正的「校技」。在 20 世紀 20 至 30 年代，培正中學籃球隊曾獲多屆省運會籃球冠軍，1933 至 1936 年更連續四屆獲得冠軍。1936 年第十三屆省運會，培正甲、乙組籃球隊更同時獲得冠軍，傳為一時佳話。當時在廣州號稱盟主的嶺南大學紅灰隊、實力雄厚的廣州青年會中西幹事隊及培英中外教員隊，均為其手下敗將。在廣州市的學界比賽中，培正籃球隊亦戰績彪炳，包括連續三屆（1934-1936 年）獲得「伯良盃」；初中隊亦連續兩年（1934-1935 年）獲得由廣州市青年會主辦的「仲振盃」，並可永久保存獎盃。培正籃球隊當年還南征香港，與聖保羅書院、皇仁書院、英華書院、香港基督教青年會等學界精英對賽，並保持全勝紀錄。

除了籃球，培正排球隊亦享譽民初時期的體壇。1924 年，中華民國第三屆全國運動會在武昌舉行，培正派出排球隊參加比賽，並勇奪冠軍。一支中學校隊摘取全國排球之桂冠，在中國排球史上允稱空前。其後，擔任隊長的孫乾（1927 年級會仁社，孫中山的侄孫）和隊員譚蘇景、黃培昌、羅南科及梁質君同被選入國家排球隊，代表中華民國出席 1927 年在上海舉行的第八屆遠東運動會，結果中國隊戰勝日本隊和菲律賓隊，奪得冠軍。五名隊員被稱為「紅藍五虎將」。1935 年 10 月，國民政府在上海舉行第六屆全國運動會，這是國民政府退守台灣前最後一屆全國運動會，結果上海隊奪得排球冠軍，其中七名隊員來自培正。培正的籃、排球隊可謂一時瑜亮。

群育

培正先賢以互愛互助，服務社群，實踐至善至正的精神，作為立校之本。

成立於 1933 年 6 月 27 日的學校合作社便是「以謀消費者之省儉便利，及發揮互助合作之精神為宗旨」。除謀求校內員生的福利外，合作社的盈餘還用來補貼營運平民夜校的經費。考培正設立平民夜校始於 1912 年，以普及教育及救濟失學兒童為宗旨，由當時學校的青年會負責籌組及營辦，學校的老師及學生負責教授，費用全免。1921 年，學校當局收辦夜學，培正青年會乃改辦平民學校。直至 1931 年，學校再次籌辦平民夜校，分為四班，每兩班在同一課室內，用複式授課方式上課，以節省資源。課程方面，大部分按照廣州市民眾夜校課程。至於夜校經費，每月支出約 60 餘元（以當時的米價而論，60 元足可買 750 斤白米），除由學校津貼 30 元外，餘數悉由合作社負責。

至於由培正青年會主辦的平民學校，在發展十餘年後，漸具規模。1932 年，於東山的山河鄉，建立校舍，包括四間教室、圖書館、校務處、教職員宿舍及運動場。學生均來自附近山河鄉貧民區的兒童，他們的家庭大多靠苦力或竹工為生，日常生活異常貧困。由於當地兒童終日閒遊，易染惡習，培正青年會因此在當地設立義學，以教育貧童。學校為四年制的小學，每年上課共 48 學週。教學人員方面，除聘專任教師三位外，其餘由中學同學專長於某科者分任義務教師，計全校教職員共 42 位，學生達 103 名。

此外，培正學生為響應蔣介石（1887-1975）「改造社會，建設農村」的呼籲，特於 1937 年建立「培正中學基督教青年會山河鄉服務團」，利用暑假餘暇，本基督「非以役人，乃役於人」的訓誡，服務農村。他們選擇的山河鄉是新開闢的貧民區，共有 413 戶，人口約 2,000 人。服務工作包括：娛樂服務（音樂會、歌詠、戲劇會、電影、象棋、風箏比賽）；語文服務（壁報、小先生制、代筆處、巡迴圖書、問事處［諮詢服務］）；衛生服務（暑天衛生宣傳、醫診、清潔運動、種痘、體育、嬰兒健康比賽）；公民服務（時事報告、紀念週、國難演講、講故事、俱樂部、團體組織），內容豐

東山培正圖書館

富全面。可惜同年 7 月 7 日，日本發動全面侵華戰爭，培正隨後遷校鶴城，服務遂告中斷。

揆諸史實，日本在中華民國時期以武力侵華始於 1931 年 9 月 18 日的「瀋陽事變」（又稱「九一八事變」）。當天晚上，日本關東軍鐵道守備隊炸毀瀋陽柳條湖附近的南滿鐵路，並誣指是中國軍隊所為。日軍以此為藉口，炮轟瀋陽北大營，進而侵佔東北三省（黑龍江、吉林、遼寧）。1932 年 2 月，東北全境淪陷，中國遭受國土淪喪，人民顛沛流離的痛苦。在「九一八」事變一周年時，黃啟明校長對全校訓話，要求全體師生：

……毋忘「九一八」的奇恥大辱，應互相策勵，兄告其弟，父訓其子……誓雪我國數十年來所受日本帝國主義者一切的恥辱，務期達到收回失地，拯救在水深火熱中的同胞……。

情緒激昂，語調沉痛。一年後，他又發表〈全體員生為「九一八」二周年敬告民眾〉，要求員生「抱著犧牲的精神，憑著我們的熱血來打出一個新局面」。在國難當前，與及校長的號召下，培正師生均熱切參與救國抗敵的活動，特別在籌款捐資及教育民眾兩方面，有令人感佩的表現。

首先，在籌款方面，培正學生特於 1933 年 9 月 9 至 11 日，一連三天，舉辦「援助東北義軍遊藝大會」，支持東北地區的義勇軍在敵後與日軍作戰。遊藝會共籌得 5,000 餘元。善款除捐助東北義勇軍長期抗日外，又撥出 1,000 元接濟宋哲元將軍（1885-1940）的第 29 路軍。宋哲元出身西北軍，驍勇善戰，當時宋軍死守河北長城一帶，力抗日本軍隊南下，形勢險惡。1933 年 3 月，培正匯款支援宋軍。宋哲元接到款項後，於 1933 年 4 月 27 日覆函致謝：

> 承遠勞慰問，厚惠寵頒，拜領之餘，愈滋感愧，頑寇未除，枕戈時惕，有矢志殲敵，用副期許……

培正全體員生又捐輸鉅款，接濟曾在 1932 年上海「一二八事變」中，拚死力戰的 19 路軍。其後，19 路軍主帥蔡廷鍇（1892-1968）回粵，特題「共赴國難」匾額，贈送培正，以表鼓勵及感謝。1936 年 11 月，培正又匯款捐助鎮守綏遠（中華民國塞北四省之一，今已併入蒙古自治區境內）前線的傅作義（1895-1974）的第七集團軍，力阻日軍向中國西北方進侵。根據傅作義的覆電，顯示培正是廣州首間中學發起「募款勞軍」的義舉。

除籌款勞軍外，培正師生又發起捐贈物資，支援前線國軍。1933 年 6 月，培正學生會及青年會發起運動，製辦軍人內衣 1,000 件，每件 1 元 2 角。經由「戰區服務慰勞前方將士委員會」轉贈前方將士，每件內衣均印有「廣州培正中學贈」字樣，以為標識。同年 10 月，

培正又響應全省教育界的倡議，捐資購買飛機，用以抗敵，共籌得款項 1,252 元 5 角。最後，廣東省教育界購辦兩架飛機，一名「廣東學生號」，一名「廣東教育界號」。

最後在抗日救國教育活動上，培正師生亦積極參與。1935 年 11 月 30 日至 12 月 1 日，培正青年會舉辦「戰事常識展覽會」，以激發同學捍衛社稷的決心，又可啟迪民眾的見識，保護個人及家庭的安全。展出物品甚豐，計有防空委員會各種圖表、飛機廠的飛機模型、大眾公司的高射砲、飛機隊列照片、防毒面罩與及戰事用品，據說到會參觀者甚眾。翌年，培正又配合廣東綏靖公署防空處宣傳空襲活動，組織「防空宣傳隊」，向東山區居民宣傳空襲的防範措施。學校每日派出兩隊三至五名學生，按照指定時間及地點，向市民講解防空要義與方法，如毒氣種類及其防禦法；消防、警報及燈光管制問題，並特備圖表以助解釋。每次聽眾平均不下 100 餘人。可見在國難當前，培正師生當仁不讓，各盡棉薄，以發揮喚醒民眾，集腋成裘的力量。

美育

培正一直以全人教育為辦學理念，而美藝教育是全面建立學生品格和陶冶性情不可或缺的重要一環。音樂教育方面，培正以銀樂隊最負盛名。至於美術、攝影亦是廣州學界的中堅，讓具不同藝術造詣的學生均有發揮的機會，培育出如馬思聰（1921 年入讀培正小學）及陳洪（1926 年級奮志社）等中國著名音樂家。

培正銀樂隊成立於 1920 年。當年黃啟明校長赴美籌款，為鼓勵學生發揮音樂潛能，決定組織銀樂隊。黃校長前後兩次引進西洋樂器，第一次是 1920 年，從美國帶回 13 件樂器，銀樂隊亦於是年成立。其後於 1923 年第二次赴美回國時帶回 20 多件樂器，令培正銀樂隊成為全廣州市設備最優

良的管樂隊。因為當時廣州最負盛名的陸軍第一師軍樂隊、聖心書院軍樂隊及嶺南大學軍樂隊的樂器均是銅製，只有培正的銀樂隊樂器是銀製的。根據第一位報名參加，其後出任首屆銀樂隊隊長的林沾（1926 年級奮志社）學長記述，首批隊員 30 多名，正選隊員 13 名，詳情見表 4。

表 4：廣州培正中學首屆銀樂隊正選隊員名單

姓名	級社	樂器
林沾	1926 年級奮志社	短號（Cornet）
黃超發	1923 年級	
夏安世	1922 年級	單簧管（Clarinet）
夏昌世	1922 年級	
伍士倫	1924 年級群社	短笛（Piccolo）
伍連亨	1924 年級群社	薩克斯管（Saxophone）
趙忠憲	不詳	中音薩克斯管（Alto Saxophone）
鄧錫培	1923 年級	長號（Trombone）
梅瑞恩	1924 年級群社	
羅大恩	1925 年級勵社	低音小號（Baritone）
林湛	1924 年級群社	低音大號（Bass Tuba）
張志深	不詳	小鼓（Snare Drum）
阮炳森	1924 年級群社	大鼓（Bass Drum）

至於制服則是自備的，每套 28 元，包括紅色軍帽、絨上衣、紅身、藍綑紡、黃色闊排紐、白褲，儀容壯觀。

銀樂隊初期的啟蒙老師，是由第一師軍樂隊請來的施宗煌及曾昭霖。後來學校改聘嶺南大學的羅懷堅與伍佰勝負責訓練。訓練過程是相當嚴格的，先教讀譜，由淺入深，次學用氣與發音，各種樂器接嘴與唇形的關係，然後合奏樂譜。練習時間為每日下午 5 時，地點在「學生基督教青年會會所」。1928 年初，剛從北京大學音樂傳習所回穗的中國近代著名音樂家冼星海（1905-1945）曾兼任培正銀樂隊指揮。同年 9 月，冼星海考入上海國立音樂學院深造，指揮一職交嶺南大學同窗摯友何安東（1907-1994）

重組後的培正銀樂隊

接任。何老師於 1929 年加入培正，擔任樂隊指揮兼任初中三年級的音樂老師。何老師接任指揮後，即大力促進培正銀樂隊的發展。他鼓勵學生自費購買樂器參加銀樂隊，使樂隊迅速擴大，曾多達 40 餘人，成為當時廣州最大的管樂隊之一。

可惜好景不常，隨著隊員相繼畢業離校，而新隊員又欠缺嚴格訓練，銀樂隊的演出漸走下坡。何安東老師有見及此，特於 1934 年 5 月 9 日，於家中召集隊員，討論樂隊的復興問題。席間各隊員均下定決心，願意接受嚴格訓練，並重新訂定隊員約規，規定練習時間、分級教練等項。高級教練由何老師擔任，初級教練由鄺秉仁學長負責。何老師又特向校方請求添購樂器，以敷應用。得校方批准後，新一批樂器經由安東尼琴行向法國訂購，其中包括銀角、銀號、簫管等 20 餘件，有助加強學生的練習。

20 至 30 年代的培正銀樂隊，由於制服鮮明，技藝出眾，經常成為典禮儀式中最受注目的一群。每年致祭黃花崗烈士墓及國慶（又稱「雙十節」），銀樂隊均負責演奏。其中，每年 3 月 29 日拜祭黃花崗烈士墓，全校師生從學校出發，徒步前往黃花崗，沿途由銀樂隊開路，陣容盛大，儀式莊嚴，最受社會注目。此外，銀樂隊又經常在週末黃昏到東山公園演奏，給東山居民的生活增添色彩。這種寓學習於服務的做法，是培正服務精神的最佳實踐。

1950 年之後，由於新政府改組教育系統，廣州培正中學的老師逐批被調走，其中何安東老師被調往哈爾濱第 19 兵團訓練軍樂團。「將軍一去，大樹飄零」，培正銀樂隊自指揮何老師離校，加上新政府其後將銀樂隊的樂器徵為公用，培正銀樂隊已無復當年盛況。

戰前培正的美育工作可說是相當多元化的。除了銀樂隊，培正還有多個與美育相關的會社在 30 年代先後成立，讓具不同潛質的學生有一展才華的機會。先是 1933 年 4 月，一群對攝影有濃厚興趣的同學，聚集於美洲堂，成立了「培正攝影會」，宗旨是研究攝影技術，豐富課外生活。首屆會長為葉裔臻。其後，梅健英（1937 年級藝群社）倡議成立「紅藍攝影社」，聯繫同好，切磋影藝。他們聘請了廣東攝影學會著名攝影家伍千里和何崇柏任顧問，指導拍攝技術，與當時嶺南大學的「紅灰攝影社」、培英中學的「白綠攝影社」鼎足而三，享譽學界。而梅健英後來從事工藝美術，並執教於中央工藝美術學院。1935 年，培正創立了口琴隊，創始人是陳宗震（1936 年級翔社），隊員 20 多人，吳灼年（1936 年級翔社）、陸錫昌任主吹奏手，宋新明（1936 年級翔社）負責八度和音。口琴隊曾在校內外演奏多次，甚獲好評。1936 年 12 月，愛好美術的同學發起組織「培正美術研究會」，並邀請美術老師吳馥餘擔任指導，每學年終結時舉行習作展覽一次，供校內師生觀賞，會長同為梅健英學長。由於培正積極提倡美術，水平亦佳，故廣州基督教青年會於 1937 年 5 月 7 至 14 日舉行「培

正美展」，以提倡美育。參展作品達到 400 餘幅，廣州市各大報刊均有報導，引起廣泛的社會迴響。

培正美育卓有成就，人才輩出，與老師的辛勤栽培關係密切。在美術方面，首推吳馥餘老師。吳老師是廣東新會人，生於 1904 年，是培正 1926 年級奮志社畢業的前輩學長。畢業後負笈上海美術專科學校繪畫系學習畫藝。後赴日本東京上野美術學院（今東京美術大學）深造兩年，專攻西洋油畫及中國畫。1936 年學成歸國，受聘於母校，教授美術及繪畫，在東山、澳門、香港從事教學工作 40 多年，為培正終生服務。

至於音樂方面，則首推何安東老師。何老師是廣東順德人，1907 年出生，1928 年在廣州嶺南大學就讀。在校時得音樂大師冼星海先生指導，學習小提琴及樂理、作曲等。1929 年應培正中學之聘，任銀樂隊指揮，到 1936 年的七年中，何老師不但將培正銀樂隊訓練成全省有名的樂隊，享譽學界，還花了不少時間為培正校歌編曲，與及編印了《培正歌集》。他又創作了不少抗戰歌曲，如《奮起救國》（1931）、《民族精神》（1932）、《保衛中華》（1937）等。何老師在校友中有很高的聲譽和深厚的感情。新中國成立後，何老師被調到東北，加入哈爾濱第 19 兵團訓練軍樂團，從此離開培正。何老師教授音樂，不僅是教學生技巧，更重視音樂對人品格的陶冶。樂韻昂揚，桃李天下，他的學生為紀念老師終生致力音樂教育，提升學生的音樂素養的專業精神，特成立「何安東基金」，提倡音樂教育，用以向老師致敬。

靈育

無可諱言，自從培正於 1928 年向政府立案後，教育傳道的辦學宗旨確實在一定程度上受到挑戰。但培正先賢並未忘記創校初衷，仍積極向學生傳揚福音。在行政組織上，學校於 1930 年成立「東山私立培正學校宗教

培正學生基督教青年會職員合照

事業委員會」，以統籌各校（初小、高小、女校及中學）的宗教事務。該
會的宗旨是：「發揚基督真理，增進基督化的生活」。委員會由各級宗教
事業委員會主席、各級宗教主任、各宗教團體代表組成，而校長、教務
主任、司庫及各級主任、監學為當然委員。首屆主席為初小主任吳寶靈
（1888-1935）。在中學方面，學校成立了「培正中學宗教事業委員會」，
以統籌中學部的宗教事工。委員會由中學部全體基督徒選舉產生，體現
培正的民主作風。委員會下分三部：宗教部、交際部及組織部，各有不
同小組執行具體工作，如晨禱組、研經組、探訪組、遊藝組等。整個委
員會由黃啟明校長親自統率，學校的總務主任負責統籌工作，至於小組
主任則多由學生擔任。

在學生組織方面，最重要的是各級的研經社，它是培正學生宗教組織的
基礎單位，以研經為主要活動內容，用以融合同級的基督徒同學。以成
立於 1925 年的晨社為例，它是由當年全體初中一基督徒學生組成，宗旨
是「為團體感情，增進宗教生活及協助本校宗教事業之發展」。為推展研
經的工作，學校於 1934 年制定了三年的課程綱要，讓師生有所參照。詳

見表 5。至於同年各級參與研經社人數，可參閱表 6。

表 5：研經社三年課程表（1934 學年）

課程	研習期
耶穌生平	一年
詩篇與箴言	半年
大先知	半年
使徒行傳	半年
保羅書信	半年

表 6：1934 學年各級參與研經社學生人數

級別	人數
修社（高三）	35
旦社（高二）	23
真社（高一）	28
晨社（初三）	16
仁社（初二）	18
晨光社（初一）	49
總數	169

學校又於 1937 年 4 月 20 日，成立「廣州東山培正基督教七社聯合會」，宗旨是「聯絡各研經社間之感情，增進團契生活，使各社員互相砥礪，對於宗教有更深之認識，以養成基督化之品格」。研經社因此成為了學生彼此鼓勵，鞏固靈命的組織，是培正宗教工作的重要基礎。

除校內組織外，學校又與東山浸信會合作，於 1928 年創立「東山浸信會培正少年團支團」，用以「訓練青年教友，使其有辦理教會事業之才能與為主宣揚真道之精神」。培正支團是聯合中學、小學、女校的基督徒學生組織而成。截至 1930 年底，團員共有 30 餘人。這個做法一方面可加強學校與教會之間的合作，藉以建立基督徒學生的宗教生活，另一方面在政

三十年代私立培正學校宗教事業委員會全體委員合照

府禁令下，學校傳播福音的空間受到限制，因此必須另闢蹊徑，以踵成先賢創辦學校，期望以教育傳道的初衷。

基於政府的禁令，學校不能在課堂上教授《聖經》。因此，學校當局透過不少課餘的宗教活動，讓學生得以濡染宗教的薰陶，因此，30 年代培正的宗教活動可說是多彩紛呈的。佈道會是學校致力推動的宗教活動之一，學校曾多次邀請國內著名佈道家來校宣講佈道信息。先是中學部宗教事業委員會於 1932 年，邀請北平的王明道先生（1900-1991）蒞校證道。王明道是當時國內著名的佈道家，一生不參與政治，亦不加入建制教會和差會教會，堅持獨立自主，強調信徒要過獨立、聖潔的生活。他又嫉惡如仇，常放言高論，指斥社會上不公義的事情，贏得很高的清譽，被稱為「一代神僕」。結果是次佈道會共有 83 人信道。

另一次佈道會是 1933 年 10 月 24 至 26 日，由「東山私立培正學校宗教事業委員會」與東山浸信會合辦的大型佈道會，邀請著名復興佈道家王載先生（1898-1975）主持講道。王載是 20 年代上海環球復興禱告運動的中

心人物，受他影響而獻身傳道的有中國佈道會創始人計志文牧師（1901-1985）、靈糧堂的創始人趙世光牧師（1908-1973）等，都是近代中國著名的教會領袖。1929 年，他與黃原素（1895-?）、趙柳塘（1888-1969）兩位牧師在廣西成立「南洋佈道團」（後來改稱「中華國外佈道團」），並擔任主席，是中國第一個向海外傳教的基督教差會，為南洋的佈道事業奠定重要的基礎。王載主持的佈道會假東山浸信會舉行，學校邀請了初小、高小、女校、西關分校及培道女子學校等學生參與，聚會總人數約為 1,800 人，培正學生佔其中 1,100 人，決志信主者共計 121 人，是培正一次重要的靈性復興。

學校又曾在護教學層面幫助學生進一步認識基督教教義，以回應科學主義對基督教信仰的挑戰。學校曾於 1934 年印發數種關於宗教與科學的小冊子，如：《現代科學與約書亞長日》、《數學證道的俄人潘寧》、《法庭中的進化論》等。又向學生派贈《一本古書裏的現代科學》一書，闡述《舊約聖經》中所隱藏現代科學的知識，以證明《聖經》的現代價值。

根據學校公佈的數字，以 1934 和 1937 年基督徒學生人數作對比，會發現三年間基督徒學生人數整體上升了一倍半，除了初中二及高中三的升幅不及一倍外，其餘各級均有顯著升幅，最高增幅是高中二的三倍半。顯示培正並沒有因為政府對校內宗教活動所作出的限制而影響學生信主人數，反映經過學校多年來苦心耕耘栽培，基督徒老師和學生忠於主道，令培正的基督徒學生人數穩定上升。

表 7：廣州培正中學 1934 及 1937 學年基督徒學生人數對照表

	初中一	初中二	初中三	高中一	高中二	高中三	總數
1934	29	28	22	19	11	12	121
1937	72	45	61	41	51	23	304
增長百分比	148%	61%	177%	116%	364%	92%	151%

總括而言，培正自創校至抗戰初期，共經歷 50 年艱苦奮進的歲月。前 19 年（1889-1908）培正屢因經費問題，財政困頓，六遷校址，更曾一度停辦，幸賴先賢奔走籌措，堅持營辦，始得建校東山，開創培正戰前的黃金時期。此後的 31 年，經歷了李錦綸、楊元勳及黃啟明三位校長（1908-1939），他們悉心擘劃，將培正發展成一所提供基督教全人教育的學校，是當時中國最具規模的中學之一。春華秋實，碩果纍纍，培正從一所簡陋的學塾發展成為培育人才的淵藪。

校史趣聞

情理兼重

廣州培正一位寄宿生未向學校請假，擅自外出。回校前到馳名的 X 記吃雲吞麵，巧遇李榮康監學（即訓導主任）也在此進食。這位同學與李老師同桌進食，言笑甚歡，最後更代老師付賬，以為今次可逃過懲罰。誰料第二天，李老師召見該生，訓斥之後還記小過一次。可見培正師生相處，情理兼備。

1935 年學生補考規定

（一）凡不及格學科須一律補考；（二）補考後仍有三科或三科以上不及格者降級；（三）補考每科須繳費 1 元；（四）補考時間由教務處規定，於開課時舉行。

漱口盅買食

學校北邊圍牆有疏水小洞，學生夜習後，將刷牙用的漱口盅，放入銀錢，逐個推出校外。圍牆外的攤販收錢後便將粥品或麵食放入盅內，再遞回校內。最後為監學發現，在圍牆外將所有漱口盅沒收，第二天早會時著學生領回，但據聞並無一人敢認領。從此以後，這種宵夜方法也成絕響。

何安東老師首創國歌演奏方式

今天在演奏國歌時，先有一段由小號吹出的嘹亮引子，才帶出樂隊的合奏。原來在建國初期，一次由培正銀樂隊及華南文工團為一項典禮演奏國歌時，何安東老師特別安排由培正三支小號合奏一段引子，才開始大合奏，令在場人士耳目一新，從此便成為今天大家熟悉的由小號帶頭的國歌演奏方式了。

芳園掌故

芳園坐落於廣州培正大操場西南角，是國民政府陳銘樞將軍（1889-1965）的物業。1932 年，日本侵略軍登陸上海，陳氏與 19 路軍奮起抵抗，稱為「一二八淞滬抗戰」。由於後來他與蔣介石的政見出現分歧，為蔣氏所忌，故急於離開廣州，臨走前將芳園贈予培正。芳園曾用作初中宿舍，又是馮棠校長與世長辭之處，現為廣州培正同學會會所及校史博物館。

廣州時期的
培正女校

培正女校 1925 年全體學生合影

廣州時期的培正原是一所男校，至 20 世紀初，因緣際會，培正開始興辦女校，令培正的教育更加全面。先是 1918 年，培道女校的學生因不滿校長及個別行政人員處理校務的手法，發起罷課，大部分學生最終離校停學。培正校長李錦綸及教會熱心人士張立才、張新基、楊廷靄等為免學生中輟學業，乃決定興辦一所女校。當時培正的經濟狀況已頗為困難，但李校長認為：「吾人辦事只問理之當不當，不問力之能不能。理當便仰靠上主，放膽去做。」最後募捐到 1,400 多元為開辦費，暫租瓦窯後街一天古廟為校舍，取名「培坤女校」，只辦小學及中一，由兩廣浸信會管理。

次年，培正於廟前直街購買地段，並搭葵棚作為女校的臨時校舍，與培正毗鄰，

校務漸上軌道。1921 年，新建校舍落成，學生人數亦漸增至 300 多人，兩廣浸信會把「培坤女校」改名為「培正女校」。由於當時中學生人數不多，便改到培正附讀，令培正開始男女同校的新里程。

1923 年，兩廣浸信會與培道的辦學團體美南浸信會達成合作協議，把培道所屬的蒙學（小學）撥歸兩廣浸信會，並改名為「培正國民學校」。至於培道仍由美南浸信會管理，只辦中學，而「培正女校」則只辦小學，中學生轉往培道繼續學業。

1924 年，兩廣浸信會決定把「培正女校」和「培正國民學校」併入培正中學，行政系統亦作出相應調整：除中學不變外，原在培正校園內的小學只辦高小，培正女校亦只辦高小，兩校的初小學生撥入

「培正國民學校」，形成一所中學下隸三所小學的局面。

1928 年，培正獲廣東教育廳批准立案，校名依法正名為「私立廣州培正中學校」，而小學、女校及國民學校各改稱為「培正附屬高級小學」、「培正附屬女子小學」及「培正附屬初級小學」。由於當時的女校統屬於培正中學，由黃啟明校長統管，不另設校長，日常管理工作由校主任操辦。1930 年聘區閨秀姑娘為女校主任，監學是黃肖珠姑娘。黃姑娘退休後由鍾敏慧姑娘接任，鍾姑娘後來與培正小學主任林恩光老師結婚，夫婦同為培正的教育事業獻身，成為杏壇佳話。

當年培正女校的學生不少是寄宿生，她們多是來自四邑的華僑女生，有一部分甚至是從美國和加拿大被送回國接受教育的。她們的年齡比廣州本土的學生稍大，但相處融洽。根據校友馬美娟的回憶，培正女校每隔三級為姊妹級，三年級稱六年級為姊姊班，當時三年級叫梅社，六年級叫曉社，兩級社色均為綠白色；二年級稱五年級為姊姊班，五年級叫崇社，兩級社色均為黃白色。球類活動有排球、籃球、壘球和乒乓球，都由培正中學的哥哥幫忙指導。每年培正中學舉行校運會，培正女校也會組隊參加，兩校關係密切。

1937 年抗日戰爭爆發，各小學合併，統稱為「培正附屬小學」。戰後培正復員於廣州，「培正附屬小學」改稱為「培正小學校」，男女同校，培正女校的歷史亦告終結。

培正之父：黃啟明校長（1887-1939）的教育事業

黃啟明校長遺照（1939 年）

黃啟明校長出生於基督教家庭，祖母黃伯母曾隨美南浸信會宣教士牧冕姑娘（Ms Mollie McMins）前往廣西傳教，其父黃心堂為培正書院創辦人之一，信仰虔誠。黃校長自廣州珠光里培正學堂小學畢業後，便考進嶺南學堂，由於成績優異，畢業後留校任教。1911 年，經嶺南學堂董事局保送，負笈美國哥倫比亞大學，在著名教育家杜威（John Dewey, 1859-1952）門下，修讀教育學。1913 年畢業，獲頒教育學士銜。其後，黃校長再獲廣東省公費留學，入讀哥大研究院專攻教育學，獲碩士學位。由於學習成績優異，深得該校師長器重，故完成學業後，作為哥大在嶺南大學的代表，黃校長被派回嶺南大學任教，薪金則由哥倫比亞大學提供。

1918 年，黃啟明接替李錦綸成為培正中學的校長。當時培正的景況可謂危機四伏，校內經濟入不敷出，負債纍纍；校外則政局動盪，學潮洶湧；加上校舍狹小，影響發展，黃校長因此訂定了長遠的校務擴展計劃。他先後於 1919 及 1929 年三度親身赴美、加、澳等地，向當地華僑籌募經費，共籌得款項數十萬元。校舍得以擴建，課室、辦公室、膳堂、宿舍一應俱全，學生人數亦與日俱增。至抗戰前，全校員生達 4,000 多人，成為一所設備完善，成績優良，蜚聲中外的學校，享有「北有南開，南有培正」的美譽。

1927 年，黃校長代表中華民國出席在美國舉行的世界教育會議，並留美考察教育。1930 年，他以中國教育專家身份，應邀赴印度出席亞洲教育會議，享譽國際。回國後，他積極籌辦開設培正分校，提供小學程度的教育，以應國內教育需要。先是 1931 年於西關永慶巷開設分校，繼而於 1933 年在香港何文田購地 50,000 呎，開辦培正香港分校，為培正的教育事業奠定不拔之基。

1937 年 7 月抗日戰爭爆發，為免師生遭受日軍空襲，與及維護教育命脈不斷，黃校長於是年率領員生遷往鶴山縣城，所有中、小學及女子各部均合併遷移，西關分校則暫停辦理。黃啟明在鶴山發動全校師生捐款支持抗戰，捐製棉衣慰勞前方將士；設立平民學校，招收難童入學，又實行贈醫施藥，濟助貧患，並擔任國難服務團委員會主席，主持救濟、救護及抗戰宣傳工作。1938 年，為求抗戰時期教育工作之延續，將內地中小學全部遷往澳門，而澳門培正遂成為戰時培正中學的本部。（培正在戰時的發展，可參閱本書第二章〈播越及復員時期的培正〉。）

1939 年，黃校長因操持校務，致積勞成疾，於是年 4 月 16 日在香港病逝，享年 52 歲，葬於九龍基督教墳場。出殯時，雖然風雨交加，但親友、師生冒雨執紼者 5,000 餘人，足證其在人們心目中的地位，可見黃啟明一生獻身於教育事業的事跡，感人至深。此後多年，每當黃校長逝世紀念日，培正師生都有謁墓之舉，以表追思。而香港培正同學會亦自 1961 年始，於每年 4 月，都召集各級社校友，恭謁師墓。1940 年 10 月，國民政府教育部以黃啟明在教育事業及社會事業建樹良多，成就卓著，特頒「行誼足式」匾額一方，另給褒獎詞章。1969 年為黃啟明校長逝世 30 週年，中國雕刻名家唐英偉（曾於東山培正任教）塑造黃啟明半身銅像，矗立於香港培正中學校內，以資景仰。

綜觀黃校長一生，對培正的教育事業可謂鞠躬盡瘁，功垂不朽。以下為其中大者：

建設母校

從 1919 年起，十年間三次不惜萬里跋涉出洋募捐，足跡所至，包括南洋群島、美國、加拿大、西印度群島、古巴、澳

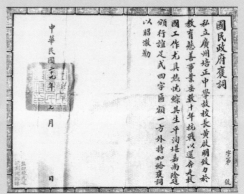

◀黃校長重視體育，在任期間曾率學生參與第三屆全國運動會。
▶國民政府褒詞

洲等地。捐款用於購地擴建校舍，先後興建了古巴堂、美洲堂、澳洲堂、美麗金堂（小學部）、圖書館、芳園等建築。又購置海心沙潮田數頃，計劃用作興築培正大學。東山校園得以擴展至宏大的規模，黃校長居功至偉。

開設分校及興辦義學

1930 年 3 月，培正備價承購西關永慶一巷原警察第十區署舊址，以開辦西關分校。1931 年上學期招生開課，以麥會華為主任。1933 年，黃校長應旅港僑商之請，在港設立分校，利便港中年輕學生求學，及增加日後升學途徑。遂在校董王國璇、譚希天（1901 年級）等協助下，在何文田購地 50,000 餘方呎，建立香港分校，並委任西關分校麥會華為校主任。香港分校最初只設有小學六班，直至 1935 年 9 月才開設初中。1938 年，新校舍建成，增設初中部。而在 1940 年更增設高中部。此外，黃校長又曾指示校內青年會職員籌建青年會義學一所，收容東山附近農村貧苦失學兒童，推行平民教育，減少文盲，實踐教育救國的理想。

遷校與救亡運動

詳見前文相關段落。

培養校風，高舉基督

1961 年 4 月 16 日，即黃校長逝世 22 週年，培正同學會發起掃祭，林子豐校長（1892-1971）親臨致辭，指出黃校長對

由黃校長題字的牌匾

培正母校有三項重要功績。除前述的不辭跋涉、海外籌款、擴建校舍，建立培正基業外，還於日常的校園生活中對學生諄諄教誨，訓導同學向至善至正的理想邁進，不避艱險，堅毅卓絕，培養校風的偉大精神，實為紅藍園地撒下優質的種子。又讚譽黃校長能堅持以基督教全人教育的理想辦學，在廣州培正發展期內，適逢政局變遷，學潮迭起，培正能在暴風狂潮中高舉基督，始終不渝，值得敬佩。

重視運動

黃校長素重體育，及掌培正時，積極提倡，又親領學生出席全國運動會，屢獲佳績。培正校譽鵲起，與黃校長重視體育極有關係。例如，1915 年第二屆遠東運動會在上海舉行，黃校長率領廣東健兒赴滬參賽，為中國首次奪得排球錦標。1924 年 5 月第三屆全國運動會在武昌舉行，其時廣東政局混亂，地方政府無法選派運動員參加。黃校長毅然請纓，率領培正健兒 21 人，代表華南前往參賽，參加排球、籃球、游泳、田徑四個項目，獲排球、游泳錦標。以一支中學的代表能奪得全國錦標，是中國體育史上僅見；而籃球則僅以三分之差屈居亞軍。是年秋，廣州舉行籃球大賽，培正籃球隊終奪得冠軍。運動成績驕人。

培正中學宗教事業委員會民六年

第二章

播越及復員時期

1937-1953

遷校鶴城

1937

1937 年 7 月 7 日，日本華北屯駐軍製造士兵失蹤事端，挑起「盧溝橋事變」。7 月 17 日，蔣介石發表〈盧山抗戰聲明〉，籲請全國民眾，「地無分南北，年無分老幼，無論何人，皆有守土抗戰之責任，皆應抱定犧牲一切之決心」，八年抗戰全面展開。

培正校方在評估形勢後，認為戰爭既已爆發，所謂「覆巢之下，焉有完卵」，為策安全，因此作出一個非常艱難的決定——暫棄東山基業，遷校鶴城。不意在這一次開拔之後，學校在十餘年之間，先由廣州而遷鶴山，再由鶴山而遷澳門，又分別在粵北坪石及廣西桂林開設戰時分校，然後又由桂林復回廣州，最後再從廣州遷至香港，輾轉遷徙，備嘗艱辛。但學校上下，萬劫莫辭，始終以艱苦卓絕的精神，竭力維護培正的教育生命於危難之中。

培正遷校鶴城，其實是情非得已的。據黃啟明校長事後的報告，自盧溝橋事變發生後，繼之以 8 月 13 日「淞滬會戰」爆發，華南日益感受到敵鋒的威脅。8 月 18 日，廣州發出戰時第一次空襲警報，幸師生全體安全。8 月底，大多師生已回校準備開學，不意於 8 月 31 日，敵機在廣州東郊（培正所在地區）肆意轟炸，一時人心惶惶，廣州教育廳隨即發佈延期開課令，將是年的開課日定於 9 月 22 日。不少學生或返回家鄉，或隨家庭南下港澳避難。黃校長估計回校復課的學生不會很多。與此同時，他得悉鶴城有崑山中學，為華僑所捐建，現已停辦，加上鶴城交通便利，治安又好，遂決定以此為臨時校舍。

遷校的決定難免引起蜚語流言，認為這是臨難苟免之舉。對

遷校鶴城，教職員在學校正門留影。

於時評針砭，校方亦作出回應。先是關存英老師（1903-1966）指出：

> 教育之生命，即民族之生命……在炮火之下維護神聖的教育事業，
> 不因敵人殘酷的襲擊，而使教育生命中斷。

他繼而指出，遷校於後方安全之地，能為師生提供合適場所，擴大救國宣傳、推動農村服務、實施生產教育及加緊軍事和防護訓練工作等。

黃啟明校長其後亦撰文，強調遷校的意義在於：

> 維護教育的生命，並非作臨難苟免之企圖。教育是建國的主要因
> 素，教育停頓即無異戕害國家民族之命脈，所以我們雖然在暴敵
> 的炮火威脅之下，我們要維持青年之修養，加緊努力於教育事業
> 以增強抗戰力量。

培正學生服務團於農村地區宣傳抗戰

1937 年 9 月初，黃校長派林瑞銘（1923 年級校友）、馮棠（又名紹棠，1925 年級勵社）兩位老師先行赴鶴城視察情況，得學生家長盧謁雲（江門商會主席）及馬一樵先生（1885-1943）之助，獲得校舍的使用權。其後黃校長親自前赴江門，拜謁謝鶴年縣長（1900-1960），得到批准遷出原本借用校舍的鶴山縣小學至馬家祠上課，讓培正得以在 10 月 1 日正式在鶴城開校。

不過，學生回校上課的情況並不理想。1937 年 10 月開課時，回校的中學生有 370 人，小學生只有 111 人。到下學期時，人數稍見回升，中學生人數 442 人，小學生人數則有 151 人，但與戰前中學有 1,247 人，小學有 2,609 人比較，前後相差甚遠。

根據黃校長的分析，到校人數較預期低，原因有二：第一，學生家庭因戰亂遷離廣州，學生未能隨校就讀；第二，因時局動盪，家長不放心讓子弟離家就學。同時，由於局勢緊張，人民流離轉徙，到安全之處暫避，因此各分校都增加收生名額。

學生參觀抗戰繪畫流動展覽

據統計，當時香港分校加收 100 多人，西關分校恢復上課，增收 70 餘人，另開辦澳門分校於盧氏娛園（即今盧廉若公園），收生 400 多人。不過，就算連同在鶴城培正借讀的其他學校學生 670 人在內，培正在抗戰初期的總學生人數只有 1,818 人，約為戰前的一半。估計是學生因時局關係，隨家庭流散至不同地方，或轉讀他校，或輟學工作，不一而足。

至於老師方面，除三數員工因合約到期不獲續聘及自動辭職外，超過 95% 的老師均隨校遷鶴，照常工作。至於初中主任馮棠老師則調任澳門分校，主持大局。反映培正師長雖處艱難時期，仍堅持辦學理想，以教育延續民族命脈，弦歌不輟。

1938 年中，日軍自華中揮軍南下，劍指華南地區，廣州失陷計日而待，廣東全省淪陷的危機亦日益深重。同年，校方決定將學校遷往澳門，與原有的澳門分校合併，以延續培正的教育事業。

遷校澳門

1938

由於戰局不斷惡化，加上 1938 年 6 月 6 日上午，日本軍機空襲廣州，培正東山校舍亦中彈受損，其中高小第三宿舍、毗連的膳堂及學校圍牆，均遭受嚴重破壞，變成頹垣敗瓦。復校無望之餘，學校當局籌商學校的前途，經多次討論與反覆考慮，決定全校中小學各部於 1938 學年遷至澳門，與當地分校合併，成為戰時培正的正校。

培正澳門分校開辦於 1937 年 1 月。當時學校租借了濠江殷商盧氏家族的院宅——盧家花園，權充校舍。園內遍植各式樹木花卉，冬梅夏荷，花香四溢，加上環境清幽，是進德修業的上佳處所。學校進駐以後，加建課室、禮堂及膳堂，並以園內的一座複式大樓用作高中宿舍，又於學校附近另租兩幢屋宇，改作初中宿舍。一切籌劃就緒，學校正式展開運作。

1938 學年上學期，學生人數陡增，計初一級四班，初二、三級各三班，高一、二級各開三班，高三級兩班，總共班數為18 班，合計中學人數 1,134 人，增幅幾近原來的一倍。事實上，遷校澳門後，培正學生人數與 1937 學年相比稍見回穩。但礙於校舍設備不足，雖然避居澳門的難胞眾多，學校卻無法再增收學生。至於當時學生人數明細，詳見表 1。

在戰火歲月中，社會動盪，經濟困頓，學校當局以國難時期國民經濟遭受嚴重影響，學生之中有因家庭經濟困難以致不能繼續求學者，應給予經濟援助。因此，黃啟明校長倡設國難學額，中小學共 150 名，分為全免學費及半免學費兩種，惠及港、澳兩校。

澳門培正中學

表1：1936-1938 學年全校各級學生人數比較表

	1936（廣州）	1937（鶴山）	1938（澳門）
高一	154	76	165
高二	146	68	166
高三	112	98	92
初一	368	196	361
初二	276	70	210
初三	191	56	140
小一	239	96	152
小二	355	119	186
小三	465	214	218
小四	538	226	294
小五	603	315	299
小六	409	284	241
華僑班	153	-	-
總計	4,009	1,818	2,524

學額的獲取資格為家庭貧困，學業無以為繼，加上成績須能及格升級，行檢獲老師推薦的學生。國難學額於 1939 年獲校董會通過執行，時黃校長已息勞歸主。國難學額的設立反映他心繫家國，熱心教育，關愛學生的高尚行誼。

坪石培聯

1941

「盧溝橋事變」後，廣州備受空襲威脅，學校先遷鶴山，復移澳門，與原在盧家花園的分校合併。當時香港分校亦因廣州逃港難民日眾，學生人數驟增，港、澳兩校雖極力擴展，仍有人滿之患。兩校校董會鑒於戰爭形勢日形惡劣，一方面以港澳孤懸海外，一旦遭受戰禍便一盡無存。另一方面，作為一所教育機構，培正為了對國家民族履行當盡的義務，延續教育命脈，及照顧在內地避難的莘莘學子，於是決定與友校培道女子中學聯合設立粵北分校，並於 1941 年初派事務主任酈樂生（珠光里時代的培正校友）與培道校長溫耀斌入韶關視察情形，選址建校。最終選定韶關北面的坪石為校址，學校定名為「私立廣州培正培道聯合中學」，簡稱「培聯」。

坪石是廣東省樂昌市最北的邊區，毗連湖南省宜章縣，不屬軍事目標，沒有空襲威脅。粵漢鐵路由戰時省會的曲江北上，經坪石而入湖南，交通便利；同是北江上源支流的滇江，東經坪石會合另一支流白沙河，再折向南下經樂昌抵達曲江，再匯入武水而成為北江大河，坪石培聯就建在滇江與白沙河會流的三角地帶的小丘之上，林木森鬱，環境優美，遠眺金雞嶺，相傳這裏曾是太平天國領袖洪秀全（1814-1864）的妹妹洪宣嬌駐守練兵的地方。此地原屬粵漢鐵路的苗圃松林小山，在徵得粵漢鐵路的同意後，方可租得此地作為校址。培聯校歌開首幾句：「金雞亦雲嶺，白沙武水，日夜東南流，流到珠海東山……」，既突顯坪石形勝佳妙，同時亦反映戰時學子鄉關情切，思慕母校之情。

學校委任教務主任林瑞銘（培正）為分校主任，劉公鐸（培道）負責教務，夏楚章（培正，1928 年級樂群社）負責訓育，

（左起）培道女子中學校長溫耀斌及培正事務主任鄺樂生

黃偉才（培正，1928 年級樂群社）負責事務。1942 年 6 月，澳門培正楊
元勳校長辭職，趙恩賜受聘繼任校長。是年 8 月，趙氏被調派為培正培
道聯合中學校長，直至 1946 年春，趙校長返穗主持復員工作，續掌東山
培正校政，同年 5 月請辭。

坪石分校於 1941 年 10 月正式開課。由於校舍設備簡樸，只能收錄學生
300 餘人，由初中一至高中一，共四級八班。其後學生陸續增多，最高
達到 800 多人，原因是日軍於 1941 年 12 月 8 日進攻香港，英軍節節敗退，
港督楊慕琦（Mark A. Young, 1886-1974）於同月 25 日向日軍投降，香港
淪陷。當時港、澳兩地訊息斷絕，人心惶惶。同時由於香港失陷，澳門
情勢亦轉趨險惡，國人紛紛離開港、澳地區，避難粵北、廣西一帶的大
後方，適值培正於坪石創立培聯中學，因此不少學生離開澳門，回歸祖
國，令澳門學生驟減。而培聯事務主任黃偉才老師仍記得「1942 年的暑
假，由港澳跋涉長途前來就學的學生絡繹不絕」。當時坪石培聯擴展校
舍至 70 餘座，學生 800 餘人，教職員工 60 餘人，這個時期可說是坪石
培聯的全盛時代。

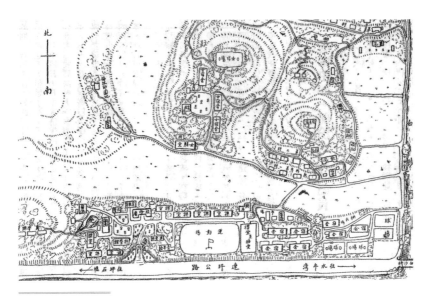

坪石培聯中學校舍概圖

在盛名之下，當時不少國民政府政要設法遣送子弟到培正就讀。如當時第七戰區總司令余漢謀（1896-1981，上將級，官至陸軍總司令）、第九戰區副總司令薛岳（1896-1998，上將級，以「天爐戰法」喪日軍最多，號稱「戰神」）、廣東省教育廳廳長黃麟書（1893-1997）等。兩位司令官甚至在學校附近各建住宅一所，方便他們的子弟起居，並派一隊士兵長駐校內警衛。所以有人說，培聯是「華南軍政的貴族子弟學校」。

1944 年暑假，湖南衡陽失守，桂林淪陷，粵北告急。1945 年 1 月 14 日，日軍從湘、粵邊境，輕騎由連縣東竄，直撲坪石，以切斷粵漢鐵路，學校情勢危急。當晚，學校高級職員召開整夜的緊急會議。1 月 15 日早上，趙校長宣佈學校立即放假，並限令學生即日全部離校，未能歸家者，隨學校乘鐵路列車南下樂昌暫避。下午，全校員生及學校重要文件物資撤退完畢，只有林瑞銘和數名教職員留校觀變。至於疏散至樂昌的師生，亦被困留數月，直至 5 月才退到湖南境內的桂東縣復校，另於汝城縣設

1942 年斌社全體社員合照

立分校，以照顧不同疏散路線的師生。8 月，日軍投降，抗戰勝利。消息傳至湖南，桂東培聯部分教職員開始南下返粵，其餘由校長趙恩賜率領北過江西，先後在吉安、南昌開課，至 12 月，全體員生才回到廣州。

桂林培聯

1942

抗戰時期，由於桂林遠離戰況激烈的前線，加上地理位置適中，交通方便，不少國內著名的文化界人士雲集於此。自香港淪陷後，又有不少商人在桂林避難，令桂林成為抗戰後期大後方的文化中心及商業城市。所以，當香港在 1941 年底淪陷時，坪石培聯主任林瑞銘已預計香港的培正及培道兩分校，行將內遷。在兩校會商後，決定於廣西桂林再辦一所培正、培道的聯校，以應時勢需求。

1942 年初，培正林瑞銘及培道陳亦湛兩位老師不辭勞苦，跋涉千里，聯袂前赴桂林，先租得四會街桂平會館一所樓房，權充校舍，收生百餘人。後得培正校友李志明幫助，租得位於樂群路（今桂林秀峰區樂群路）李子園附近一間平房及一座樓高兩層的磚木房，暫開初、高中共四班。同年 3 月學校正式開課。4 月，培道校長溫耀斌（1927 年曾任培正代理校長）抵達桂林，出任桂林培聯校長，教師則多來自香港培正及培道的老師。經溫校長的多方奔走，向美南浸信會商借遭敵機破壞的桂林浸信會福音醫院及停辦已久的中學校舍，獲無條件借用，闢作女生宿社及教室。學校因此逐步擴充至具有由初中一到高中三的完全中學。

可惜好景不常，當學校發展剛上軌道，敵燄又肆虐桂林。1944 年 4 月，日本為要打通通往南洋地區的越南、泰國、馬來西亞、新加坡等地的交通線，發起所謂「一號攻勢」。這是日軍在中國戰場上採取的規模最大的軍事行動，攻佔桂林是其中一個重要的戰略目標。桂林戰役由日本第六方面軍總司令岡村寧次（Yasuji Okamura，1884-1966，後被擢升為日本中國派遣軍總司令）親自統率，傾 18 萬兵力於此關鍵一戰。

1944 年昭社社歌，由坪石培聯主任林瑞銘作詞。

1944 年 6 月，日軍攻襲湖南冷水灘，毗鄰的桂林作緊急疏散，學校在發給學生在學證明後關閉，促員生各自離校避難。桂林培聯從 1942 年 3 月開始，直至 1944 年 6 月，一共辦了兩年零三個月。其後，溫耀斌校長與廖慕蘭老師輾轉抵達廣西昭平縣東北面的黃瑤鄉，借鄉公祠續辦「培聯小學」。直至抗戰勝利，溫校長結束只辦了一年的小學，兼程趕返廣州，而桂林培聯的歷史也告終結。

1945 年 8 月 15 日，日皇裕仁向全日本廣播，接受中、美、英三國聯合發表的《波茨坦宣言》（*Potsdam Declaration*），實行無條件投降，戰爭結束。培正在抗戰勝利後，即著手進行復校的工作。整體而言，在 1945 年度下學期，廣州的中學部、小學部及西關分校全部復課；澳門留設小學，香港分校亦於 1946 年 2 月遷回窩打老道原校舍，設小學部及初中部。同時，校長趙恩賜由江西南昌返回廣州主持校務。

1946 年 5 月，趙校長轉任東山神道學院院長之職，因此辭任培正校長。校董會其後委任仍在美國留學及籌募學校經費（共籌得 11 萬美金）的馮棠主任為新任校長。馮棠返國前，由林瑞銘任代理校長之職。1947 年 12 月 11 日，馮棠從美國返抵香港，並於 1948 年 1 月 17 日回到廣州接任校長職務。當時中國剛從戰後復員不久，東山校園一片頹垣敗瓦，百廢待興。有人說，馮棠校長是「從抗戰的廢墟上振興培正的」。若從培正在戰後的迅速發展而論，可謂一語中的。馮棠校長對培正的貢獻略敘如下：

1. 基礎建設：馮校長從美國寄回發電機，初步解決復校初期電力供應不足的問題。又設置供水系統，向師生提供持續和清潔的食水。他亦貫徹黃啟明校長興辦大學的計劃，回穗後，在海心沙（珠江內江上的一片沙洲）買地，以備將來興建校舍之用。

2. 教學設備：馮校長從美國寄回 20 箱共 2,400 餘件物資，包括生物實驗顯微鏡、化學實驗室的全部儀器和玻璃器皿、電影放映機、錄音設備、播音設備、科學影片和體育訓練影片等。他還設立了培正博物館，並委任前上海

◀ 馮棠校長

▶ 在馮棠校長追悼會上，師生一同哀悼這位「從抗戰的廢墟上振興培正的」校長。

市博物館館長（1936年）及廣州市立博物館館長（1945年）胡肇椿老師（1904-1961）主持，對推動當時培正的理科及文史教育，裨助甚大。

3.　聘任賢才：馮校長知人善任，為學校發展需要，曾聘請多位學有專長的優秀教師來校任教。例如，由嶺南大學何安東老師教授銀樂隊；珠海書院陳湛銓老師（1916-1986）教授歷史等。此外，亦有不少教學優異的老師其後被著名的大專院校聘為教授，包括暨南大學電子工程系主任黃振鵬老師、華南師範學院歷史系主任關履權老師（1918-1996）、香港大學中文系教授羅慷烈老師（1918-2009）等。可謂時賢俊彥，薈萃培正。

4.　教學革新：馮校長規定培正中學的數、理、化教科書都使用英文版本，並自初中一起，英文一科全用英語授課，為學生將來的升學及就業奠定外語基礎。另為求改進英語教學起見，特開設英語研究所，請李寶榮博士為主任，闊芳園為校址，其主要工作為編纂課本及督導講學，務求提升老師的英語教學水平。

5. 道德教育：馮校長在 1948-1949 學年的開學禮上表示：「本校今後訓育方面，決以基督之仁愛，服務精神為訓育方針，藉令各生養成親愛互助之德性。」反映馮校長能一脈相承，踵武培正先賢以基督教全人教育的精神，栽培學生。

6. 體育運動：為加強學生的體能訓練，馮校長規定若學生的體育科成績不合格，便不能升級，務求全體學生均重視體格的鍛鍊。所以，馮校長執掌校政期間是培正於戰後學界體壇的全盛時期，計先後奪得俊賢杯籃球賽冠軍、廣州市中學組籃球冠軍、小型足球亞軍及棒球冠軍等。

在馮校長及師生的共同努力下，培正迅速從戰後的頹敗中復興，學生人數增長迅速，較戰前更有可觀的升幅。詳情可參見表 2。

表 2：1948 年廣州培正各部學生人數統計表

	幼稚園	初小	高小	初中	高中	華僑班	合計
廣州中學	-	-	-	899	657	163	1,719
廣州小學	-	872	607				1,479
西關小學	138	485	266	-	-	-	889
香港分校	110	489	334	370	-	-	1,303
澳門分校	85	275	127	41	-	-	528
合計	333	2,121	1,334	1,310	657	163	5,918*

* 1936 年全校各級學生人數為 4,009 人，增幅為 47.6%。

可惜天妒英才，馮校長以校務操勞，於 1950 年 6 月 27 日因病在廣州培正芳園辭世，享年 45 歲。校長一職由林瑞銘接任至 1953 年政府調職為止。

1949 年 10 月 1 日，中華人民共和國建國。同年 10 月 14 日，中國人民解放軍第 15 兵團攻入廣州，建立廣州市人民政府，廣州被正式納入中華人民共和國地方治理體系之中。東山培正中學的校舍設備全部保留完整，除由人民政府教育當局在政治思想上加強領導外，學校的冊制、教學行

1949 年為培正 60 週年，校慶籌備委員會職員與李濟良牧師在學校門前合影。

政管理、教職員工等仍舊維持不變，名義上仍為一所私立學校，與西關
培正小學、港澳培正分校保持聯繫。

廣州解放翌日（1949 年 10 月 15 日），適值培正舉行建校 60 週年慶祝大
會。當天早上 9 時，東山校園美洲堂前已聚集一群校友，準備慶祝校慶。
但由於廣州局勢不穩，林瑞銘校長宣佈取消慶祝。直至 40 年後，培正才
能在東山校園再次慶祝校慶。

1953 年 11 月，政府正式頒令培正中學和兩間小學，與及廣州市所有教會
學校，並全市其他私立學校，全部由政府接管，取消私立名義，改為公
立學校。培正中學改名為「廣州市第七中學」，東山培正小學改為「保安
街小學」，西關培正小學改為「恩寧路小學」，並對學校行政人員、教職
員的工作，作出調整，大部份教師被調離校。其後培正屢次易名——廣州
師範學院附屬中學（1958 年）、廣州師範學院實驗學校（1960）、廣州
市僑光中學（1962 年）、廣州市人民一中（1966 年）、廣州市第 57 中學
（1969 年）。30 年內，六易其名，直至 1984 年，培正才正式復名。

學習

戰時的培正學生似未因國家危難深重而影響學習，反之不少同學奮發向上，學習精神高漲。張灼材校友（1944年級昭社）記得在澳門培正，同學曾自發組織讀書會，稱為「無疑社」，以鼓勵同學閱讀。學生自治會（即今天的學生會）亦於1941年發起組織「文藝研究會」，舉辦座談會、集體創作、參觀等，參與同學為數不少。學校每年均會舉辦夏令館，原意是讓學科不及格的同學留校補習，但當時不少希望提升成績的同學，與及仍未入學的新生均踴躍報名參加，以1939年為例，中學部參與人數252人，小學部則有380人，以致在暑假期間，據學校的報告，學習活動「與平日無異」。

戰時的澳門培正可說是名師輩出，因此同學的成績表現良佳，應考國內著名大學的入學試時，多名列前茅。國文方面有來自北方的王頌三、戴煥文和霍佩真老師，他們不但學養深醇，且以普通話授課，對學生語文能力的提升，甚有裨助。楊元勳校長和張亦文老師（1924年級群社）都是英語教學的能手，擅教英語詞彙及文法。數學方面有朱達三及何宗頤老師，他們都是國內知名的數學老師，培正素有「數學少林寺」的美譽，他倆是奠基人物。黃振鵬老師（1930年級敬業社）以生動通俗和深入淺出的方法教授物理課，深受同學歡迎。還有化學科的周逢錦老師（1927年級會仁社）、地理科的繆鴻基老師、中國歷史科的韓一英老師（1930年級敬業社）、歷史科的蕭維元老師（1927年級會仁社）、美術科的吳馥餘老師、體育科的吳華英老師等都是學有專長、誨人不倦的良師，受到學生的愛戴和敬重。

復員期間，禮堂仍未建好，晚會集會時，學生席地而坐，興致盎然。

復員期間，學校為拓闊學生的知識領域，常邀請學者專家蒞校演講。例如，1948 年 4 月 17 日，曾邀請黃埔海港總工程師林誠明博士蒞校演講。林博士為美國麻省理工學院（Massachusetts Institute of Technology, MIT）工學博士，學識淵博，為中國傑出海事人才，是日講題為「中美造船事業之比較」，讓同學明白中美兩國在造船技術上的差距，急需奮起直追。1948 年 10 月 29 日，邀請中山大學文學院教授商承祚先生（1902-1991）蒞校演講。商教授是商衍鎏先生（1875-1963，中國文史專家，是晚清最後一次科舉考試的探花）的哲嗣，為中國文字學專家，與學生分享中國文字的特色，並指導學生治學的態度和方法，言簡意賅。1949 年 4 月 30 日，又請唐廷先生（1941 年級磐社）來校講論數學方法，特別是逆方法（Inverse Method）及公理化方法（Axiomatic Method）。唐廷先生早年赴美主修數學，在賓夕凡尼亞州大學（University of Pennsylvania）畢業後，轉哥倫比亞大學，獲博士學位後，留校任教兩年。連串的講座安排令學生涉獵不同學術領域，增長知識。

【1】由於戰時資料不易保存，各校之中以澳門培正的資料較齊全，而坪石、桂林培聯的資料則散佚不全，只能掇拾校友的零碎記憶，以概述校園的情況。

學生成長

無論戰時或復員時期，由於國難當前，百廢待舉，學校特別著力推動學生自治，以加強學生的責任感及承擔意識。1939 學年，學校推行值日生制度，將膳堂、宿舍、課室的管理工作，交由值日生執行。值日生的挑選極為嚴格，須為全校學生中品學兼優者，受訓後，才被派出充任，效果頗佳。至復員時期，學生自治會發起組織「紅藍自治隊」，分四隊輪流負擔每日的自治工作。目的在規勸舉止不良的同學，養成良好習慣，以協助訓導處老師的工作，懲罰犯規的同學。自治員手臂上均戴上印有「RB」（紅藍）字樣的臂帶，以茲識別。

戰時及復員時期，學校在訓育及輔導方面均推出新猷，以促進學生的成長。1940 年，澳門培正推行導師制，目的在加強對個別學生的照顧。學校將學生按級別編成不同組別，每組 20 至 30 人，由一位老師擔任導師，照顧組內學生的成長。每學年開始前，學生須填報表格，選定導師，供訓育處編組時參考。初期學生人數的分配，可參見表 3。

表 3：培正中學導師制學生人數分配表

級別	初一	初二	初三	高一	高二	高三	總計
學生人數	175	155	98	173	145	99	845
每組接受訓導學生人數（約）	30	31	25	30	30	20	-
導師人數（組別數目）	6	5	4	6	5	5	31

編排組別後，導師須與各該組學生個別會面，實行個別輔導及訓育。又要定時考查及評核各該組學生之操行、學業成績及課外活動，與及學生之個性、思想、心理狀態及家庭環境。學期終結時，導師須填交輔導報告及訓導證書，向校方全面匯報學生的狀況。這是學校化整為零，落實全人關顧的新猷。

至復員時期，學校進一步推動心理衛生教育，以建立學生健全的人格。為推動有關工作，學校特聘校友曹傳詠（1944 年級昭社）回校擔任心理衛生的指導工作。曹校友畢業於中央大學心理學系，繼在中央大學心理研究所深造，並兼任助教。他於 1949 年下學期進行全校智能商數及品格測驗，制定〈培正智力量表〉，作為整體學生智力狀況的標準參照。他又進行個案研究工作，讓學校更全面了解學生，一方面可以更好發揮他們的潛能，另一方面讓學生的缺點能夠獲得徹底而合理的改善。他又提供心理衛生問題的諮詢與個別輔導服務，幫助學生自己解決生活上和學習上的問題。由培正自行創辦的學生心理衛生指導工作在當時來說，可說是一個拓荒性的工作，反映培正中學是當時國內發展學生品格教育的前沿學校。解放後，曹校友離開培正，先後被調派到中國科學院心理研究所及北京大學心理學系，繼續研究工作。

體育運動

由於培正一向注重學生體格的鍛鍊，因此在東山培正時期已實行體育運動普遍化措施。遷校澳門以來，紅藍健兒依然活躍於體壇，但受困於校舍狹小，發展不免受到限制。但校方仍堅持體育運動普遍化的方針，除添置運動器械外，特舉辦晨運，以鍛鍊學生的體魄。規定星期一、三、五早上 6 時半晨操；星期二、四、六早上 6 時半舉行越野跑，至於星期日上午 9 時至 11 時則有壘球及欖球訓練，為學生提供充足的運動機會，學生可自由參加。受學校提倡體育的風氣影響，當時是高中三的磐社同學於 1940 學年內，兩度邀約初中三的昭社進行松山環山跑。結果兩次比賽都由磐社勝出。

到復員時期，廣州培正仍持續推行體育普遍化的措施。除體育堂外，每班每週須有兩小時的課外運動：一小時為各種球類運動，一小時為體操和田徑運動。每天課餘時段，在運動場的跑道上及各個球場上，均有同

學在鍛鍊身心。據校方估計，每天課外運動人數最少有 700 人，每生平均每週運動五小時。至於各種球類校隊之選拔，以每生參加一項為原則，不會讓同一位技術優良的運動員成為數項球類的校隊隊員。除力求體育普遍化之外，學校更注重訓練運動員的體育精神，故紅藍健兒參賽，每能反敗為勝，與運動員的素質有莫大關係。這些都是培正持續落實體育普遍化優良傳統的成果。

在各項運動競技中，籃球一向被視為培正的「校技」。培正在戰前曾叱咤廣州學界體壇（詳見第一章「體育」一節），遷校澳門，球隊雄風猶昔，曾奪得澳門學界公開賽初中組籃球冠軍。1940 年，數隊香港學界勁旅訪澳，並約戰培正籃球隊。首為培英中學籃球隊，該隊為香港學界籃球賽亞軍，實力強橫，培正力戰獲勝。次為南華南隊，南華體育會一向以足球馳譽體壇，而籃球亦稱勁旅，連膺香港公開賽冠軍，比賽終成和局。最後的鐘聲慈善社籃球隊亦為港島翹楚，為香港公開賽亞軍，培正最終獲勝。總計三賽，培正兩勝一和，未嘗一敗。至復員時期，培正繼續成為廣州學界的籃球雄師。1949 年 1 月 9 日，培正在中華北路籃球場（今廣州解放北路廣東迎賓館）與廣州傳統名校廣雅中學爭奪學界籃球冠軍，結果以 34 比 29 掄元，首次登上戰後學界籃球冠軍寶座。

社會服務

所謂「位卑未敢忘憂國」，培正在烽火歲月中，不忘參與社會服務工作，照應戰時社會上困苦的人，延續培正的社會服務精神，更通過戲劇、繪畫、音樂等藝術形式，擴大抗戰宣傳，員生又通過購債、捐獻及募製寒衣等方式，以支援抗戰。

1937 年遷校鶴山時，雖然培正身處風雨飄搖之中，但仍不忘在患難之中的兒童。培正中學學生基督教青年會（以下簡稱「培正青年會」）在 1937

員生募集棉衲勞軍，女職員親手縫製征衣。

年 11 月 29 日成立「鶴山平民義學」，分成年班及兒童班，學生百餘人，不收費用，並供給書籍、文具。

自盧溝橋事變後，內地局勢緊張，不少華南民眾流寓港澳。根據統計，1936 年澳門人口約為 12 萬，但隨著戰爭爆發及戰火向南蔓延，大量難民流落澳門，澳門人口至 1939 年時升至 24 萬 5 千，至 1940 年更高達 37 萬，是戰前人口的三倍多。隨著難民湧入澳門，失學兒童的數目亦急增，澳門培正為救濟貧苦失學難童，培正青年會在校方協助下開辦平民小學。學校於 1937 年 12 月 1 日開課，學生分日、夜班上課，分別有 70 餘人及 60 餘人。又於 1939 年暑假期間舉辦「夏令兒童會」，校址設於培正初小柯高路（今高士德大馬路）分校。報名入學者 124 人，到校上課者共 99 人，分為四班：甲班程度約相當於小學三、四年級，共 17 人；乙班為略識字者，共 28 人；丙、丁班則為未識字之學童，共 54 人。每日上課時間自下午 1 時至 4 時，共分五小節，課程有國語、算術、宗教故事、公民、音樂、遊戲等。參與服務的同學共 24 位。1939 年 10 月，培正青年會籌設兒童夜校，為六年制的完全小學，課程有聖經、國文、算術、常識等科目，

收錄學生 190 人。上課時間為每日下午 6 時半至晚上 8 時 40 分，免繳一切費用，所有書籍、文具均由該會提供。

至 1947 年，培正青年會於廣州續辦平民義學，稱為「培正中學學生基督教青年會附設民眾學校」（簡稱「培青民校」），錄取學生 194 人，女生佔三分之二。科目包括國文、算術、常識、音樂等，上課時間由晚上 7 時至 9 時。上課前，先有 15 分鐘集會，由教師輪值擔任演講，每星期一、二、五三天為宗教集會，會中並有各種歌唱練習。學校由阮耀華同學（1948年級建社）任校長，教師 22 人，大部分都是培正同學。每月的經費從培正食物部的租款撥充。

在難民服務方面，澳門培正的師生亦不遺餘力，濟困扶危，雪中送炭。1939 年，培正青年會應廣州女青年會邀請，舉辦「路環難民營暑期服務團」，幫助滯留澳門、暫時棲身路環難民營的 700 餘名難民，包括指導墾殖，分派牛奶豆乳，教育難童，代寫家書，介紹工作，捐贈舊衣物、書籍和日用品等，為流離失所、無家可歸的難民帶來關愛。

在救國運動方面，早在遷校鶴山初期，培正青年會已成立「鶴城區鄉村服務團」（以下簡稱「服務團」），服務當地社區，並宣傳抗戰，響應政府全民抗日的號召。服務團成立平民義學（詳見上文）及下列部門：

1. 衛生部：
   贈醫贈藥，並邀請校醫茹皆彰、談清靈任義務醫師，又舉辦免費種痘運動、嬰兒健康比賽、清潔運動等；

2. 娛樂部：
   組織學生劇團，下鄉演出抗戰劇，首演劇為《八百壯士》，生動呈現在淞滬抗戰中，死守上海四行倉庫，阻止日軍強渡蘇州河，以掩護主

力部隊撤退的國軍第 72 軍第 88 師第 524 團戰士的悲壯事跡；

3. 宣傳部：

創作及展示標語、壁報、圖畫等，壁報板設在同善堂分堂，每天或每兩天換一次。又曾舉辦抗戰繪畫流動展覽會，作品 600 餘幅，都是員生作品，主題為發揚民族抗戰精神和暴露日本軍國主義的惡行。展覽會自鶴城首次展出後，遍歷鶴山、新會、台山、開平四縣，社會影響巨大。

為向馳騁疆場的前方將士致以關心及支持，黃啟明校長於 1937 年底，發動澳門分校學生募製寒衣運動。募集方法：縫製棉背心一件，原料約值毫券 1 元 2 角，交由學校代辦，以便劃一形制，不足之數由學校補足，予全校中小學生自由認捐。合計共募得 710 件。最有創意的是當全部棉衣製成後，所有捐獻認製者均於棉衣衣袋上書寫文字或圖畫，勗勉將士，激勵士氣。

抗戰期間，由於中日雙方在空軍方面的力量對比懸殊，在中日空戰中，國軍經常處於失利位置，一時航空救國之聲四起。1941 年，中國航空建設協會發起「一元獻機運動」，得到全國廣泛回應，連中小學生也積極響應，募獻「中國青年號飛機」，以擴充空軍實力。培正師生本愛國精神，在校內發起募捐運動。先是楊元勳校長發函各家長，通知是次運動的緣起，並派出教師為各班顧問，指導和鼓勵各生，又於訓導堂闡釋航空救國的意義，募捐氣氛熱烈。募捐運動由 1941 年 3 月 26 日開始，至 4 月 2 日結束。全校共籌得國幣 1,150 元。

藝術教育

這時期的美育工作，最引人注目的是暴風劇社的成立。發起組織劇社的

是國文教師梁寒淡（1934 年級蔭社）和關存英老師，他們都是 30 年代活躍劇壇的人物。暴風劇社成立於 1938 年 3 月 5 日，當時鶴城培正的同學積極參與抗日宣傳活動，認為戲劇的宣傳效果至佳，因此，在梁、關兩位老師的協助下，組成暴風劇社，社員共 35 人，社長為區永祥（1938 年級融社）。劇社利用假期到鶴城附近的沙坪、江門、新會等地演出，劇目包括《撤退》、《不願做奴隸的人們》、《黑地獄》等。

1939 年，培正師生組成「培正中學暑期流動演劇宣傳隊」和「暴風劇社暑期流動宣傳團」，他們自籌旅費，長途跋涉，深入粵北和廣西演劇、演講和展覽。每隊十多人，一晚演幾齣劇目：《團結一致》、《張家店》、《再上前線》等。他們曾與 800 觀眾一起靜默於警報的黑暗中；又曾於終場時與 2,000 觀眾齊唱《保衛中華》（何安東老師的抗日作品）；他們走入人群擁擠的墟市，即場演說，感動人心，令他們獲得了「鐵的一群」的稱號。

1940 年 1 月 31 日至 2 月 1 日，在梁寒淡、關存英老師及李文亮社長（1941 年級磐社）率領下，暴風劇社利用寒假走入中山縣三鄉鎮宣傳抗日並慰勞傷兵。演出劇目有《三江好》、《最後一計》等。由於同學的演技純熟，又能抓住觀眾情緒，演出效果良佳。又三鄉附近設有軍部後方病院，監學冼子隆老師特於每日劇社籌募所得的捐款中，撥出部分款項，購備日用品及食物，由劇社帶赴病院慰勞傷病士兵，以表支持。

除了暴風劇社，又有主要由 1940 年級毓社同學組成的「莎易亞劇團」。劇團於 1936 年成立，培正戲劇導師關存英認為它是抗戰早期紅藍劇壇的一支勁旅。「莎易亞」三個字，命名奇特，原來「莎」是莎士比亞（William Shakespeare，1564-1616，代表文藝復興的戲劇）、「易」是易卜生（Henrik J. Ibsen，1828-1906，代表現代戲劇）、「亞」是亞理士多芬（Aristophanes，前 450- 前 388，代表古代希臘戲劇）。及至遷校澳門，異軍突起，震撼了整個紅藍園地。莎易亞在澳門的首演是 1939 年為母校 50 週年獻幕的演出，

暴風劇社社員與老師合照

劇目是浪漫主義大師雨果（Victor M. Hugo, 1802-1885）的《呂克蘭斯鮑夏》
（*Lucrece Borgia*）。在殖民地色彩濃厚的崗頂戲院演出，一連數晚均告滿座，
為澳門學界迸發異彩之作。

至復員之後，為提高同學戲劇興趣起見，培正青年會於 1948 年組織紅藍
劇社，並籌備演出三幕名劇《一夜鄉心五處同》。一個影響日後培正戲劇
表演的主要團體正式誕生。

至於培正銀樂隊在戰時經歷了低潮期，幸馮棠校長在留美期間（1940-
1947）寄回銀樂隊新樂器大小共 26 件，由何安東及李榮康老師重組銀樂
隊，加強訓練，並於 1948 年「雙十節國慶紀念會」時作首次演奏，大獲
好評。馮校長重視音樂教育，經常在校園內播放西洋古典音樂名曲，包
括史特勞斯（Johann B. Strauss, 1825-1899）的《藍色多瑙河》（*An der schönen
blauen Donau*）和舒伯特（Franz S. P. Schubert, 1797-1828）的《聖母頌》（*Ave*

1950 年，廣州培正中學銀樂隊在芳園留影。

Maria）等，既增加學生的音樂素養，又能陶冶情性，令校園添上一份和諧愉悅的氣氛。

宗教教育

最後，縱然經歷歲月滄桑，學校仍維持正常的宗教活動。在鶴城時期，學校宣佈：

> 宗教事業，是本校一切事業的骨幹，不因艱難困苦而停頓，更因
> 在艱難困苛的時候，加倍努力，增添熱誠⋯⋯

學校組織宗教生活委員會，以促進教職員與學生的宗教生活，使師生心靈得到安頓及栽培。具體安排是：每星期二晨禱會、每星期日往禮拜堂守安息及上主日學、每學期舉行夕陽會兩次，又推動各級成立研經社，

舉行宗教聚集及遊藝活動，彼此砥礪。

至澳門時期，除正常聚會外，又增加各項節慶紀念及崇拜，如基督徒崇拜會、崇拜紀念會、復活節及聖誕節禮拜等。在復活節時，培正青年會購備雞蛋，預藏在校園的綠草之中，學生在崇拜之後到處尋找有復生意味的雞蛋，令校園洋溢一片和樂融融的氣氛。培正又嘗聯繫在澳門的基督教學校，每星期日早上10時於澳門中華基督教會志道堂舉行聯合崇拜，讓學生有正常的宗教生活。第一次聯合崇拜於 1938 年 10 月 30 日舉行，敦請培英中學校長關恩佐蒞堂講道，題目為「勝利的人生」，赴會者 400餘人。聯合崇拜聚會一直維持至抗戰勝利。

至復員時期，學校仍維持多元化的宗教活動，包括：宗教早會（星期一、二）、青年會、少年團契、基督徒聯誼會、教職員靈修會，鼓勵學生參加東山浸信會的主日崇拜及主日學。又引入各級系統宗教課程，具體課題如表 4。

表 4：復員時期培正各級宗教課程表

級別	課題
初中一	舊約人物
初中二	新約人物
初中三	耶穌的一生
高中一	基督教與人格
高中二	宗教比較
高中三	基督教與東方學術思想

學校又經常邀請國內外教牧蒞校主持佈道大會，傳播福音。例如，美國佩帶聖經會（The Pocket Testament League）駐華專使盧其沃牧師（1931 年級競社）、國際青年歸主運動（International Youth for Christ Rallies）副主席柯克博士等。最盛大的一次為美南浸信會宣教士白箴士牧師（Rev. James D.

Belote）主領的佈道會，由於參與人數眾多，聚會要分三場舉行，最終決志信主的學生達到 110 人。此外，美南浸信會國外傳道部又派遣宣教士或老師支援培正的宗教事工及教學工作。例如，在 1948 年，該會便曾派遣潘安理（Miss Auris Peder）及莫璣珂（Miss Cleo Morrison）兩位女士，來校任教宗教科及英語科。

總結這時期的培正，歷盡播越顛沛的熬煉，學校更備嘗艱苦，一面逃避戰禍，確保員生安全，一面又肩負教育學子，以賡續民族教育命脈不斷的重任。前賢的堅忍卓絕，令培正的教澤得以延續。更難得的是培正人在戰火漫天的歲月之中，不忘前線軍人與及身邊難胞的需要，本民胞物與的精神，濟困扶厄，善施紓難，成為培正精神在患難中的最佳寫照。

校史趣聞

老師四折支薪

培正遷校鶴城後，由於經濟匱乏，黃啟明校長公佈全體教師暫以四折支薪，其餘六成待日後發還。計算方法是：按當時物價先訂定教師的生活基數，折合每人每月 6 元 6 角，之外才加上四成的薪金。以一位老師月薪 40 元計算，折算起來是 16 元，加上 6 元 6 角，即每月共收 22 元 6 角。薪給雖然微薄，但大部分老師仍堅守崗位，反映培正老師敬業樂業，盡忠職守，與學校共渡時艱，成為學生的榜樣。

豉油撈飯

抗戰時期，困居在澳校宿舍的學生，由於家庭接濟不易，糧食缺乏，每人每餐限食八兩米碎飯，另以大鑊煮粟米糊，以補不足。粟米糊雖然任食，但一個禮拜之後，全體同學都患便結，苦不堪言。

如果要加餸，可去廚房買一碗豉油加熟油，用來撈飯，便很不錯了。物質條件雖然匱乏，但學長們仍堅持學習，努力不懈，充分體現紅藍兒女艱苦奮鬥的精神。

考試的座位編排

培正的混合座位考試辦法始於上世紀 40 年代，做法是安排考試座位時，前後左右考生均來自不同班級，即前後左右座位的試題都是不同的。加上試卷統一由學校印發，各生只有勤學方可及格，不能心存僥倖。據聞這種座位編排的始倡者為當時的教務主任雷桂明老師，而做法也一直流傳至今。

投筆從戎，效命長空

1937 年，盧溝橋事件爆發，日本全面侵華。蔣介石發表〈盧山講話〉，要求國民「地無分南北，年無分老幼，皆有守土抗戰之責任」，八年抗戰正式開始。日本結集數十萬精兵，先後攻陷北平、天津、上海、南京、太原、杭州、濟南。翌年，日軍向華南地區推進，連陷廈門、九江、武漢。1938 年 10 月，華南重鎮廣州失守，中國半壁河山，盡淪敵手。

基於時局動盪不安，黃啟明校長為顧及師生安全，同時希望培正能「維護教育的生命」，決定將學校從廣州遷至鶴城，以推行抗戰教育，儲備建國人才，延續民族的命脈。事實上，黃校長的判斷是正確的，日本空軍於 1938 年 6 月即對廣州進行大轟炸，炮火波及東山培正的校舍。根據學校的報告指出，當時「暴敵狂炸廣州，市內平民住宅及文化機關受其荼毒者，不勝指數。本校東山校舍，亦遭炸毀一部，時在 6 月 6 日上午，敵機達我校上空盤旋，相繼連下三彈，均落高小部內，一彈中高小第三宿舍，東面半葭破壞無遺，毗連之膳堂上蓋瓦面，亦被毀去……其餘一彈落南面圍牆內空地，圍牆被毀數丈。」在敵寇侵凌下，不少於抗戰期間畢業的紅藍兒女基於保家衛國的精神，紛紛投筆從戎，守土抗敵。

此外，亦有部分畢業於抗戰前的培正校友，響應國家青年參軍的號召，加入了當時有急切需要的空軍部隊。當時中日空軍實力懸殊，日本方面擁有 91 個空軍中隊，飛機 2,625 架；而中國只有 32 個空軍中隊，飛機 600 架（其中作戰飛機 305 架）。培正的學長本著無畏無私的精神，肩負危重任務，碧血長天，是後輩們的榜樣。

抗戰時期加入軍隊的培正畢業生

姓名	級社	職位
李欽安	1938 年級融社	中國軍事委員會外事局譯員
羅英培	1938 年級融社	中華民國空軍
李華照	1939 年級鵬社	美軍聯絡組譯員
黃雄畏	1939 年級鵬社	中華民國空軍
林英浩	1940 年級毓社	中華民國空軍作戰部
周錫勳	1940 年級毓社	中國軍事委員會外事局譯員
楊俊源	1940 年級毓社	廣東省學生軍事訓練員
馬　豫	1940 年級毓社	中華民國空軍
蔡國鈞	1940 年級毓社	中華民國空軍
趙惟友	1940 年級毓社	中國軍事委員會外事局譯員

加入空軍部隊的培正學長

姓名	級社
丁紀徐	1923 年級
馬庭槐	1929 年級集益社
譚蘇景	1929 年級集益社
廖兆瓊	1929 年級集益社
羅英德	1931 年級競社
周竹君	1931 年級競社
羅英哲	1932 年級善群社
廖木科	1933 年級奮社
李國良	1934 年級蔭社
劉保生	1934 年級蔭社
蔡仕蔚	1936 年級翔社
鄭亮英	1937 年級藝群社
吳順福	1937 年級藝群社

其中，在軍中成就最高的要數 1931 年級
競社的羅英德學長（1912-1989）。1931
年，羅學長畢業，隨即考入南京金陵大
學物理系。適逢日本侵華，頓生從軍報
國之志，於 1933 年考入中央航空學校（又
稱筧橋空軍學校，被譽為「中國空軍搖
籃」）。羅學長於 1934 年以優異成績畢
業，奉派空軍驅逐隊，長空萬里，效命
疆場。抗戰期間，身歷空戰 280 多次，戰
場遍及中國、緬甸、印度、泰國、新加
坡和馬來西亞等地，逢戰必勝。其中最
戲劇性的一次是 1937 年 9 月 21 日，當時
羅學長擔任空軍第五大隊第 24 中隊副隊
長，負責守衛滬（上海）、寧（南京）一
帶。當時號稱日本空軍四大天王之一的
山下七郎大尉（Lt. Shichiro Yamashita）的
「九五式戰機」，被羅學長所駕的美製霍
克 III 型戰鬥機（Hawk III）擊落，墜機太
倉。山下被國軍生擒，羅學長親自策反，

讓山下棄暗投明，協助中國空軍破譯日
本空軍的作戰密碼，貢獻很大。

抗戰勝利後，羅學長奉派到美國陸軍指
揮參謀學院（United States Army Command
and General Staff College）、美國海陸戰隊
特種作戰學院（Marine Special Operations
School）及高級軍官研習班作系統培訓，
可算是國軍中受過最全面培訓的軍事人
才。1948 年派駐英國擔任空軍武官，1950
年由英國返回台灣擔任軍職，1965 年任
空軍副總司令，1970 年晉升空軍二級上
將，奉派駐韓全權大使，1977 年 7 月退
役。羅學長戰功彪炳、勛華卓著，先後
獲頒中外勛獎章 50 餘枚，是培正第一位
亦是迄今為止唯一一位上將官階的校友。

捨身成仁，英烈千秋

抗日戰爭期間，紅藍兒女眼見國族凌夷，不少人本著「天下興亡，匹夫有責」之志，投入這場殊死爭戰。不幸亦有少數慷慨赴義，捨身成仁。他們是國家的軍魂英烈，亦是培正的楷模典範。

1929 年級集益社校友廖兆瓊，自離母校後，曾負笈東瀛，學習航空技術。回國後，加入空軍，成為分隊隊長。在抗戰初期，廖學長戰功彪炳，在戰場上多有建樹。1937 年 10 月，號稱日本裝備最精良的坂垣師團（坂垣征四郎，1885-1948）進入山西境界，為要一舉攻陷太原，然後揮軍南下，席捲位處華中的武漢，以實現日方的「南進計劃」。國軍為爭取時間在太原佈防，因此命令第 19 軍第 196 旅在空軍協同作戰下死守原平市。結果，第 196 旅全軍覆亡，而協同作戰的廖兆瓊空軍隊長亦壯烈犧牲，原平之役成為抗戰史上悲壯的一頁。

另一位紅藍烈士是有「飛將軍」之稱的周竹君。周學長是 1931 年級競社校友，畢業後入讀南京金陵大學理學院。是年，「九一八」事發，翌年「一二八」淞滬戰起，學長身在首都，對於戰況接觸甚詳。由於一方面對日軍之凶殘悲憤填膺，同時深感我國空軍力量單薄，時值中央空軍軍官學校招考新生，學長毅然棄學投軍。當時投考者 3,000 餘人，學長以第十名的成績被錄取。入學後，成績優異，至畢業時，得蔣介石校長親賜佩劍。畢業後，一直在空軍服務，初入轟炸隊，後升任分隊長。直至 1937 年抗戰開始，學長效命長空，戰功卓著，升任上尉，率隊奮戰於長江流域，及蘇（江蘇）、魯（山東）、豫（河南）、湘（湖南）一帶，屢挫敵鋒。1938 年 6 月，擢升轟炸隊隊長，但不幸於 10 月 12 日保衛大武漢之戰成仁殉國。學長是廣東省開平縣人，亡年只有 28 歲，可說是天不假年。

香港階段　1933至今

第二部分

承先啟新

第三章

香港建校時期

1933-1950

建校緣起

自20世紀30年代開始，廣州的教會學校紛紛來港開設分校，拓展校務，形成穗校遷港的現象。這些學校或因應香港社會的轉變，或配合內地教育政策的實施，以至逃避戰禍等，於是競相在港澳地區開設分校。其中屬浸禮宗的培正於1933年率先在港設立分校，繼有長老宗的真光中學於1935年及培英中學於1937年分別在港開辦分校。

廣州教會學校遷港與香港社會的轉變有密切關係。在20至30年代，香港人口有明顯上升的趨勢。1921年，香港人口為625,166人，至1931年時增至840,473人，其後於1941年時更急增至1,639,000人。特別是1931至1941年的十年間，香港人口急劇膨脹，增長率為95%。造成這種現象的原因是30年代上半期，隨著內地自然經濟逐漸瓦解，大批農民從土地上釋放出來，流入城市，尋找新的謀生機會。加上辛亥革命以後，廣東陷於軍閥割據與混戰的局面，粵人相率來港避難。與此同時，香港經濟一直在穩步發展，因此，華南地區的商人及民眾均視香港為樂土，不惜離鄉在此定居。

隨著人口增加，本港適齡學童的人數亦有顯著上升。中小學生人數由1920年不足三萬人，增加至1939年的12萬，增幅高達四倍。由於大部分官津學校均收取高昂學費，且學額有限，因此，學生大多來自富裕家庭或精英階層。至於低下階層的子弟，大多只能就讀於學費較為廉宜的傳統學塾或私立學校。據1939年教育司署報告，當年全港共有972間不同類別的私營教育機構，為54,744名男生和23,699名女生提供教育。同期，12間官校分別只有4,664名男生和1,257名女生；

而 295 間資助學校則有 20,961 名男生和 12,250 名女生。私立學校成為當時
香港教育的主流，為低下階層民眾提供教育機會。

最後，培正遷校香港亦與當時國民政府的教育政策相關。1925 年，內地
先後發生「五卅慘案」（上海，1925 年 5 月）及「沙基慘案」（廣州，
1925 年 6 月）。為抗議英國政府的暴力鎮壓，廣州、香港兩地爆發「省
港大罷工」，不少工人離開香港，返回內地，造成香港經濟蕭條。事
後，港英政府為緩和香港的反英抗殖情緒，港督金文泰（Cecil Clementi,
1875-1947）提出強化漢文教育的各種措施，一時間大量私立漢文學校湧
現，為僑校（在中國境外專門收錄華人子弟的學校）開拓了生存和發展
空間。加上，1931 年，廣東教育廳特別向香港的私立學校發出通告，指
出這些僑校除向香港政府註冊外，亦應同時依照私立學校規程，向廣東
教育廳立案。當時香港唯一的大學，即香港大學以英語授課，且學位稀
少，香港學生因而面對嚴重的升學困難，而僑校與內地學校既同樣採取
「六三三」的學制，學生畢業後可到內地升學，加上僑校可得到國民政
府財政上的支援，這都形成了僑校的競爭優勢。所以，李孟標校長（1924
年級群社）在〈香港培正中學十六年史略〉一文指出：

> 校當局暨駐港校董王國璇、林子豐、譚希天諸公為便利港僑子弟
> 升學國內起見，於是遂有組織本分校之決定。

可見培正是在香港僑校蠭起的背景下，來港開設分校，令紅藍的教育事
業更上層樓。

建校經過

首先是購地建校。適值培正校董王國璇先生（1880-1974）曾於 1931 年 4 月向
政府投得九龍何文田窩打老道一塊面積 21,000 餘方呎的土地，作價 16,000

培正香港分校初中課室

餘元，計劃興建香港浸信教會的分堂。不過賣地條款中，政府加入兩年內由承購人加建 40,000 餘元上蓋的規定，若逾期不建，政府會沒收地皮。由於香港浸信教會最終無意在九龍開設分堂，因此，培正在港校董王國璇、譚希天（1901 年級）、林子豐（1892-1971）邀請黃啟明校長於 1932 年 6 月來港商討由培正承接地皮，開辦培正香港分校的計劃。建議其後得到廣州校董會一致同意，黃啟明校長便於同年 11 月偕同廣州校董楊維忠（1925 年級勵社）來港，籌辦開設分校事宜。他先向香港浸信教會購買 12,900 餘方呎的土地，再向港府投得後幅相連地皮 32,000 餘方呎，最後游說教會將餘下的 9,000 餘方呎賣給培正。經過三次購地，卒獲總面積 54,000 餘方呎的建校用地。校地問題，至此才圓滿解決。

繼而是建築校舍。學校透過熱心教育的本港著名殷商黃耀東先生介紹，校舍建造圖則交由著名的奇勒則師樓負責。圖則包括課室、圖書館、宿舍、飯堂、衛生室、辦事處等，採用三合土鋼筋建造，簡單穩固，最終獲工務局批准。建造工程交由乾生公司承建，估計工價為 105,000 元，工

程預計於 1933 年 8 月完竣。培正為廣州名校，在港設立分校茲事體大，遂於 4 月 12 日下午 3 時舉行盛大的奠基禮，邀請香港教育司史美（Norman L. Smith, 1887-1968）主禮，並柬請各界人士蒞臨觀禮，包括：教育司署視學官梁世華（1928-）、尹耀星、中華基督教會公理堂主任牧師翁挺生（1865-1955）、香港浸信教會主任牧師張文照（1876-1966）、民生書院校長黃映然（1891-1991）、鹽業銀行經理倪士欽等，來校嘉賓達百餘人，極一時之盛。1933 年 9 月上旬，前後兩座校舍建築完竣，每座樓高三層。前座樓下闢作校務處、圖書館及高小課室，二、三樓為高小宿舍及男教職員寢室；至於初小課室及膳室，則分設於後座樓下，二、三樓則為初小宿舍及女教職員寢室等。整座校舍可容納學生 500 人。由奠基至落成，歷時僅五個月。購置土地加上建築工程，總共動用款項 130,000 餘元，分別向國民、嘉華兩銀行借貸，但不到四年，學校已清償全部債項。

校舍建築期間，學校向香港教育當局進行立案註冊。原欲將學校稱為「香港培正小學」，不過教育司署拒絕接受立案，原因是在灣仔鵝頸橋附近已有一間「培正學校」，雖與廣州培正無關，但由於名稱相近，故教育司署拒不立案。因此，培正將學校正名為「私立廣州培正中學香港分校」。至於內地立案方面，在學校成立後，校董會已備造文表，向廣東省政府教育廳立案。經審查後，於 1934 年 12 月 13 日，學校接到政府的第 2633 號指令，批准學校立案。

人事方面，校董會調派廣州西關分校主任麥會華為校主任，至於西關分校主任則由李孟標承乏。麥會華接到委任後，隨即來港統籌一切開學事宜。先辦小學部，學校採用的制度與課本，全部依照廣州正校的做法。至於教師亦是由正校委派，姓名及職責詳見表 1。

1933 年 8 月 1 日，學校進行第一次招考新生，取錄 80 餘人，又於 9 月第二次招考，錄取百人，再由各部附屬小學轉學數十人，首屆學生總人數

在 200 以上。學校在是年 9 月 11 日開課。

表 1：私立廣州培正中學香港分校首屆教職員表

姓名	職務
麥會華	主任
許廷建	高小級監學
何偉真	初小級監學兼四年級級任
馮啟鼎	書記
周炳南	庶務員兼舍監
黃霜華	六年級級任
羅覺先	五年級級任
余紹芳	三年級級任
李興華	二年級級任
黃秀聯	一年級級任
倪慕文	英文算術教員

開幕典禮

學校草創於 1933 年 9 月，百事待興，因此延至 12 月 2 日下午 3 時才舉行開幕典禮。校方敦請香港聖公會主教何明華會督（Bishop Ronald O. Hall, 1895-1975）蒞校主持。當日到會的嘉賓包括：校董王國璇、林子豐、譚希天、楊維忠；香港浸信教會主任牧師張文照、香港青年會總幹事曹炎申；中華汽車有限公司創辦人顏成坤（1900-2001）、博愛醫院主席黃耀東（1864-1940）；旅港同學會會長趙天穆（1922 年級）、副會長林其鍊（1925年級勵社）；校友黃惠康（1923 年級）、廖榮理；由廣州正校來港參加典禮者有高小主任馮棠、初小主任吳炎玲、中學監學林恩光（1925 年級勵社）、李榮康（1923 年級）、高小監學徐鑿（1926 年級奮志社）、庶務黎汝洪、銀樂隊隊長何安東及隊員 40 餘人，並學生家長，友校代表，各界來賓等，人數達千人以上，一時冠蓋雲集，車馬絡繹，實為香港教育界的盛會。

1933 年培正香港分校奠基典禮。前排右四者為何明華會督，右五穿中式禮服者為黃啟明校長。

典禮開始前，先由何明華會督主持啟鑰禮，然後率領會眾魚貫進入禮堂。何會督在致辭時，以天國之金比喻小孩子，勉勵培正全寅要努力鑄煉天國之金，使小孩子將來為國家服務，為上帝服務。復引聖經《腓立比書》2 章 3 節，引論青年應為貧乏的人服務，以盡基督為貧乏的人服務之偉大精神。

培正初立香江，即受到校友、華僑及本地家長的歡迎，校務發展蓬勃。1935 年，學校購得校舍左旁 8,000 餘方呎空地，開闢為足球場，以增加學校的體育設施。開校兩年，除小學外，又因應社會需要，連續兩個學年開設了一班初中一，即磐社及斌社。但由於校舍設備不足，致未能發展完整的初中部。因此，這時期的香港培正是一所以小學為主的學校。

表 2：1933-1937 年度香港培正學生人數

班別	小一	小二	小三	小四	小五	小六	初一	全校
1933/34	22	22	28	23	38	35	-	168
1934/35	30	57	64	51	51	67	-	320
1935/36	13	41	50	71	66	52	37（磐社）	330
1936/37	16	37	50	73	73	73	33（斌社）	355
1937/38	32	48	90	113	151	121	-	555

培正香港分校是廣州培正教育事業的延展，同樣以基督教全人教育作為辦學理念，開展各項教育實踐。學校特別重視中英語文教育，期望這些工具科目能為學生奠定學習基礎。在 1933 學年，學校在四年級英文科即引入教學試驗計劃，規定每週教授英語四小時，課堂完全採用英語授課，上學期著重訓練學生聆聽與會話技巧，增加他們的聽講能力；下學期則訓練閱讀及寫作能力，讓學生在一個學年之中，能整全學習讀、寫、聽、說四個學習英語的重要技能。這個教學安排其後逐級推展至整個高小學部。

在中文教學方面，學校舉辦多項課堂延伸活動以輔助課堂教學。1933 年 11 月 18 日，學校舉行第一屆學生演說比賽，結

果由五年級的何天祐獲得冠軍，講題為「我們怎樣幹去救國」，第二名為六年級楊福慶，講題：「我們為甚麼要讀書」。藉著演說，可以訓練學生的思辨、寫作及說話等能力，有效促進其語文能力。學校又將學生的優秀作品結集出版。例如，1933 學年上學期出版《培風》，取其「故九萬里則風斯在下矣，而後乃今培風」（典故出自《莊子・逍遙遊》）之義，比喻年輕人若要闖一番事業，則須培養能力才智，然後可以致之。同年下學期，學校又編纂文藝月刊，定名《正光》，讓同學有一個公開發表創作的園地。

在品格教育方面，當時香港分校的學生部分是僑生，他們離鄉別井，負笈香江，學校因勢利導，將重陽佳節轉化為思親節，教導學生孝親的重要。建校第二年開始，學校便在重陽節舉行思親會，會場佈置清簡樸素，一塵不染。講台上端掛兩尺長、印有「思親」的直幡，禮台四周佈以青綠色葵樹，極現雅靜、肅穆的氣氛。為表達思親之意，學校購備紅白兩色花朵，分給全體員生佩戴於襟上，如父母雙存者佩紅花兩朵，父母俱亡者佩白色兩朵，父母一存一亡者佩紅白各一朵，藉資識別。學校又發給每個學生信封及信箋，讓學生可以致書問候父母安好。信封印有「思親」兩個大字，下款為「培正香港分校思親節紀念」字樣；信箋則印有「每逢佳節倍思親」詩句，都為麥會華主任的墨寶。學生的品格在潛移默化中得到培育。

培正素重體育運動，香港分校在建校初期已開闢運動場供學生鍛鍊身手。因此，紅藍健兒在學界比賽中表現優異。1935 年 5 月 22 日，23 名學校代表參與在加路連山體育場（即今南華體育會運動場）舉行的香港學界第二次運動會，結果獲丙組、丁組及戊組全場冠軍，而田賽方面更獲得全場總亞軍。個人方面，丙組擲鐵球（麥伯就）、丁組擲鐵球（麥炳正）、丁組一百公尺（尤榕華）、丁組二百公尺接力、戊組擲壘球（鄭國棟）、戊組二百公尺接力等項均破大會紀錄，成為香港學界當時的新紀錄。翌

年，27 位培正同學參與第三屆香港學界運動會，憑健兒用命，各組總得分為 101 分，高於去屆冠軍華仁書院的 95 分，首次奪得全場總冠軍，一鳴驚人，蜚聲香江。

在群育方面，香港分校同學的年紀雖小，但學校仍著意栽培他們對社會上弱勢社群的同理心。1933 年，學校藉著普天同慶的聖誕節，教導學生本基督的心為心，呼籲他們捐獻，與生活困乏的人分享愛心。結果，同學將 20 餘元（約為一個普通工人的月薪）捐予香港中華基督教青年會，又將 40 餘元捐予兩廣浸信會孤兒教養院。翌年，聖誕捐款已增至 130 餘元。自此，聖誕捐獻，與人分享所餘，成為培正的傳統。

在美育方面，香港培正同學的參與亦甚踴躍，最難得的是不少推動美育的會社均為同學自發組織，自訂章程，再報學校立案。1936 年 11 月 7 日，美術會社「培藝」成立，是培正最早的美育結社（廣州培正的「培正美術研究會」成立於 1936 年 12 月），目的是讓同學在課餘閑暇共同研究美術。創會社員共 12 人，顧問為林耀南老師。此外，同學又曾於 1936 年 12 月 12 日成立口琴會社，定名為「培聲」，讓同學善用課餘時間，以資娛樂，亦可陶冶性情。社員 30 人，由吳驥老師擔任顧問。至 1937 學年下學期，由「培聲」改組的「培正分校口琴研究會」正式成立，運作漸具規模，下開 20 世紀 50 年代培正口琴隊的輝煌歷史。

宗教教育是培正立校的根基，因此，靈育在香港分校亦扮演了一個非常重要的角色。1933 年 9 月 28 日，學校成立了「宗教委員會」，由楊毓俊老師擔任主席，統籌校內宗教活動，廣傳福音，培育靈性。以 1935 年為例，「宗教委員會」推動及籌辦的宗教活動超過 20 項，包括：主日崇拜、主日學、聖經課、校工查經班、校工佈道會、教職員靈修會、早禱會、晚禱會、基督徒學生職教員退修會、夕陽會、全校員生退修會、學生佈道會、講道會、學生宗教論文比賽、學生宗教演說比賽、學生賣經運動、

慶祝聖經紀念會、復活節音樂禮拜、員生詩歌班等。其中以主日學的工作發展最為蓬勃。

學校自開校以來，於每個主日上午均舉行主日學，學生約有百餘人，主要是留宿學生，分初、高兩級，由學校的教職員負責教導。1934 年，經宗教委員會商討，訂定主日學推廣辦法，以班別及個人為獎勵對象，以主日學到會、捐款、念金句三項為原則，進行競賽，藉以鼓勵更多非宿生參加主日學。改革後的主日學由何偉真老師擔任總理，其他老師出任導師，分初小、高小兩級，總計九班。其後的 1935 學年成為學生參加主日學的高峰期，共有 167 名學生參與其中。此後，主日學的發展保持平穩，參加人數維持百餘人不等，直至抗日戰爭爆發。至於全校基督徒學生人數則約為主日學人數的四分之一，相關數據見表 3。

表 3：1933-1936 年度培正香港分校基督徒學生人數統計表

級別	一年級	二年級	三年級	四年級	五年級	六年級	初中一	合計
1933/34	未詳	7	10	8	3	8	-	36
1934/35	未詳	6	7	9	11	2	-	35
1935/36	未詳	3	5	11	12	9	1	41

綜觀這時期的宗教工作，由於對象均是稚齡的小學生，對於得救與否，有時難免自省不足，因此基督徒人數遠較主日學生為低。

播越時期的香港培正 1937-1945

1937 年 7 月 7 日，盧溝橋事變爆發，中日戰爭正式展開。當戰事向華南地區蔓延時，民眾相繼避難港澳。1938 年中，廣州持續受到日軍的攻擊。同年 7 月，港府通過《緊急情況規例條例》（Emergency Regulations Ordinance），宣佈在中日戰爭中保持中立地位。大量難民因此湧入香港，其中 1937 至 1939 年的三年內，中國內地湧入香港的人口便達 750,000 人。據警方估計單在 1938 年 6 月便有 27,000 名難民露宿街頭。至 1941 年，香港人口更飆升至 160 多萬。人口急增，對香港的社會資源（包括教育）造成沉重負擔。

廣州培正於 1937 學年遷校鶴山，以教育延續民族生命。但仍有不少學生流落港澳，為顧念居港學生及難民學童的教育需要，校方決定於香港分校開辦初中部，以錄取更多學生。學生數亦由 1937 學年的 500 多人急增至 1938 學年的 800 多人。新開辦的初中部校務由校董會委派正校高小主任馮棠主持，小學部校務則由港校主任麥會華兼理，以專責成。

由於校舍不敷應用，因此，校方決定在大體育場內加建課室兩座及辦公室一座，供初中部上課，1939 年 2 月落成。另在校外租賃洋樓兩座，為全校職教員及初中學生宿舍。不過，黃校長認為，要辦一所實踐全人教育的學校，須有廣闊的運動場，但學校的財政狀況已不容許再增購土地，不得已向政府租賃學校後面的山地 30,000 餘方呎，以開闢運動場。

正當香港培正發展至新階段時，先有黃啟明校長積勞成疾，在 1939 年 4 月 16 日病逝香港；後於 1940 年 10 月 16 日，香港分校主任麥會華因喉疾辭世。培正接連痛失棟才，但無阻至善至正的辦學理念在香港的傳承與發展。

香港培正的初中部自開辦以來，入學人數眾多，由 1938 學年的 242 人，增加至 1940 學年的 347 人。由於港校沒有開辦高中課程，因此，學生畢業後，只能到澳門培正繼續升學。未便離港的學生惟有在香港轉讀其他學校，或中途輟學。學校考慮到學生升學的困難，便從 1940 學年開始，加開高中一、二兩級，以回應學生需求，並決定於 1941 學年開始增設高中部。為應付教學需要，學校於校園後面一段曠地，興建一所四層高教學大樓，以增加課室及實驗室的數量，整項工程於 1941 年 9 月完成。班額方面，學校預算先開高中 一、二兩級，至於高中三仍設於澳門本校。

表 4：1938-1940 年度香港培正分校學生人數

班別	小一	小二	小三	小四	小五	小六	初一	初二	初三	高一	高二	全校
1938/39	43	78	90	148	153	114	144	71	27			868
1939/40	24	55	87	117	128	99	140	137	81	-	-	868
1940/41	43	70	98	105	140	108	129	118	100	70	19	1,000

好景不常，憂患不測。1941 年 12 月 8 日，日本聯合艦隊偷襲美國太平洋艦隊基地——珍珠港（Pearl Harbour），揭開了太平洋戰爭的帷幔。同日，日本第 23 軍第 38 師的 228、229 及 230 三個聯隊進襲香港，香港保衛戰一觸即發。接戰四日至 12 月 12 日，日軍已佔領大部分新界及九龍地區，並隔海與駐守香港島的英軍對峙。

在日軍入侵香港前，港英政府原已徵用香港培正為後備警察部，但日軍佔領九龍時大舉轟炸市區，故未及佈置已放棄徵用。部分校舍被日軍波字第 8115 部隊佔據，學校不甘附敵，決定停辦。當時培正正校在澳門，學校因此遣送全體教職員轉移至澳門工作，港方校舍僅由張新基校董、洗子恩（1933 年級奮社）、張榮光（1941 年級磐社）、宋新明（1936 年級翔社）、陳秋明（1936 年級翔社）、羅覺先等人留守，備嘗艱險。直至全校被敵軍佔據，並設置警備司令後勤部，幾位老師才被迫離校。而全校校具、圖書、儀器均被敵人佔用或破壞，損失慘重。

事實上，校方早已知悉日軍進侵香港的野心，並作出連串應變部署。首先，學校計劃在內地設立分校，以備萬一戰爭波及香港時，為香港分校保留退路。經校董會同意後，委派香港分校主任鄺樂生、培道女中校長溫耀斌到內地調查研究，選中廣西桂林，開辦「培正培道聯合中學」，以保存教育命脈。另一方面，在校務會議上，一致推選事務主任冼子恩老師在發生戰爭後為香港培正分校負責人。

其次，是設法保護及安全撤退全校教職員及學生。當時學校膳堂的負責人趙培是黃啟明校長夫人趙璧蘭老師的兄長，又是九龍油麻地一帶的勢力人士。當九龍半島的英軍撤退，日本軍隊進入市區前的真空時期，九龍各地的搶劫暴亂十分猖狂。就在香港分校附近的住宅被洗劫時，香港分校的學生和教職員工都受到保護，財產未有遭到搶劫。

至撤退時，若在港有家庭的學生，學校安排由家長全部接走；另部分沒有家長在港的僑生，則由學校保護，一起在宿舍生活，秩序井然。冼子恩老師又設法獲取日方通行證，冒險將存放在國民銀行保險箱內的港幣七千元校產帶回學校，準備用作疏散師生及學校日常開支。那時培道中學已有斷炊的危險，他因此主動借了一千元給培道作伙食之用。總計兩校留港師生及家屬共有二百多人。學校分批將兩校學生、教職員工及家屬安排上船，平安送到澳門。學生及教職員工全部安全撤退後，分校只留冼子恩、張新基、張榮光、宋新明、陳秋明、羅覺先等人駐守。

第三，保護校產。在香港淪陷後，有一天，一小隊日本軍隊在九龍地區警備司令渡部美邦少佐、副官石橋正男少尉與及翻譯官率領下，來到培正香港分校。在巡視學校之後，日軍指培正由英美教會主辦，是英美人的產業，要由日本皇軍沒收使用。冼子恩老師據理力爭，指出培正是純粹由華人自辦的教會學校，與其他英美教會辦的學校不同，不能當作敵產處理。最後日軍相信有關培正是華人自辦的教會學校一節是事實，校

舍不予沒收。但隨後聲言日本駐軍需要培正分校的校舍作九龍地區警備司令部，要求所有人立刻遷出。學校無奈決定於 1942 年 6 月底結束香港分校全部工作。培正在香港的教育事業至此暫告一段落。

香港復校 *1945-1950*

1945 年 8 月 15 日，日本宣佈投降，第二次世界大戰結束。對香港而言，三年零八個月的日治時期正式完結，香港重光。港府為了盡快讓香港回復正常，吸引人口回流，因此對糧食、燃料等重要商品實行全面統制政策，零售商須按政府訂定的公價配售貨品，又從東南亞運入平價糧米，以穩定香港居民生活。隨著國共內戰爆發與及中國共產黨解放運動蔓延全國，40 年代的最後幾年，上海的華資和英資工商業紛紛遷移香港，估計當時流入香港的資金超逾十億元。除了資金，技術、設備、人才亦轉移至香港，為本地經濟發展提供了良好條件。而香港人口從戰時的 60 萬，急增至 1949 年的 220 萬。學童數目同樣大幅增加，由 1945 年的 4,000 人，增加至 1946 年 10 月的 80,000 多人。香港培正便是在這樣的社會背景下進行復校工作。

當香港重光後，兩廣浸信會聯會教育部委派譚希天先生來港視察香港社會狀況和重建工作進度，以規劃復校工作。由於目睹香港「學校稀疏，失學人數甚眾」，因此，林子豐校長在澳門召開校董會會議，委派西關分校主任李孟標來港負責復校工作，並向香港青年會商借校舍。可惜該校舍其後被港府徵用，以開辦官校。後幸獲尖沙咀浸信會會牧吳驥牧師（戰前香港培正老師）介紹，並透過關心焉（1868-1945）、關心民醫生的協助，[1] 借得九龍塘學校校舍復校。不過該校經歷戰火，校具蕩然無存，承林子豐校長慷慨捐助，陳潤生、林思齊（1923-2010）兩位先生努力奔走，購得舊枱椅百餘副，後蒙民生小學校長黃連歡女士慨允借出該校餘桌，使校具問題得以在一週之內解決。香港培正分校於 1945 年 10 月 25 日正式復課。

另一方面，林子豐校長委派杜照星、張榮光（1941 年級磐社）、岑祥光（1928 年級樂群社）等，與港英政府交涉，再囑請校董王國璇、王文光因應時機，接收校舍。原來自英軍登陸，從日軍手上收復香港後，校舍被皇家海軍陸戰隊第 44 突擊隊（No. 44［Royal Marine］Commando）進駐，經多次交涉，仍未退還校舍。1945 年 11 月，當情況仍然膠著時，幸得澳門浸信教會會牧嘉理慰牧師（Rev. John Galloway, 1877-1968）幫助，直接函請香港軍政府首長兼三軍總司令夏愨上將（Admiral Cecil H. J. Harcourt, 1892-1959），才獲准發還校舍。加上，教育司窩頓、視學官余芸、唐紹源的協助，遂於 1946 年 2 月 15 日正式收回何文田校舍。

復校初期，學校設小學及初中，學生人數持續上升，由 1946 學年的 1,249 人，增至 1949 學年的 1,668 人，各部學生人數明細如表 5。

表 5：1946-1949 年度香港培正各部學生人數統計表

	幼稚園	初小	高小	初中	高中	合計
1946/47	76	361	459	353	-	1,249
1947/48	110	489	334	370	-	1,303
1948/49	147	361	462	409		1,379
1949/50	118	887		529	134	1,668

至 1949 年，香港分校復設高中，主要是由於國共內戰持續，加上國民政府節節敗退，全國各地解放運動進行得如火如荼，中國共產黨奪取政權，指日可待。因此，港澳學生多不欲前赴內地升學，而內地請求轉學港校的學生亦紛至沓來，培正因此決定於 1949 學年開始，在香港分校復辦高中一年級，開設三班，以應所需。

事實上，根據廣州培正李炎玲主任（1923 年級）寫給香港分校高雁雲老師（1933 年級奮社）的函件，透露自 1949 年中，廣州已人心浮動，惶惶

【1】關氏兄弟出身香港望族，父親關元昌（1832-1912）早年從中國第一位牧師梁發（1789-1855）信奉基督教，後隨西教士學習牙醫，在廣州執業，是中國華人牙醫的鼻祖，19 世紀晚期移居香港。關心焉，名景良，年青時就學於香港西醫書院，是國父孫中山先生（1866-1925）的同窗好友。關家世代習醫者眾，自關元昌以下四代，業醫者超過 20 人。

終日。5月，國民政府發出疏散令，廣州市民或選擇返鄉暫避，或遷居港澳。同時，教育廳局亦限令各學校提前放假。約有 600 名學生奔赴港澳，謀求升學。至於廣州正校的老師，縱然處身危難當中，仍堅守崗位，協調學生疏散與及辦理轉學事宜。另港澳新開班的教員都由穗調任。計赴香港分校的有李寶榮、林藻勇、吳華英及李炎玲四人；赴澳門分校的有黃逸樵、盧榮典二人。至於校友部則暫時遷港，以便與港澳及海外校友保持聯繫。

1949 年 10 月 1 日，中華人民共和國成立。同月 28 日，廣州市人民政府成立，培正最終被併入公立學校系統之中。由於內地與港澳地區在政治制度、意識形態等均存在歧異，因此，自 1950 學年開始，港、澳、穗三校宣佈行政獨立，培正香港分校易名為「香港培正中學」，校方重新編印《培正校刊》（香港版），並以「香港培正中學」出版，以示學校新紀元的開始。

香港培正復校，仍本著基督教全人教育的傳統辦學。馮棠校長於 1948 學年香港分校的開學禮上致辭，讚賞香港分校能夠秉持培正全人教育的精神，並指出這正是培正的辦學宗旨：

> ⋯⋯港分校政，有足一表者，其為德智體群四育並重，而德育尤為素所重視，蓋以基督精神，培育人才，為本校宗旨也。

復校之後，學校除常規課堂外，亦注意推動學生的讀書風氣。且戰爭剛結束，年輕人多以知識救國為己任，一時研習氣氛頗濃。1948 學年，學校圖書館為提高學生閱讀興趣及養成讀書風氣，籌設讀書會，定名為「培正中學圖書館讀書會」，參加者只限初中二、三年級學生，會員名額只有 30 名，報名加入者異常踴躍。讀書會由何家葵監學及張樂天老師擔任導師，黃金榮同學（1952 年級偉社）當選總幹事。每次聚會均設主題演講，

香港版《培正校刊》，香港培正中學印行。

首次演講主題為「中國的文學」，由何家葵監學主講。讀書會對推動校內的讀書風氣有非常重要的作用。

在德育方面，學校為貫徹落實全人關顧，特於 1947 學年跟隨戰時澳門培正的做法，在初中部推行導師制，將原來以班為輔導單位，改為以組為輔導單位，希望藉減少每組人數（由約 40 人減至少於 20 人），以加強全人關顧的效能，讓學生得到適切的照顧。全校共分為 24 組，每組一位導師，另每級設級顧問老師兩位，以統籌該級德育工作。又為增加導師與學生的溝通，各組每月召開學生座談會一次，討論結果會提交訓導會議，作為學校改善的參考。

在節慶方面，學校仍堅持舉行植樹節紀念會。植樹節是每年的 3 月 12 日，亦是國父孫中山先生的逝世紀念日。學校員生於是日早上上課前半小時，齊集於操場，舉行簡單紀念儀式後，便進行植樹，最後由老師訓勉作結。1949 學年，杜照星老師勉勵同學：

> 諸生今日植樹於校場，以期十年成蔭，供人憩息。而本校設辦之宗旨，則為百年樹人，為國儲材，望諸生深體此義，努力成材，莫負本校與國家所期。

以植樹蔭人，比喻育才報國，以闡釋培正辦學要旨，與同學共勉，是一項饒有意義的德育及國民教育活動。

體育方面，於復校之後的 1947 年春天，培正便開辦第一屆校運會，亦積極培訓田徑人才，參與學界田徑比賽。1948 年 12 月 10 至 12 日，南華體育會主辦第五屆香港學界運動會，香港培正共有 26 位運動員參加；啦啦隊 400 餘人，到場助威，聲勢奪人。結果，全場五組冠軍，培正摘取其中兩項，即男乙及男丙冠軍，另女乙獲得季軍，成績驕人。

學校亦重視國術的發展。當時校內體育課，學生可從四組運動中選擇一組參加，作專門訓練。根據常廣源校友（1954 年級匡社）的憶述，那時最多人參加的是國術組。當時內地政情逆轉，很多不同武術門派的重要傳人都在 20 世紀 20 至 60 年代移居香港：包括洪拳林世榮、永春鄧奕及詠春葉問等，令學習國術的風氣在香港流行起來。由於不少同學對國術感興趣，學校於 1947 學年組成國術團，參加學生共有 53 人，每星期操練三日，由廣西梧州精武會創辦人之一劉續封師傅擔任教練。劉師傅是精武門第三代傳人，武技了得，傳授同學的是「打虎拳」，是現存 35 種壯拳套路的其中一種。他經常集合同學在操場練習，同學分行排好，秩序井然，一起練武，場面壯觀。除了國術，培正亦流行西洋拳，曾於 1948

學年舉行第一屆西洋拳賽，共有 25 位同學參加。結果由陳力川（1952 年級偉社）奪得中級組冠軍，初級組則由邵孟康掄元。培正拳王由此誕生。

在群體活動方面，學校於 1947 學年規定：每學期每級舉行級社晚會一次，藉以訓練學生辦事技能與提高課外活動的興趣。這個措施一直維持至現在，成為培正校園生活的傳統。

在校園福音工作方面，學校每年均舉辦人型佈道會，邀請國內外著名牧長到校，與同學分享屬靈訊息。1947 年 9 月中旬，青年歸主運動香港區籌備委員會專誠邀請美國環遊世界佈道家摩勒和畢斯兩位博士來港佈道，學校特假座對門的港九五旬節傳道會五旬節堂，向小學六年級以上學生佈道。由於人數眾多，佈道會要分兩日進行，共有 29 位同學決心歸信，亦有 200 餘人願意立志，引人歸主。此外，學校於 1948 年 1 月，分別邀請華北浸信會佈道家鍾耐成牧師及香港浸信教會劉粵聲牧師（1893-1963）蒞校佈道，師生多受感動。1949 學年，學校再次舉行大型佈道會，仍假座五旬節堂舉行，一連三天，敦請「中國學生歸主運動」的重要推動者趙君影牧師（1906-1996）以國語佈道，由九龍城浸信會張有光牧師傳譯。學校初中部及小學六年級學生暨教職員等約 600 餘人赴會，大得靈恩，多受感動，學生當場舉手表示決志慕道或歸主者共有 81 人，[2] 是香港培正建校以來，最多學生決志的一次佈道會。李孟標主任為對 81 位剛歸信的同學予以靈性上的栽培，於是定於同年 3 月 14、16 及 18 三日，每日早上 8 時半至 9 時，在圖書館舉辦查經班，邀請張有光牧師來校帶領。

表 6：1947-1949 年學生基督徒人數（包括中學及小五、六）

年度	人數
1947	78
1948	54
1949	49

【2】據校務報告是次春季佈道會共有 81 位學生決志信主，但據宗教主任區玉玠的報告，當天決志或慕道者共有 87 人。參《廣州培正中學六十週年暨十六週年（1949）特刊》，頁 16-18。今據校務報告推定為 81 人。

除了對學生的佈道工作，學校亦注意老師的靈性栽培。自戰前開始，學校每月均舉行教職員靈修會，藉系統的屬靈講論，讓老師的靈性得以按步成長。以 1948 學年為例，全年共舉行靈修會八次，邀請香港浸信教會劉粵聲牧師及中華聖公會會吏長李求恩（1882-1962），分別就「基督徒的靈命」及「認識耶和華為智慧之開端」作演講，探討基督教信仰與教育的關係。同年 11 月 5 日，香港基督教教育會假座香港培正主辦港九基督教學校第一次教職員聯誼大會，出席學校計有私立廣州培正中學香港分校、中華基督教會協和書院、香港中華基督教會青年會書院、廣州市美華中學、香港真光中學、私立廣州培英中學香港分校、香港培道女子中學、香港私立嶺南中學、香港嶺英中學和香港私立廉伯中學十所學校，共 280 餘位老師，反映香港培正已成為香港基督教學校的翹楚。

培正香港分校成立於 30 年代，是培正教育理念在香港的延展與開拓。培正南下香港建校是順應時勢需要之舉，既服務遷居香港的校友的下一代、華僑子弟及香港的學生，向他們提供優質的基督教全人教育，又可以協助他們返回內地或到海外升學。由於培正是廣州名校，慕名而來的學生與年俱增，學生人數由開校時不足 200 人，增加至 1941 年香港淪陷時的1,000 人，八年的增幅達到六倍。可惜香港最終被捲入戰禍，為免附敵，學校當局毅然閉校，師生分散至澳門培正、坪石培聯及桂林培聯。雖然經歷顛簸流離的歲月，但其心不變，其志未改，培正迅即於戰後的1946 年復校，屹立香江，承傳紅藍精神。

校史趣聞

高球夙願

戰前的香港培正運動場面積廣袤，校方於 1933 年增設兒童高爾夫球場，分成多個細小的練習場，場形仿照廣州、香港、上海、南京、武昌、北平、天津等地之古跡名勝，例如：西湖、萬里長城，讓學生寓學習於運動之中。翌年，學校舉辦第一屆高球賽，參加者多達 60 餘人，結果由磐社（1941 年級）盧寶森奪得冠軍。

世事滄桑，培正中學於 2018 年舉辦的第一屆中學校際高爾夫球賽中奪得佳績，沈思行（2020 年級奕社）獲得男子甲組冠軍，而官家宏（2018 年級臻社）則獲得隊際盃冠軍，圓了一段長達 84 年的夙願。

每日午睡

香港培正素來規定每日中午 12 時 45 分至下午 1 時 20 分為內宿生午睡時間，藉以調養精神。但在 1937 年下學期起，在內宿生午睡時，凡外宿生亦一律在課室休息，由教職員輪值到堂看管，故每日午睡時段內，全校肅靜，員生皆睡，無論任何人到訪，概不通傳。

第四章

私立學校時期

1950-1975

社會及教育的轉變

20 世紀 50 年代，由於內地局勢動盪不安，來自內地的大量資金、設備、管理技術及人才，於 40 年代末轉移到香港，令香港初步建立了以紡織業為中心的工業基礎。加上西方國家進行產業結構更新，香港借勢發展產品市場，都有助於香港的經濟結構由轉口貿易向製造業轉移。1959 年，香港的出口總值首次高於轉口貿易額，標誌著香港完成由轉口港（entrepot）到工業城市（industrial city）的轉變。至六七十年代，香港的紡織、製衣、塑膠、電子、金屬製品等工業，由於產品精良，價廉物美，享譽國際，進入了多元化工業及製造業蓬勃發展的年代。

與此同時，港英政府為適應社會變化，亦作出多項相應的教育政策及措施，以應付龐大的教育需求。鑒於戰後校舍、師資、資源嚴重缺乏；加上香港人口自戰後持續增長，1945 年重光後人口約有 60 萬，至 1971 年高達 393 萬，學生人數亦隨人口驟增。具體增長情況見表 1。

表 1：1951-1971 年間香港中小學校及學生數量表

年份	小學（間）	小學生（人）	中學（間）	中學生（人）
1951	695	136,684	239	29,555
1961	1,562	450,374	313	88,694
1971	1,574	761,395	604	270,441

為回應社會對教育的需求，同時希望為香港的工業化提供足夠勞動力，港英政府於這時期推行過幾個擴展中小學教育的計劃。首先是 1950 年，港府擬定《十年建校計劃》，務求在十年內提供充足學位，收容適齡的小學兒童和希望升讀中學的學生，為此大量增設官立小學，並開設上、下午班。1951 年

1967 年全體教職員合影

12 月，港府發表對制定殖民地基礎教育政策有重要影響的《菲沙報告書》
（*Fisher Report*）。[1] 報告建議發展小學教育，舉行小學會考，統一由政府
發給畢業證；並鼓勵開辦私立學校，以增加學額。政府因應報告書的建
議，在 1955 年 8 月開始推行《小學擴展的七年計劃》，大量增加小學學位，
使小學生就學人數較前增加了三倍，達到 50 多萬。1963 年港府發表《馬
殊—森遜報告書》（*Marsh-Sampson Report*），[2] 落實取消小學入學試、擴展
中學學位、減低師生比例等措施。政府其後在報告書的基礎上，於 1965
年 6 月發表《香港教育政策白皮書》，建議讓八成兒童入讀由政府資助的
小學，及讓 15% 的小學畢業生升讀官立中學、資助中學及若干選定的私
立中學，基本解決了小學學額不足的問題，並初步注視中學的擴展。

【1】菲沙（N. G. Fisher）是英國曼徹斯特教育司（Chief Education
Officer, Manchester）。
【2】馬殊（R. M. Marsh）是英國漢普夏郡議會（Hampshire County
Council）教育官，而森遜（J. R. Sampson）則是議會的司庫。

擴展學額

20 世紀 40 年代後期，國共雙方爆發內戰，政局動盪，不少發軔自廣州，同時在香港開設分校的基督教學校，或將穗校遷港，或將港校註冊成為獨立學校，與廣州正校分途發展，既確保學校的持續發展，又能保持與海外的連繫。先是 1949 年，廣州芳村白鶴洞真光中學遷港，選址九龍塘窩打老道，定名「九龍真光中學」；1950 年 7 月，培英中學亦決定為港校立案註冊，更名為「香港私立培英中學」。而培正中學亦順應時勢宣告香港分校獨立。林子豐校長在創校 70 週年紀念大會上，憶述香港培正中學的成立背景：

> 1950 年因內地局勢變更，鑒於環境需要，香港分校
> 改為「香港培正中學」。

事實上，早於 1950 年 5 月，港英政府已封鎖邊界，中港交往中斷。培正校董會因而宣佈培正香港分校易名為「香港培正中學」，並聘請林子豐先生為義務校長，以發展香港培正校務。開校時，學校採行「三三學制」，共有 32 班，學生 1,400 餘人。1958 年，香港培正中學改隸香港浸信會聯會，直至今天。1965 年，林子豐校長辭任，改由李孟標校長承乏，直至 1975 年。林、李兩位校長，擔任校長之職長達四分一個世紀，帶領香港培正中學在充滿轉變及挑戰的香港社會穩步發展，成為 20 世中期香港最具規模的私立中學。

在林子豐校長領導下，香港培正中學正面回應社會需要及政府政策，積極推行普及教育。在 1950 學年，培正自高小至高中二年級均增設下午班。除上課時間在下午外，所有課程、授課時數、科目、程度，並學生福利，與正常班級無異。這個安排令全校學生總人數從 1949 學年的 1,668 人，增加至

1952 年，香港培正中學擴校動土禮。

2,476 人，增幅幾達五成，反映培正對香港基礎教育的承擔。同時，培正繼續發展高中教育。自 1949 年起開辦高中，先辦高中一年級，以後逐年遞增，至 1951 學年開辦至高三級，共設三班，學生 119 人。1952 學年，香港培正中學舉行高中畢業典禮，畢業級社為偉社，是香港培正中學首屆高中畢業生。

此外，培正又營辦成人教育，為日間就業、夜間欲修習英文或商業科目的人士，提供教育機會，延續以往教育機會均等精神而開辦義學、夜校的做法。1950 年 10 月，培正向教育司署立案開辦夜校，屬補習學校性質，設英文班及商科班。英文班程度相當於高小至初中，商業班包括英語、簿記、信札等科，以切合實用為開科原則。每週上課五晚，每晚由 6 時 45 分至 8 時 55 分。至 1951 年時，夜校共有學生 200 餘人。至 1962 年，英文夜校已擴展至 34 班，學生 1,530 名。

◀ 港督葛量洪爵士為新校舍啟鑰
▶ 1956 年建成的「65 週年紀念校舍」

在中小學擴展學額計劃推行兩年後，學校合共開設了 69 班，學生 3,000 餘人。然而學校當時只得四座校舍（A、B、C、D座），39 間課室，僅可容納學生 1,600 餘人。擠逼的學習環境衍生出許多難題，例如：學術風氣的樹立、學生紀律的維持、校舍場地的分配、學生集體訓練的效能、學生生活與健康的調節等。這是質與量的矛盾，但無論如何，上述種種困難均會減低教育效能，必須正視。而擴建校舍及增加學校空間，讓師生享受優質教育，是改善的不二之途。

由於培正的擴建計劃與港府擴展中小學教育的政策不謀而合，因此，香港政府亦以最優惠條件配合，即免費撥劃 12 萬餘方呎土地，讓學校擴建校舍。港督葛量洪（Alexander W. G. H. Grantham, 1899-1978）並授意有關部門以最有效率的公文程序完成建議，再交由倫敦殖民地部（Colonial Office）批准，培正擴建一事才告水到渠成。

當時，培正計劃擴建的新校舍，位置在運動場旁邊蜿蜒逶迤的山坡上。

學校打算依山為勢，建築一幢樓高六層，背枕山麓的教學大樓，內設課室 52 間，圖書館及物理、化學、生物三科實驗室，以滿足保送學生參加中文中學高中畢業會考的規定。新大樓的圖則繪製和施工建築由學生家長劉承基建築師、黃汝光校董（1927 年級會仁社）及彭濊奴校友（1933 年級奮社）負責。工程於 1952 年 9 月開始，一年後落成啟用，樓高六層（即現時的 E 座校舍）。同時，學校考慮到禮堂講台經風雨侵蝕，決定加建三層高禮堂，用作學生集會及考試。又計劃興建小型禮拜堂一座，作為宗教聚會之用。不過兩項加建令整項工程的費用高達 150 萬，較原先估計的 70 萬，高逾一倍。學校一方面撥出經費及儲備金，另一方面，又向外舉行募捐運動，學生、家長、海內外校友、香港浸信會聯會以至香港政府，均積極回應，其中港府更破天荒向屬於私立學校的培正借出 30 萬元免息貸款，分期十年歸還，以協助興建校舍。而港督葛量洪亦以私人名義捐出 250 元，以鼓勵各界捐助。

新校舍於 1953 年 3 月 24 日舉行奠基禮，由香港教育司高詩雅（Douglas J. S. Crozier, 1908-1976）主持。經過七個月的建築期，新校舍終於落成啟用，並於同年 10 月 14 日舉行開幕禮，敦請香港總督葛量洪爵士主持典禮，親自為新校舍啟鑰。

此後，隨著學校的發展，培正又於 1956 年建成「65 週年紀念校舍」，整項計劃包括興建宗教館、體育館及 G 座課室。1959 年，學校為慶祝 70 週年校慶，籌建新建校舍一座，樓高六層，用作小學校舍（C 座），由香港教育司高詩雅主持啟鑰典禮。至此，培正發展成為當時香港規模最大的學校，設備完善，可容納學生總人數達到 4,000 餘人。而港府亦因此將學校北面圍牆外的馬路取名「培正道」，是本地少數以校名命名的街道之一。隨著校舍的擴建，學校有效解決上下午班所帶來的各種弊端，同時可增收學生，推動香港基礎教育的普及，履行社會責任。

培正的語文教學策略

50 年代初期，大量內地移民湧港，適齡學童人口亦相應上升，由於公營學校數目不足，大部分學生選擇入讀私立學校，比例高達六成。儘管如此，香港教育當局仍然拒絕接受 1951 年的《菲沙報告書》中補助私立學校優秀學生學費的建議，並宣佈「七年建校計劃」，以增加官立、津貼及補助學校學額，以取代私立學校。

缺乏政府的經濟援助，令私立學校學費平均高於官、津、補學校，但師資與設備等條件卻遠遜後者。一般而言，50 年代官、津學校每年學費平均為 240 元，但私校則高達 300 至 500 元不等。因此，私校學生一有機會便會轉到新成立的官、津學校繼續升學。加上公營學校大多以英語授課，學生有較佳機會入讀香港大學及入職公務員，令他們趨之若鶩。從表 2 兩類學校學生參加會考的人數，便可約略窺見 50 年代學生由私轉公，由中轉英的趨勢。

表 2：1950 年代中英文學校學生參加會考人數表

年份	參加英文中學會考人數	參加中文中學會考人數
1951	866	-
1952	1,123	920
1953	1,491	1,026
1954	1,740	1,211
1955	1,979	1,445
1956	2,416	1,548
1957	2,958	1,852
1958	3,309	2,118
1959	3,944	2,316
1960	4,491	2,377

這種情況，在 60 年代的中後期以至 70 年代初期，仍沒有改

1951 年畢業典禮

變。表 3 出自教育司署年報，顯示中、英文中學學生完成會考課程的百分比的比較：

表 3：1960-1970 年代完成中英文會考學生人數百分比表

年份	完成英文中學會考課程百分比	完成中文中學會考課程百分比
1966	81	48
1967	76	50
1968	76.1	50.5
1969	82.5	50.4
1970	79.2	47
1971	79.2	47
1972	74.8	45.2

表 3 反映了約 70% 至 80% 的英文中學學生能夠完成課程，相較而言，只有約一半的中文中學學生能夠完成課程，流失率明顯較高。事實上，自 60 年代以來，相對公營學校的數目不斷增加，中文中學的數目則日漸減少，形成此消彼長的現象。

表 4：1960-1970 年代香港中、英文中學學生人數對照表

年份	英文中學（所）	人數	平均每校收生	中文中學（所）	人數	平均每校收生
1960	112	55,510	496	95	27,778	292
1961	107	58,000	542	91	31,000	341
1962	125	66,600	533	102	37,500	368
1963	147	81,163	552	106	41,079	388
1964	148	94,625	639	105	44,349	422
1965	169	109,123	646	107	45,334	424
1966	188	124,449	662	117	48,501	415
1967	204	135,784	666	116	48,707	420
1968	223	149,921	672	123	50,596	411
1969	230	157,881	686	120	50,638	422
1970	229	172,569	754	114	48,484	425
1971	233	184,651	792	108	51,142	474
1972	232	208,118	897	102	55,027	539
1973	250	253,004	1012	101	63,449	628
1974	263	273,418	1040	102	64,119	629

從表 4 可見，英文中學數量增加趨勢明顯，增幅為 1.3 倍，學生人數的增幅更高達五倍。反觀中文中學，雖然因應香港戰後嬰兒潮，在學校數量及學生人數方面均有所增長，但增幅明顯大幅落後於英文中學。而且，中文中學在全港學校所佔的百分比亦明顯減少，由 1960 年佔 45.9%，至 1974 年時，只佔 27.9%。

面對中文中學日益邊緣化的情況，香港培正中學不忘初心，仍懷抱立校的理想，堅持以中文教學，貫徹落實基督教全人教育，培養了不少具國際水平的傑出學生，成為香港中文中學的楷模。所以，在轉校浪潮之中，培正雖然維持中文中學的學制，仍吸引大量學生入讀。表 5 及表 6 顯示培正在 50 至 70 年代初期，學生人數增長情況：

表 5：1950 年代香港培正學生人數統計表 *

年份	幼稚園	小學	初中	高中	總計
1950	160（4）	1,180（27）	786（19）	350（8）	2,476
1951	261（6）	1,386（32）	817（19）	519（12）	2,983
1952	251（6）	1,552（36）	847（20）	590（14）	3,240
1953	348（8）	1,665（38）	872（20）	524（12）	3,409
1954	423（10）	1,797（41）	837（19）	576（13）	3,633
……					
1959	428	2,156	949	549	4,082

*註：（ ）為班數。

表 6：1960 至 1970 年代中期香港培正學生人數／班數統計表 *

年份	幼稚園	小學	初中	高中	總計
1960	438	2,236	986	571	4,231
1961	434	2,202	987	580	4,203
1962	442（10）	2,205（49）	1,520（22 + 14）		4,167
……					
1966	（14）	（47）	（24）	（16）	-
1967	（16）	（51）	（24）	（16）	-
1968	（16）	（52）	（24）	（16）	-
……					
1972	735（16）	2,490（55）	1,975（44）		5,200
1973	720（16）	2,527（56）	2,022（45）		5,269
1974	712（16）	2,542（56）	2,019（45）		5,273

*註：由於在上述年期內，校方以不同方式公佈學生人數及班數，或不公佈，故上表資料表達方式不一。（ ）為班數。

培正能夠成為當時中文中學的中流砥柱，與政府大力支援，及學校的語文教育策略有密切關係。首先，正如上文指出，政府在財政運用及土地資源上，協助培正發展。此外，雖然港府於 1952 年頒佈《商業管制條例》（*Business Regulation Ordinance*），規定私立學校必須向工商管理署（The Department of Commerce and Industry）登記，並且須要繳付利得稅，但

自始至終，政府以培正為非牟利性質私立學校（Non-profit Making Private School）的名義，一直豁免學校繳交任何稅項。這都有助培正安然渡過 50 至 60 年代中文學校所面對的挑戰。

但能夠讓培正在學生轉學英中的浪潮中，屹立不倒的是學校自始至終堅持以中文教學，培養品學兼優的學生。培正是一所中文中學，非常注重中國語文的學習。1955 年，港府要求香港的中文中學須提升高中畢業生的中文程度，以配合香港大學入學試的要求。培正中國語文科隨即召開科務會議，並提出具體辦法，以提升學生的語文水平，包括：預習策略、改善寫作、修辭運用、訂正錯誤、補充教材、擬定課外讀物等，令培正的中文水平更上層樓。此外，1966 年 1 月，學校出版《紅藍文苑》，收集同學的佳作傑構，鼓勵寫作，延續廣州培正時期出版《培風》、《正風》、《正聲》等文藝刊物的傳統。李孟標校長在創刊號上發表〈我的寄望〉一文，指出《紅藍文苑》的出版目的與提升學生的語文水平有密切關係：

> ……誘導青年們，自動的對國文發生興趣，使炎黃帝冑的子孫，不致遺忘固有文化……祇要對寫作有了信心……就會進一步對新舊文學發生欣賞、觀摩、借鏡，和研究的興趣。這樣一來，對國文程度的提高，是指日可待的。

《紅藍文苑》創刊號的作品，按表達形式包括：論說、詩歌、藝術欣賞、戲劇等；按內容則可分為以下幾類：

1. 傳統道德：如馬國康〈五育論〉、梁振興〈論孝道〉、包國源〈謙遜論〉
2. 國族歷史：如黎秀馨〈我們的「五四」〉、邱秉華〈國父百年誕辰〉
3. 社會時事：如邵燕明〈談談香港的阿飛問題〉、黎志偉〈可憐的小販〉
4. 遊記：如陳鉅恒〈大嶼尋幽〉、寇懷信〈阿里山之憶〉
5. 言情：如朱國相〈短簡寄情〉、吳嘉明〈聽濤記〉

當時，培正精擅中文的學生不乏其人，羅慷烈老師曾經寫過一篇〈點將錄──培正瑣憶〉的文章，數列四五十年代中文人才。以下是羅老師的憶述：

1. 孫述憲（1947 年級虹社）：

   國文科獎得主，花名「孫 pen」。50 年代初他以作家姿態出現於香港文壇，筆名「齊桓」、「晉文」，創作長篇歷史小說和新詩，頗負時譽。

2. 梁鑑添（1950 年級弘社）：

   數學博士，曾任香港大學理學院院長。他曾創辦《抖擻》，自任主編。這是一份純學術期刊，而語文的份量很重，水平很高。

3. 何沛雄（1953 年級誠社）：

   沛雄的中文很突出，書法甚佳，一筆不苟，作文多用文言。後來考取牛津大學博士，回到港大中文系教書，是古文辭專家。

4. 陳氏昆仲（1954 年級匡社）：

   當年已能作古文、吟詩和填詞（國文科獎得主），他們都考入港大中文系讀書。炳良自美回港後，任港大中文系教授。煒良長期在師範學院教書，後來轉任香港語文教育學院副院長，成為香港中文教育專家。

5. 蔡炎培（1954 年級匡社）：

   當年已是才氣橫溢，情感「爆棚」，一派文士作風，作抒情文無出其右，有時偶然作舊體詩也相當可觀，但興趣在於創作新詩。果然，他後來成為新詩壇健將，出版過幾本詩集，在香港以至台灣都頗為暢銷。他又是《明報》副刊編輯。[3]

在注重中文的同時，培正亦致力推動中英並重，雙語教學。根據吳漢榆

[3] 蔡炎培曾於 2003 年被提名諾貝爾文學獎

校友（1953 年級誠社）的記憶，從高中一開始，所有數理科目教科書，如數學、物理、化學等，均選自美國大學或內地知名教授、學者所編著，其中如范氏大代數（A College Algebra）、摩登幾何（Modern Geometry）、列氏代數等。課堂講授以中文講解，但所用筆記講義則全是英文。例如化學科張啟滇老師（1924-2018）講到二氧化碳特性時，黑板寫的是："choking gas, colourless, odorless, will not support combustion, etc."。而學生的物理、化學、生物實驗報告，均要求用英文寫成。朱達三（1926 年級奮志社）、林藻勇老師所授的數學定理，均以英文演譯。英文科方面，高中三由凌鴻銘老師任課，他非常著重句子文法分析的基本功，令學生的英語基礎穩實。

事實上，在 50 至 60 年代，培正從多方面著手推進英語教學，成效顯著。在林子豐校長時期（1950-1965），他要求將英文科的課程進度提早半個學年，讓學生進行超前學習。另於高中各級普遍實施英文作文及會話，每科每週三小時，以增加學生的鍛鍊機會。又訂定初中各級英語文法學習系統，例如，中一級學生須學習「主動及被動語態」（active and passive voice）、「不定動詞」（infinitive）及「前置詞」（preposition）之用法；中二級學生應注意「分詞」（participle）及「動名詞」（gerund）之用法；中三級學生應掌握各種「片語」（phrase）及「子句」（clauses）等。至於高年級學生應學習「習用語」（formulaic expression），更要求學生翻譯句子及小段文字，與及加強閱讀理解能力等。

至李孟標校長時期（1965-1974），培正在英語教學上採行雙軌制（Dual-Stream System），以促進教學效能。所謂雙軌制是針對學生的學習差異而設計兩套不同學習進度的課程。按照計劃，於 1967 學年先於中一、中二、中三各級施行。首先根據學生實際程度與學習能力，組編高級組（Advanced Level Group）與初級組（Ordinary Level Group）分班教授，使他們在程度相等的情況下，接受較合適的課程，以適應其個別差異。至

於學生分組後，如發現程度上仍有參差，則在段考或期考後重新整編，謀求補救。在課程編配方面，高級組較初級組繁重，而學程亦快約三個月。在一級的學程完畢後，即繼續進行較高一級的課程，以資深造。換言之，高級組學生可望於中五完成整個中學階段的英語課程。這種以學習進度為本的教學編排，既貫徹以學生為中心的辦學理念，又切合個別學生的學習需要，在當時的香港來說，可說是一個先進的教學模式。

由於語文教育策略成功落實，培正學生在公開考試方面有優異的表現。1952 年首次參與中文中學高中畢業會考，全港與考學生英文優異者九人，培正佔其四。至 1953 年的會考，英文優異者 17 人，良好者 84 人，培正優異者 11 人，良好者 37 人，英語水平在當時的中文中學之中，可謂首屈一指。1955 年 9 月，港府批准教育司署開設「英文特別班」（special class），目的在於提升中文中學高中畢業會考及格的高中三學生的英語水平，協助他們投考香港大學。首屆學生共 60 人，其中七人為培正學生（匡社二人，忠社五人）。一年修讀期滿，共有 40 名學生考取港大入學試及格成績，但只有三名學生最終能進入港大，此三人全為培正學生，包括：陳炳良（1954 年級匡社）、陳煒良（1954 年級匡社）及魯志揚（1955 年級忠社）。至 1957 年，香港大學批准培正中學當屆畢業生投考港大入學試，是屆報名投考者三人，其中王世榮（1957 年級輝社）成功考進港大，這是香港中文中學畢業生考入港大的第一人，反映當年培正高中畢業生的語文水平得到廣泛肯定。

公開考試與培正學制的轉變

50 年代至 70 年代中期，香港的公開考試制度出現不同變化，令中文中學的辦學質素得以改善，而學制亦可逐步融入主流教育系統之中。1952 年，香港舉行首屆香港中文中學高中畢業會考（Hong Kong Chinese School Certificate Examination），讓中文中學的學生得到畢業認證，可以在本地或海外升讀大學。至 1960 年，香港中學學制統一，中文中學由六年制改為五年制，跟英文中學相同。1965 年，兩制學生同時應考中文中學高中畢業會考。至 1974 年，港府將中、英文中學會考合併為香港中學會考（Hong Kong Certificate of Education Examination, HKCEE），自此中、英文中學的會考內容相同，試卷則分為中英文版本。期間，本港兩所專上學院相繼成立，先是 1956 年成立於培正校舍之內的香港浸會書院（The Hong Kong Baptist College），與及 1963 年的香港中文大學（The Chinese University of Hong Kong），增加中文中學學生的本地升學途徑。培正中學亦在這些變化之中不斷改進教學質素，與時並進。

1968 年，教育司署將兩個會考分別易名為香港英文中學會考 ［Hong Kong Certificate of Education Examination（English）］及香港中文中學會考 ［Hong Kong Certificate of Education Examination（Chinese）］。至 1971 年公開試以後，上述兩個會考委員會合併，組成香港中學會考委員會（The Hong Kong Certificate of Education Board），主席為港島中學（Island School）校長史璧琦牧師（Rev. Geoffrey L. Speak, 1924-2000），副主席是香港培正中學校長李孟標。1974 年，兩個會考正式合併為香港中學會考。從 1975 年開始，不論

1959 年，假培正中學禮堂舉行的香港中文中學高中畢業會考。

應考中文或英文版本，考生均選答同一課程的試卷。香港兩大主流學校的學生，終於可以研習同一課程，回答同一試卷，獲得同一證書，令中文中學包括培正在內，能夠進一步融入主流教育系統之中。

1952 年 6 月，首屆香港中文中學高中畢業會考舉行，對象為高中三年級的學生，與考學校共 30 間，包括香港培正中學、香港培道中學、培英中學、九龍真光中學、嶺英中學、德明中學、西南中學、柏雨中學、香島中學、金文泰中學等；共有 961 名考生報考，最終 920 人應試，其中 625 名考生取得畢業證書。考試安排在港島及九龍三個試場進行，九龍的試場設於香港培正中學。考試由香港中文中學高中畢業會考委員會負責訂定課程內容及評核範圍，培正中學是學校委員之一。

1960 年，港府統一全港中、英文中學學制為五年制，培正從過往的「三三制」，即三年初中，三年高中，轉變為「五一制」，即五年中學本科，加一年大學預科，稱為中六。具體而言，從 1961 年開始，培正將新入學的初中一、二學生改為新制的中一、二，舊制初中三繼續升學。至 1964 學

年時，新制中五學生與舊制的高中三學生共 400 餘人，一同應考香港中文中學高中畢業會考。這年的會考證書只設一種，不過舊制高中三生證書上加印識別，以便直接報讀大學，而新制中五生則需修讀一年預科才可報讀大學。培正於 1965 年 9 月開辦首屆大學預科班（中六），至此完全過渡為一所「五一制」中文中學，與英中的「五二制」一樣，成為當時香港中等教育雙軌學制其中一個主流。

由於考試及學制的改變，培正亦改變頒發畢業證書及校內升級的條件。首先，學生若於會考取得及格成績，只能領取會考證書，而欲得到畢業證書，則必須回校就讀中六級，在取得中六畢業證書後，才可以投考本港的大專院校，或出國升學。至於中五升中六的資格，則要同時視乎校內及會考兩部分的成績，首先校內成績必須全科及格，否則就算會考取得 A 級，而學校成績卻不及格，也算不及格，不能於原校升讀中六。

在歷年會考中，培正學生的表現持續優異，整體及格率均為 95% 或以上，優良率雖因科目不同而有差異，但整體成績仍然突出。主修科目方面，培正學生表現平穩，其中以數學科成績最為優異，優良率高企，以 1954 年會考為例，全港七名取得 A 級的學生，培正學生獨佔其五，成績驕人。其餘選修科以化學科成績最為突出，平均優良率達到六成或以上。個別學生表現方面，1966 年，王必敏同學（1967 年級恆社）取得六優四良的成績，是當屆香港中文中學會考的「狀元」；1971 年，宋立言同學（1972年級賢社）更取得八優一良，成為培正歷來參與香港中文中學會考的最佳成績；至 1973 年，成績最佳為馮國華同學（1974 年級基社），同樣取得八優一良，他們都是這時期培正成績最傑出的學生。

考試與學制轉變下培正學生的升學途徑

1949 年，內地政權變易，香港中文中學畢業生的升學途徑出現嚴重困難。

首先，中文中學的學生不能直接投考香港大學；另一方面，台灣能夠提供的學位亦有限，加上學生要服兵役，令不少港生卻步。根據《華僑年鑑》，1951 至 1953 年港生赴台升學為 960 人，但到 1954 年，赴台升學的學生只有 180 人。當時，一般中文中學畢業生若於本地升學，只能選擇本地專上學院或專業學院，家庭條件較佳者可選擇往外國留學。不過隨著香港浸會書院及香港中文大學相繼成立，香港中文中學畢業生的本地升學途徑較以往更多元化。

面對不同階段的升學困難與機遇，培正學生的選擇亦有所不同。大抵在 50 年代初期，培正畢業生多會選擇在本地的專上學院或到台灣升學。直至 1956 年，香港浸會書院在培正校舍之內建校，並由林子豐校長擔任院長，培正畢業生明顯有較多人選擇入讀香港浸會書院，相較而言，選擇到台灣升學的畢業生則較前減少。1963 年，香港中文大學開校，培正畢業生則將升學焦點轉移到這所新開辦的大學。

我們首先分析香港浸會書院的開辦對培正學生升學的影響。表 7 顯示 1955 及 1957 兩個學年，正好是香港浸會書院開辦前後，培正學生的升學選擇：

表 7：1955 及 1957 學年培正畢業生升學選擇比較表

| 年份 | 海外升學 | | | | | 本地升學 | | | | |
	台灣	美加	英德澳	中國內地	小計	浸會書院	專上學院 *	師範 **	其他	小計
1955	82	9	6	11	108 （73.5%）	-	8	24	7	39 （26.5%）
1957	45	16	2	11	74 （57.4%）	28	2	16	9	55 （42.6%）

* 包括新亞（1949）、崇基（1951）、聯合（1956）等私立專上學院，其後這三所學院合組成香港中文大學。

** 包括羅富國師範學院（1939）、葛量洪師範學院（1951）。

通過表 7 的數據，可以得出以下兩項觀察：

1. 海外升學方面，由 1955 年的 73.5% 下降至 1957 年的 57.4%，相對而言，本地升學則由 1955 年的 26.5% 上升至 1957 年的 42.6%。期間本地升學途徑並無大差異，只增加了香港浸會書院，人數則有 28 人。可見香港浸會書院的開設，對整個升學格局帶來頗為明顯的影響。

2. 海外升學是多數培正畢業生的選擇，而台灣則仍是最受他們歡迎的升學途徑。

踏入 60 年代初期，香港中文大學仍未開辦，加上內地政治運動頻仍，中文中學畢業生若要取得學位，除選擇到海外留學外，並沒有其他途徑。表 8 顯示 1960 及 1961 兩個學年，培正畢業生由於未能在本地取得大學畢業的學術資歷，紛紛選擇到海外（特別是美國）升學的情況。

表 8：1960 及 1961 學年培正畢業生升學選擇比較表

年份	海外升學						本地升學					
	台灣	美加	英德澳	南美	中國內地	小計	香港大學	浸會書院	專上學院 *	師範 **	其他	小計
1960	13	39	6	0	0	58 （41.4%）	3	23	26	8	22	82 （58.6%）
1961	11	53	8	1	0	73 （47.4%）	2		61	7	11	81 （52.6%）

* 包括新亞（1949）、崇基（1951）、聯合（1956）等私立專上學院，其後這三所學院合組成香港中文大學。

** 包括羅富國師範學院（1939）、葛量洪師範學院（1951）、柏立基師範專科學院（1960）。

通過表 8 的數據，可以得出以下各項觀察：

1. 本地升學取代海外升學，成為培正畢業生主要的升學選擇。

2. 本地升學之中，香港浸會書院與及私立專上學院（崇基、新亞、聯合）是培正畢業生的主要選擇，約佔本地升學的 60% 至 70%。

1966 年，澳洲塔斯曼尼亞教育廳長 Neilson 來校參觀。

3. 海外升學之中，赴台升學人數持續減少，相對而言，美加升學人數卻急劇增加，成為海外升學的主流，約佔海外升學的 60% 至 70%。

4. 中國內地不再成為學生升學的選擇。

校友負笈海外，成就卓越 [4]

20 世紀五六十年代，由於內地政局動盪，香港中文中學的畢業生無法投考內地大學，同時香港只有香港大學一所正規大學，而且學費高昂，加上以英語授課，對一般中文中學的畢業生來說，大學學位是可望而不可即的夢想。因此，當時不少學生選擇負笈海外，尋找升學之路。培正畢業生負笈海外者眾多，其中不少沉浸於學術研究，並且取得卓越成就。例如吳家瑋（1954 年級匡社），於 1955 年負笈美國，入讀肯塔基州佐治城大學（Georgetown College）。11 年後，獲華盛頓大學（University of Washington）物理學博士學位。1983 年，時年 45 歲的他受聘出任舊金山州立大學（San Francisco State University）校長，成為美國有史以來首位華裔大學校長。1988 年，吳家瑋重臨香江，出任香港科技大學創校校長至2001 年卸任為止，對本港高等教育及科研創新可說貢獻良多。

崔琦（1957 年級輝社）更屬傳奇人物。他於 1958 年入讀美國伊利諾州

【4】此段內文提及崔琦及丘成桐的生平事跡，詳參本章專頁〈雙峰並峙，數理同輝——記崔琦、丘成桐學長〉。

（左起）中學時期的吳家瑋、何弢學長

奧古斯塔納學院（Augustana College），主修數學。畢業後進入芝加哥大學（University of Chicago）物理系，並在 1967 年獲得博士學位。1998 年與羅伯特·勞夫林（Robert Laughlin, 1950- ）及霍斯特·施特默（Horst L. Störmer, 1949- ）獲得諾貝爾物理學獎，蜚聲國際學術界。更難能可貴者，他於 1999 年 12 月 16 日，值歸省母校的機會，將諾貝爾獎的獎牌獻予香港培正中學，可見他對母校培育的回饋之情。

最後，不能不提丘成桐（1966 年級皓社）。畢業後，他考進當時剛成立不久的香港中文大學，專攻數學。其後到美國加州大學柏克萊分校（University of California, Berkeley）深造，師從數學大師陳省身教授（1911-2004），獲博士學位。他於 1982 年榮獲國際數學家大會（International Congress of Mathematicians）頒授數學界最高榮譽的菲爾茲獎（Fields Medal），是有史以來第一位獲獎的華裔學者。從上述三位校友的求學軌跡，可以反映香港培正為學生奠定堅實的學習基礎，讓他們得以在世界學術的舞台上馳騁縱橫，盡顯姿采。

香港培正中學一向重視學生數理能力的培養，從上世紀五六十年代開始，一直被學界冠以「數理少林寺」的稱號，數理人才輩出。不少校友其後

負笈海外，在數學及科學研究中，各領風騷，成為一時俊彥。表 9 為其中一些代表人物。

整體而言，五六十年代的培正中學，雖然經歷了政治局勢、公開考試及學制的變遷，畢業生的升學途徑一度受到嚴重限制，但憑藉學校優良的傳統、深厚的基礎，與及師生共同努力，終於闖出一片新天地，造就一代又一代的傑出人才，成為香港中文中學的中流砥柱。

表 9：1950 至 1960 年代培正留學海外傑出校友舉隅

姓名	年級（社）	升學國家	入讀大學／頭銜	主要成就
梁鑑添	1950（弘）	瑞士	蘇黎世大學數學博士	香港大學數學系系主任
謝志偉	1953（誠）	美國	匹茲堡大學物理學博士	香港浸會大學校長
陳洪	1954（匡）	美國	加州理工學院物理學博士	麻省理工學院教授
李渠鎰	1954（匡）	美國	麻省理工學院物理學博士	麻省理工學院教授
吳家瑋	1954（匡）	美國	華盛頓大學物理學博士	香港科技大學校長
卓以和	1955（忠）	美國	伊利諾大學物理學博士	美國國家科學院院士
鍾景輝	1955（忠）	美國	耶魯大學藝術碩士	香港演藝學院院長
吳仙標	1955（忠）	美國	華盛頓大學物理學博士	美國德拉瓦爾州副州長
沈呂九	1955（忠）	英國	劍橋大學物理學博士	美國國家科學院院士
何弢	1956（瑩）	美國	哈佛大學建築碩士	香港建築師學會會長
吳清輝	1956（瑩）	加拿大	英屬哥倫比亞大學化學博士	香港浸會大學校長
麥繼強	1956（瑩）	美國	俄勒岡大學博士	香港中文大學生物學系教授
鄧文中	1956（瑩）	德國	達姆施塔特工業大學工學博士	世界造橋權威
崔琦	1957（輝）	美國	芝加哥大學物理學博士	諾貝爾物理學獎得主
林傑屏	1960（正）	美國	麻省理工學院化學工程博士	美國加州慧智公司副總裁
胡志超	1961（善）	美國	威斯康辛大學天文學博士	美國太空總署
蕭蔭堂	1960（正）	美國	普林斯頓大學博士	哈佛大學數學系系主任
廖約克	1963（真）	美國	哈佛大學物理學博士	香港學術及職業資歷評審局主席
鄭紹遠	1966（皓）	美國	加州大學數學博士	香港科技大學理學院院長
梁健行	1966（皓）	美國	伊利諾大學食品科學博士	獲普力卡獎
丘成桐	1966（皓）	美國	加州大學數學博士	菲爾茲獎得主
陳炯林	1967（恆）	美國	普林斯頓大學物理學博士	澳門科技大學太空科學研究所所長
郭新	1967（恆）	美國	明尼蘇達大學物理學博士	香港大學理學院院長

堅持全人教育

香港培正中學在五六十年代仍然秉持基督教全人教育的學統，栽培學生全面成長。

重申辦學理念【5】

戰後重光，培正經歷了戰火的洗禮，百廢待舉，林子豐校長毅然承擔義務校長之職，掌校 15 年（1950-1965），為戰後的培正建樹良多。他是培正校政的掌舵人，又是香港培正全人教育理念的奠基者。林校長在主持 1963 年上學期開學禮致辭時指出，作一個培正的學生須具備「優異的成績，良好的品行，純潔的靈性和健全的體格」，這是他對基督教全人教育理念的最佳撮要。事實上，他早於 1955 年便曾在校刊上發表文章，以新約聖經所載耶穌基督在智慧（智育）、身量（體育）、上帝喜愛的心（德育）和人喜愛的心（群育）都一起增長的成長模式，勉勵全體師生，將培正發展成為一所德、智、體、群四育並重的學校，構建了培正的教育方針和辦學宗旨。

1965 學年，剛接任的李孟標校長在開學禮上致辭，解釋校訓的「善」、「正」的意義。他勉勵同學以耶和華上帝眼中看為善為正，作為做人處事的標準，又以校徽七道光線向四面照射，寓意同學「在德智體群四育成績上，至善至正標的下，發出無量可愛的光輝」。兩代校長，一脈相承，皆秉持基督教全人教育的理念，以拓展培正的教育事業。

德育

戰後培正，自始即實行班主任責任制，作為管理學生的主要

制度。辦法是各班設班主任一人，管教兼施，所有學生學業的指導及操行上的輔導，以至功過處理及日常生活考查，均由班主任直接負責辦理。學校又經常召開班主任座談會，研討管教問題，例如：學生穿著校服、招生取錄標準、頑劣學生退班、全校運動會各級預選、學生記過處分之時限等問題，照顧廣泛而全面，切中學生校園生活所需。

培正校規嚴謹，老師對學生的要求亦嚴格。不過青蔥歲月，年輕人難免會有躁動與調皮。林子豐校長在 1953 學年上學期結業禮時，指出同學有四項缺點：「亂丟物屑、污穢牆壁、拆毀花木和囂雜喧嘩」。在 1956 學年下學期開學禮時，又再次提醒同學，要「注意書桌與牆壁的清潔，很多課室中，尤其是初中課室書桌上有劃痕，牆壁上有足印、球印，甚至筆跡。室外的牆壁，也不能保持清潔……」。

面對學生的踰行，剛自美進修返港，接任副校長兼訓導主任的李孟標老師即提出加強訓導工作。他在 1956 學年改變高中早會的安排，以 20 分鐘作為宗教宣講，餘下 15 分鐘作為訓導講話，以期宗教與訓導互相配合推行，發揮訓育的效果。又編製《訓導大綱》和《班主任工作大綱》，確定獎懲制度、管教原則、老師的責任與協作等，令學校的訓育工作系統更加明晰。其中在管教原則方面，李副校長在擔任訓導主任之初，即提出「教訓一元化」的目標，以期達到「至善至正」的境界。至接任校長後，李孟標在 1968 年 1 月的教職員靈修會上，提醒老師：

> 我校雖設有教務主任和訓導主任，分別處理教導學生學術及品德工作，但「教」與「訓」是一元化的，現代之教育哲學，是從教學中滲入修德的工作……因學校不單是給予學生以知識，還要訓練他們的品德，重視他們的人格。

至於李孟標副校長在德育工作方面的新猷，則以建立「中學女生進德會」

最具創意。該會成立於 1965 年 5 月 10 日，是一個專為中學女生而設的德育組織。林子豐校長在成立大會上，指出訓導處之所以發起並指導同學成立進德會的原因：

> 本校鑒於中學女生素不甚注意團體生活，缺乏正常的課外活動。甚且各級之間的女同學，或同級不同班的女同學，彼此互不認識。為了使大家聯絡感情，調劑生活，增進身心健康，培養優美品德起見，訓導處便發動和指導中學女同學組織這個「女生進德會」。目的是在於提倡群育和德育的生活，發揮本校「至善至正」的教育精神。

依照訓導處所擬訂的《培正中學女生分組活動辦法》的規定，女生進德會的組織，在意義、性質、系統上和級社有很大的不同；級社是一種綜合性的橫向組織，各社名稱不一，又不分性別、能力、志趣、性格和人數。但是女生進德會卻是一種限制性的縱向組織，根據各班女生的學習能力、性格、志趣和平均人數，劃分為「梅」、「蘭」、「菊」三組。梅花代表高雅，蘭花代表風義，菊花代表氣節。學校期望藉著德育、群育的活動，促進學生知育、靈育以至體育的平衡發展。

體育

從廣州培正時期開始，培正即實行體育普遍化的政策。至營辦港校，這項政策仍持續推行，成為一項傳統。在林子豐校長主持香港培正中學第 15 屆全校運動會閉幕禮致辭時，指出：

> 培正中學的教育宗旨：是德、智、體、靈、群，五育並重……本校實施的方針，在求體育普遍化，務使個個學生，都能得到體育鍛鍊的機會，使其「身心」均能平衡發展……

除此之外，培正又強調體育精神。李孟標校長掌校政時期重新規定中學體育成績計算方法：每一學生的體育分數，分為「體能」、「運動技術」及「平日成績」三項。「體能」及「運動技術」各佔全部分數 50%；「平日成績」佔全部分數 100%。換言之，「平日成績」佔每個學生體育總分的一半。所謂「平日成績」，包括下列十項準則：

1. 服從指導　　　　6. 服務努力

2. 遵守時間　　　　7. 有公德心

3. 遵守秩序　　　　8. 謙讓有禮

4. 互助合作　　　　9. 熱情愉快

5. 自動自發　　　　10. 服裝整潔

上述準則指向全體學生尤其是運動員個人的道德修養、人際關係、參與體育運動的態度等，亦即所謂體育精神。反映培正將體育精神融入日常體育運動之中，收潛移默化的作用。這或許是培正多年以來在體育運動能有出色表現的「秘密武器」。

1954 學年，培正聘請吳華英老師為體育主任，統籌學校的體育課程及訓練。吳華英老師是培正校友（1931 年級競社），畢業後赴英國體育學校進修體育，領有英國體育教師執照。後回國加入廣州培正。抗戰時，堅持留校服務，更隨母校避亂流徙，因此教遍了廣州、坪石、桂林、澳門及香港的培正。吳老師加入香港培正後，即著手改革體育課程及上課安排，規定體育正課，每班上課兩次，每堂上課的學生有四或五班，人數約 200 餘人。上課時將男生分成三組，女生一組。分四個場所上課。一組在器械場，一組在體育館，其餘兩組分別在田徑場及球場，每位教師負責教授約 40 餘學生。課程內容包括器械體操、墊上運動、田徑、排球、籃球、自試運動、體能測驗、徒手體操、土風舞等，務使全校學生獲得普遍訓練，以培養健全體格。

綜上而言，香港培正中學之所以成為香港的體育強校，是校方一方面堅持體育普遍化的方針，另一方面強調體育精神，令運動員參與體育活動時均恪守端正態度，以鬥志及團隊精神，爭取佳績。

在眾多體育競技之中，培正於田徑運動方面在五六十年代可謂盡領香港學界體壇的風騷。在 50 年代初期，不少私立學校校園狹小，校舍擠逼，連學生上課也感困難，更遑論有廣闊的體育場地，以訓練學生田徑技術。但香港培正在建校之初，黃啟明校長已於校舍內自行興築體育場，至 50 年代末，學校更加建體育館，為學生提供適切的訓練場地。得天獨厚的設備成為紅藍健兒馳騁綠茵場上的重要後盾。

全港學界田徑運動會始於 1946 年，由南華體育會主辦，比賽於加路連山道南華會運動場舉行。香港培正中學自 1948 學年開始參加學界比賽，並在歷年的賽事之中，勇奪佳績。例如，在 1951 及 1952 學年的全港學界田徑運動會，培正均奪得男子甲組冠軍，並獲得第一屆「可口可樂盾」。其後在 1953 學年，培正連續第三年獲得男甲冠軍，蟬聯第二屆「可口可樂盾」盟主。事實上，培正從 1950 至 1965 年 16 個學年之中，前後奪得男甲冠軍達 13 次，冠絕全港中學。又例如，在 1955 學年，培正派出 59 名運動員參與第 11 屆全港學界田徑運動會，除獲得四組全場冠軍外，更於全場 50 個競賽項目之中的 47 個項目獲得分數，致培正健兒以總積分 370 奪得全場總冠軍，突破了歷屆全港學運學校單位得分的最高紀錄。

表 10：香港培正中學 1950-1965 年全港學界田徑運動會獎項一覽表

學年	屆別	男子組				女子組			全場冠軍
		甲	乙	丙	丁	甲	乙	丙	
1950	6	亞	亞	冠		殿	亞		*
1951	7	冠	冠	亞		季			
1952	8	冠	亞	亞	亞				
1953	9	冠	冠	冠					

1954	10	冠	殿	季		季	殿		*
1955	11	冠	冠	冠		亞	冠		*
1956	12	冠	冠	冠	冠	亞	冠	冠	*
1957	13	亞	冠		冠	亞	冠	冠	
1958	14	冠	冠	冠		冠	冠		*
1959	15	冠	冠	冠	亞	亞	亞	亞	*
1960	16	冠	亞	亞		亞	亞		
1961	17	冠	亞	冠	季	亞	冠		*
1962	18	冠	冠	冠	（ 資 料 從 缺 ）				*
1963	19	冠	亞	季	冠	亞	季	亞	*
1964	20	亞	季			亞	季		
1965	21	冠	季			季			

從表 10 可以發現，培正男甲共獲得 13 次冠軍，成績至佳。其次，男乙、男丙亦分別八次掄元，表現良佳。尤有甚者，在 16 屆比賽之中，培正勇奪九次全場總冠軍，可謂執當年學界體壇的牛耳。

除了參與由南華會主辦的全港學界田徑運動會，培正又於 1962 年首次參加由香港學界體育協進會（簡稱「學協」）主辦的學界田徑運動會，比賽於香港政府大球場舉行。培正僅派出男子甲組、女子甲組共 31 人代表出席，結果獲得男女組單項錦標（四金），成績尚稱滿意。至 1965 年，獲男甲季軍。至 1970 年，培正男甲首次登上學協比賽的冠軍寶座。決賽當日，中學部全體同學齊到香港政府大球場為健兒打氣，聲震屋瓦。

在球類比賽方面，表現較突出者為培正排球隊，他們於 1956 學年參加由港九排球聯會舉辦的男子乙組排球公開賽，對壘隊伍之中有學界精英（嶺東書院、鐘聲中學），亦有排球勁旅（華雄、保健、南華）。結果培正校隊五戰全勝，擊敗各支參賽隊伍，以不敗之身榮獲全港乙組公開賽冠軍。

至於培正網球隊更是一鳴驚人。考該隊於 1969 年成立，其後參與 1970 學

在培正第七屆運動會上，各級社學生依次進入會場。

年的校際比賽，勇卻強敵，與傳統學界勁旅拔萃男書院，並列冠軍。

最後，值得一提的是培正在 50 年代已開始推動水運。學校在青山道十咪半（即今屯門公路汀九段近水灣）設有泳場，又準備免費專車接送，以鼓勵教職員在夏季前往游泳，增進健康。至於學生方面，學校於 1958 年 9 月 17 日下午，假荔枝角青年會九龍支會泳場舉行第一屆水運會。體育科老師早於暑假前已開始籌備，參與學生踴躍。而特別的是，這次水運會是在海上而非泳池中進行。師生均盡興而返。

群育

渡過戰火漫天，顛沛離亂的日子，香港局勢逐漸安定下來，但社會上仍有不少需要關顧的弱勢社群。五六十年代培正的群育學習，以當仁不讓的精神履行關心貧弱的社會責任。

在濟貧救苦的工作方面，黃啟明校長在戰時為憐惜難童失學，曾於 1939 年

設立國難免費學額，更因內地難童隨家遷港者日多，黃校長立意籌設難童義學。可惜在義學規劃期間，他積勞成疾，撒手塵寰，教育宏願未竟全功。香港重光後，培正繼續幫助家境清寒但志切向學的學生，特設立免費學額，至 1950 年時，學額達到 75 人，金額 9,367 元。除了學校承擔大部分費用，校友及老師亦有捐助，例如，香港培正同學會一名、1933 年級奮社一名、1940 年級毓社二名與及香港培正中學教職員會一名。

培正師生又恤苦憐貧，樂意分享。例如，在 1951 年，學校少年團契值聖誕假期，在校內募捐寒衣，分成 255 袋，送贈何文田木屋區居民。領衣者憑券到校領取寒衣，令校舍成為祝福的出口。此外，培正宗教部曾分別於 1956 及 1961 年，本善與人同的精神，在校內收集新舊玩具數千件，分贈貧苦兒童。

五六十年代的香港，經濟剛從戰後復甦，社會百廢待興，不少人仍居住於環境惡劣的木屋區，因此經常發生火災，災民流離失所，哀鴻遍野，亟待援手。1951 年 11 月 21 日晚上，九龍城東頭村大火，焚毀木屋 5,000 餘間，災民 20,000 餘，火場遼闊，災情慘重。政府及各社會團體先後展開緊急救濟工作。培正師生面對嚴重災情，積極參與救災。林子豐校長首先指派兩名職員，一連兩週，每日前赴救濟辦事處協助工作，並於 11 月 24 日派出高中一信、望、愛三班學生共 130 餘人，聯合友校培道女中辦理災民登記事宜。該三班學生由班主任帶領，從上午 9 時開始調查，派發登記證，直至下午 3 時完畢，並即席將所有午餐費捐出。此外，全校發動募捐，老師、學生、工友均慷慨捐輸，合計籌得港幣 4,638 元 9 毫。當時一般工人月薪約為 100 港元，培正一日之內籌得的善款數目可謂驚人。

1953 年 1 月 13 日晚上，何文田山木屋區發生大火，災情慘重。事發於晚上 8 時，培正部分高年級寄宿學生目睹慘狀，本恤鄰救災之心，自動前赴災區附近，協助消防隊拖曳水喉，進行灌救。同時，由於有幾位老師

培正在聖誕日均開放校園，接待兒童，舉行聖
誕聯歡會。圖為 1968 年校門的聖誕佈置。

的居所很接近火場，員生工友聞訊即趕赴現場，協助老師及家屬搬運家
具，離開險境。培正前座辦公室亦借出作消防及治安救護工作人員的臨
時聯絡站。翌晨，林子豐校長更在校發動救濟災民，全校員生工友，熱
烈響應，捐出現金衣物，合共港幣 6,910 元 2 毫，另舊衣物 220 件，麻包
19 個，奶粉八磅，麵包九磅。綜上可見，培正自二次大戰結束後，再一
次發揮當仁不讓，民胞物與的精神。

培正師生又熱切參與社會服務。培正歷來在聖誕日，均開放校園接待兒
童，舉行聖誕聯歡會，順道派發禮物，以分享基督的愛心。1959 年，培
正正值 70 週年校慶，於農曆新年舉行兒童聯歡會。先由學生團契的團友
到何文田、京士柏、界限街一帶貧民區派發招待券，邀請他們在 2 月 4 日
來校參加活動。當日有近千名兒童來校，培正學生亦準備了精彩的節目，
以娛貧童。最後更派發禮物包，讓他們盡興而返。

在培正熱心投入各項社會服務的氛圍下，不少學生均受到影響，在投身

社會以後，繼續以服務人群為立身處世的原則。例如，李君聰校友（1953年級誠社）畢業後任職於政府徙置事務處，管理港島筲箕灣之富斗窟村（即今耀東邨），任職期間，修池儲水、護電防風，為當村居民做了許多好事。李校友解釋這樣做的原因時，指他就讀培正中學期間，深切體會到學校「非以役人，乃役於人」的教導，並將之貫徹於自己的公務工作之中。當他離任升遷時，村民送上褒賞狀及〈德政昭彰〉匾額，表揚他勤政愛民，讓黎民安居，百姓載德。

美育

五六十年代是培正歷史上第一個美育的黃金時期，不同稟賦、不同擅長的同學開始在學界音樂、戲劇比賽，嶄露頭角。其中紅藍劇社、銀樂隊、口琴隊更各領風騷，創出輝煌的成績。

對於音樂教育，林子豐校長是非常重視的。在 1965 年的學生音樂會上，他對學生說：

> 音樂是抒發感情，表達意志最有力的工具，也是人類生活上不容
> 或缺的一種藝術……藝術最能感動人心，美化生活。在藝術領域
> 中，最能激發人類感情，而且最能廣泛地接觸到人類精神生活的，
> 就是音樂。

因此，在培正校園生活中，音樂佔有舉足輕重的位置。1958 年，為提高學生音樂興趣，學校特於 5 月 20 日舉行首次音樂早會，演出項目包括：銀樂隊演奏、鋼琴、四弦琴和口琴獨奏、歌詠團、四部合唱等，唱與奏共冶一爐。其後，學校又舉辦學生音樂會，藉學生互相觀摩、激勵和競賽，以提升其音樂水平。音樂會於 1965 年 3 月 16 日晚上舉行，演唱項目有男、

銀樂隊每週練習五天，每天兩小時，十分刻苦。

女聲獨唱，混聲四部合唱；演奏方面則有鋼琴和小提琴獨奏。全晚的高潮是培正室樂團及銀樂隊的演奏。在學校提倡音樂的氛圍中，學生的音樂表現以至其他表演藝術均有良好發展。

銀樂隊

培正銀樂隊成立於 1920 年，是廣州培正最負盛名的課外活動之一。經黃啟明、馮棠兩位校長前後三次自美國購買大批樂器回來，銀樂隊的設備得以充實。至於香港培正中學的銀樂隊則成立於 1957 年。指揮馮奇瑞先生（1943 年級鋒社）對學生要求嚴格，每週練習五天，每天兩小時，刻苦而認真。1961 年，銀樂隊首次參加校際音樂節，即憑《勇敢的太陽》一曲以冷門姿態，首度奪得校際音樂節合奏冠軍。

其後，培正銀樂隊參加香港音樂節校際銀樂隊比賽，均獲得優異成績，從 1961 至 1969 的九年之中五度掄元，在 1966 至 1968 年更連續三屆蟬聯王座，因此，香港學校音樂及朗誦協會按規定將「警察銀樂隊盾」送交培正永久保存。

1968 學年，培正聘請林聲翕教授（1914-1991）為銀樂隊顧問，指導該隊訓練計劃及今後發展事宜。林氏戰前曾執教廣州培正，戰時在重慶擔任中華交響樂團指揮，戰後任華南管弦樂團指揮和香港清華書院音樂主任，是近代中國樂壇少數能夠在作曲、指揮及音樂教育領域中都有所成就的音樂家。林教授指導培正銀樂隊後，銀樂隊曾於 1969 及 1970 年，先後兩次奪得校際冠軍，是這支令培正人引以為傲的樂隊連續五屆蟬聯冠軍，亦在過去 11 屆比賽之中，七度奪魁，成就一時無兩。

口琴隊

另一支令培正馳譽音樂界的樂隊是培正口琴隊。口琴隊成立於 1951 年，宗旨是提高學生對音樂的興趣，與及指導他們口琴吹奏的技巧，時任教練的是中華口琴會總會長、素有「上海口琴大王」稱號的黃慶勳博士。學生可以免費參加，也可以豁免上音樂課。其後，黃慶勳因事辭職，會務由黃氏高足葉惠恆老師統籌，負責撰譜、編譜、培訓及指揮。葉惠恆先生在培正任教國文科，對於音樂素有修養［香港兒童合唱團創辦人葉惠康博士（1949 年級堅社）的兄長，著名音樂家馬思聰的學生］，尤其於口琴演奏更有精深造詣，對同學口琴技術的提升，甚有裨助。

為口琴隊首奪學界獎項的是翁建策同學（1956 年級瑩社）。他先後於 1954 及 1955 兩年，奪得由香港學校音樂及朗誦協會主辦的學生音樂節口琴獨奏公開組冠軍。至 1957 年，口琴隊首次參加香港校際音樂節口琴隊合奏比賽，以莫札特（Wolfgang A. Mozart, 1756-1791）的《第 41 號交響曲》第三樂章參賽，榮獲合奏組亞軍。翌年，口琴隊再次參加全港校際音樂比賽，憑德國音樂家巴赫（Johann S. Bach, 1685-1750）的名曲 Air on the G. string（又稱《G 弦之歌》），首度獲得學界冠軍。

在同一屆比賽之中，高二劉森坪（1960 年級正社）獲高級獨奏冠軍；高一余光源（1961 年級善社）獲初級獨奏冠軍。培正口琴隊可謂三喜臨門。

培正口琴隊演出

其後，劉森坪續於 1958 及 1959 年奪冠，連續三年蟬聯獨奏冠軍。

踏入 60 年代，由於光社（1959 年級）及正社（1960 年級）的隊員相繼畢業離校，口琴隊後繼無人，在 1963 年 3 月 9 日作最後一次晚會演出後，黯然解散。一直至 2009 年，光社同學畢業 50 週年聚會，梁乃森（1959 年級光社）於 2008 年召募舊隊友劉森坪、區作燊（1959 年級光社）、彭澤蕃（1960 年級正社）及陳炳璋（1959 年級光社）重組口琴隊，「重操故業」。2010 年 9 月，幾位老校友為培正小學組織口琴組，並義務擔任導師。惜自 2013 年以後，導師相繼移民離港，課程被迫終止。口琴隊雖未能重新復興，但校友的熱心舉動，洋溢著培正校友愛護母校，扶掖後輩之情。

紅藍劇社

紅藍劇社是香港培正中學成立較早的表演藝術團體，上承五四新文化運動的啟蒙主義思想，並以外國翻譯戲劇為主要演出項目，由關存英、陳翊湛、梅修偉、鄭煥時等幾位老師於 1950 年發起成立，參加者 80 多人，由關頤彥（1952 年級偉社）任主席，是五六十年代培正表演藝術的重鎮，

飲譽香港劇壇，並孕育出素有「香港戲劇大師」之稱的鍾景輝（1955 年級忠社）。

紅藍劇社的處女作是 1951 年元旦為培正同樂日遊藝節目表演的五幕劇《刻薄傳家》。這套劇作改編自法國著名劇作家莫里哀（Molière, 1622-1673）創作於 1668 年的名著《慳吝人》（The Miser）。那時仍是初中二年級學生的鍾景輝，面試參演，最終被選中飾演劇中孤寒財主的兒子，從此成為紅藍劇社的骨幹。

同年 12 月，紅藍劇社參加由香港教育司署主辦一年一度的校際戲劇比賽，參賽劇目為《月亮上升》（Rising of the Moon），是根據愛爾蘭格列哥里夫人（Augusta, Lady Gregory, 1852-1932）之原著改譯，結果獲得第四名。1953年，劇社第二次參加校際戲劇比賽，由顧問關存英老師把莫里哀所著的四幕劇《史嘉本的詭計》（Les Fourberies de Scapin）改編為獨幕劇，參加比賽。結果獲得亞軍，而劇中主角鍾景輝更以超群演技，獲得最佳演員榮銜。這一年可說是紅藍劇社史上黃金時代的肇端。1954 年 12 月，紅藍劇社在主席鍾景輝領導下，第三次參加校際戲劇比賽，參賽劇目為獨幕劇《丟落的禮帽》（The Fall of Babbulkund），是愛爾蘭劇作家鄧薩尼男爵（Edward Plunkett, 18th Baron of Dunsany, 1878-1957）所著。結果蟬聯亞軍寶座，而鍾景輝再度取得個人演技冠軍，轟動本港劇壇，各大報章均予好評。難怪鍾景輝在紀念忠社離校 40 週年時撰寫〈紅藍劇社：無法解脫的開端〉一文，指出：

> 培正的紅藍劇社使我和戲劇真正開始結下了不解緣⋯⋯沒有了這一切，我的人生將會失掉很多快樂。

事實上，鍾景輝於培正畢業後，便踏上戲劇的青雲之路。他先後入讀香港中文大學崇基學院英文系及美國奧克拉荷瑪浸會大學（Oklahoma Baptist

◀ 中學時期的鍾景輝學長
▶ 鍾景輝在《君子好逑》中飾演多情公子蒲仙納德

University）演講及戲劇系，獲學士學位，繼而在美國耶魯大學戲劇學院
（Yale School of Drama）獲藝術碩士學位。回港後積極參與香港戲劇的創
作及演出，曾八度獲得香港舞台劇獎的最佳男主角及四次獲得最佳導演。
基於他對香港戲劇的重大貢獻，2010 年香港藝術發展局向他頒發終身成
就獎，他更先後獲美國哈姆斯頓大學（Armstrong University）、香港公開
大學及香港演藝學院頒授榮譽博士學位。

紅藍劇社在校際比賽連獲佳績，成功捲起了校內的戲劇潮流。先是 1954
年 4 月高中三年級上演名劇《萬世師表》，公演四晚，觀眾高達 6,000 人。
劇情主要是敬仰老師敬業樂業的精神，內容感人，據聞有些觀眾感動流
淚，有些一連看了三晚還要再看，有些遠在新界、筲箕灣的都不辭跋涉，
看至終場。有幾個遠道而來的教師看過之後，第二晚再帶他們的校長來
觀看，可見這齣劇感人之深。

另一齣在校內掀起高潮的是由紅藍劇社擔演的莎士比亞（William
Shakespeare, 1564-1616）名劇《君子好逑》（The Two Gentlemen of Verona，又名
《風流劍俠》）。此劇是為紀念建校 65 週年，發起興建崇拜會堂、體育館
及新課室籌募經費，並於 1955 年 4 月 28 至 30 日公演，鍾景輝在劇中飾

演多情公子蒲仙納德（Proteus）。劇社不論在演技、佈景、音樂效果各方面，均有良好表現，各界好評如潮，連演三晚，觀眾每晚逾千人。5月12日《星島日報》的劇評謂：

> 培正中學這次演出，從詩的詞句的朗誦，及服裝道具的配合，都保留著原作的氣息，而充分表達了藝術上的美。在籌款的場合而演出這樣的戲，甚值得吾人欽佩……

1959年，培正為興建70週年紀念大樓，又發起演劇募捐運動。這次公演的劇目是《雨後斜陽》，由蔡甦老師改編自意大利著名文學家、1926年諾貝爾文學獎得主黛萊達（Grazia Deledda, 1871-1936）寫於1891年的宗教小說《愛的報復》。蔡老師早年負笈上海，參與劇運，與中國著名演員鄭君里（1911-1969）、胡萍（1910-?）等一起演出於復旦大學。1934年，他歸信基督教，轉向宗教戲劇方面發展。其後來港加入培正任教聖經科，並自1954年起，連續四屆擔任校際戲劇比賽顧問，是紅藍劇社的健將。

此次演出由紅藍劇社負責，由4月21至25日，演出五場，共籌得款項94,000餘元。此劇動用主要演員16人，台前幕後參與的師生超過100人，由蔡甦老師任執行導演。全劇並由林聲翕教授指揮的華南管弦樂團作現場演奏配樂，令劇力更動人心扉。為隆重其事，林子豐校長更邀請當時香港電影界紅星蒞校觀賞，令培正禮堂星光熠熠。計出席著名影星包括林翠（1936-1995）、葛蘭（1933-）、胡蝶（1908-1989，三屆中國電影皇后）、嚴俊（1917-1980，第12屆亞洲影展最佳男主角）、李麗華（1924-2017，兩屆金馬獎影后）、尤敏（1937-1996，兩屆亞洲影展最佳女主角）、林黛（1934-1964，四屆亞太影后）、吳楚帆（1910-1993，「華南影帝」）等，令該劇名噪一時。

美術學會

最後值得一提的是培正的美術學會。培正美術學會創立於 1948 學年，對推動培正的美術風氣、提升學生的欣賞水平，不無助力。於課餘研究作畫而有成就的，頗不乏人，如 1952 年級偉社周壽臣、陳耀南的水彩寫生，1954 年級匡社張尚羽、葉長青的油畫及江啟明的素描寫生等。其中江啟明於畢業後入讀香港美術專科學校，其後便開展美術教育工作，先後擔任多間美術會及大專院校之美術講師，育人無數，是本港著名的本土畫家。他對香港這個他出生及成長的地方，懷著一份濃厚的感情，自 1954年畫下第一幅香港寫生素描後，每每透過畫筆寫生，把這個地方的歷史變遷與生活文化記錄下來。有評論認為，他的繪畫是寫意的寫實，讓人尋找更多生活空間和想像。他的作品包括：《香港風光》、《江啟明（香港）寫生畫集》、《香港史畫》等。從江啟明的藝術生涯，可以看見培正藝術教育的影響在香港社會的延伸。

靈育

靈育範疇一直是培正最重要的教育環節。林子豐校長甚至將基督精神及聖經真理視為培正的辦學宗旨。1955 年 11 月 19 日，他在紀念 65 週年校舍奠基禮致辭時說：

> 本校設立的主要宗旨在於培養青年，將耶穌基督犧牲服務的精神，
> 為他們的模範，將聖經的真理，做他們立身處世的標準。即是以
> 基督教的偉大精神，作為教育根基，使學生一面能為未來的生活
> 準備，同時也能為永恆的生命準備。這二重教育的意義，即本校
> 辦學的宗旨。

在 1962 年上學期的早會分享，時任香港浸信會聯會主席兼香港培正中學校長的林子豐，明確指出浸信會辦學的目標在於：

1. 靈智並重

2. 寓道於學

3. 嚴格管教

4. 愛的教育

他又引用新約聖經中的《歌羅西書》一章 28 節，認為把人完完全全引到上帝面前是培正「辦學的最終目的」。可見靈育既是培正教育的根基，又是培正教育的目的。他甚至將靈育延伸至德育，認為「訓導是對學生屬世所為的陶薰，宗教則是屬靈的訓練，兩部門務必密切合作」。在林子豐校長的領導下，培正的靈育發展在五六十年代是非常蓬勃的。

為全面落實宗教教育，學校特於 1952 學年設立宗教事業委員會，統籌校內宗教工作，包括聖經課程、社團組織、宣教活動等，由林子豐校長親任顧問。1953 年，培正委任劉光昇出任宗教主任之職。劉光昇是前滬江大學校長劉湛恩博士（1896-1938）的哲嗣，祖父孫三代均是浸信會會友。他又是培正 1941 年級磐社校友，抗戰勝利後，赴美國深造，獲商科學士及神道學士學位。至 1973 年，李孟標校長改組宗教事業委員會，並改名為「宗教事工委員會」，由校長出任主席，令委員會地位進一步提升，以便推展宗教工作。

學校於 1956 年擴建校舍，其中一座特闢為宗教館，該館樓高三層，最上一層為禮拜堂，有 250 個座位，專為崇拜之用；第二層為社交會堂，可坐100 人，並設有會議室；最下一層有可容 40 人的祈禱室，還有宗教書籍閱覽室、茶會室等，讓同學有一處探討聖經真理，樹立良好品格的靈修之所。自該館落成後，經常舉行各項宗教活動，如宗教電影晚會、聖樂晚會、宗教戲劇晚會，少年團各組聯合週會、晨禱會、晚禱會等。此外，宗教館又經常供外間教會團體、學校借用，如培道女子中學、士他令道浸信會（即今九龍城浸信會的前身）聖詠團、尖沙咀浸信會助導團、香

宗教館內經常有各種宗教活動舉行，是學生探討聖經真理的場所。

港浸會書院大專學生團契等，均假座宗教館舉行靈修聚會，對發展學校宗教工作有重要的作用。

為強化校內的宗教氣氛，學校規定初、高中每週兩次早會，其中一次為宗教早會，以加強學生對基督教信仰的認識及氣氛的感染。一般而言，宗教早會多由宗教事業委員會部員負責，亦會邀請名牧長執蒞校分享。例如，1961 年 10 月 23 至 26 日，一連四天，邀請澳洲青年歸主運動（Youth for Christ Rallies）領導人、平信徒佈道家法蘭西斯（George Francis）於高中、初中學生早會講道。宗教早會有時亦會以另類方式進行。學校於 1963 年 4 月 22 及 23 日的高、初中宗教早會，舉行聖樂崇拜會，由歌詠團負責。詩歌之中，有崇拜、讚美、感恩、立志等不同內容，引發同學思考生命之道。

除宗教早會外，學校又於 1964 學年規定全校師生每日清晨上課前，舉行十分鐘全校早禱，並訂定每天禱告主題及內容。

早禱按既定程序進行：中學部於 8 時半開始播奏序樂，繼有半分鐘的崇

拜禱告。之後有兩分鐘歌頌，唱詩完畢，學生按編定的主題，進行所祈求的事項。隨後為三分鐘默想，默想內容均由基督教文字工作者執筆編寫，最後以殿樂結束。可見林子豐校長逐步將學生的課前時段設計成宗教時段，以增加校園的宗教氣氛。

表 11：早禱主題及內容表

周日	禱告主題	禱告內容	默想主題 *
一	感讚	感謝父神恩典	性格
二	自己	祈求像主耶穌	志趣
三	家庭	家人同情相愛	學問
四	學校	師長同學合作進步	處世
五	社會	人類相愛相助	生活
六	教會	祈求同心參加	工作

* 附默想參考篇章

學校又透過大型佈道聚會，以發展校園的福音工作。原則上，培正中學每學期均有一次大型佈道聚會，上學期在 10 至 11 月，下學期則安排於 3 月舉行，學校大多邀請本港著名的浸信會教牧或浸信會神學院教授蒞校證道，如九龍城浸信會主任牧師張有光、尖沙咀浸信會主任牧師徐松石（1900-1999）、香港浸會書院副校長晏務理（Maurice J. Anderson）、浸信會神學院教授冒季美（1912-?）等。校方亦會邀請美南浸信會傳教士，以至世界著名佈道家來校佈道。前者有美南浸信會麥高理牧師（Rev. Duke K. McCall, 1914-2013）、梁根博士（Milledge T. Rankin, 1894-1953）等，後者如澳洲佈道家葛克藍（William Cochrane）及鍾斯（George Jones）和聖樂佈道名家歐百鍊（Rev. Bill O'Brien）。最特別的一位要算是歐溫上校（James Benson Irwin, 1930-1991）。他是美國阿波羅 15 號太空船的太空人之一，在 1971 年 7 月完成了最後一次太空旅程後，便加入著名佈道家葛培理（William F. Graham, 1918-2018）的佈道團隊，展開環球巡迴佈道。歐上校於 1972 年 10 月 25 日來校主持上學期特別佈道大會，全校數千員生齊集

◀ 歐溫上校講道
▶ 在歐上校的佈道會上，全校數千員生齊集操場聽講。

操場聽講，受感動者眾。至於令最多學生決志歸信或慕道的一次佈道會
是 1954 年的秋季奮興佈道大會，由青年歸主協會遠東區總幹事毛勤博士
及九龍城浸信會主任張有光牧師主領，大會共計 711 人決志慕道。

學校又經常邀請本地著名牧者來校，在早會、週會、團契聚會、四季的令
會、教職員退修會等，與學校的員生分享信仰。如聖公會港澳教區李兆強
教憲牧師（1910-1969）、聖公會港澳教區何世明法政牧師（1911-1996）、播
道會監督鄭德音牧師、香港浸信教會主任黃日強牧師（1925-2004）、香港中
華基督教會長洲堂主任曹新銘牧師（1896-1984）、香港浸會書院副校長晏
務理、香港大學中文系系主任羅香林教授（1906-1978）、香港浸會書院校
長謝志偉博士（1934- ）、香港華人基督教聯會總幹事劉治平牧師（1929-
1998）等，陣容鼎盛，對鞏固師生靈命，指引靈程，甚有裨益。

學校又通過常規聖經課程來鞏固學生對信仰的認知。香港培正中學創校
之初，已訂定各級聖經課。高中一、二年級由美南浸信會宣教士（後出
任香港浸信會神學院院長）白箴士牧師（James D. Belote, 1913-1975）教授，

180

採用教材為中國內地會［China Inland Mission，即今海外基督使團（The Overseas Missionary Fellowship, OMF International）］出版的《基督徒德性課程》及《約翰福音的中心》。至於初中，則由宗教主任區玉珩老師任教。初中三照中國內地會出版的《基督徒初級聖經課程》為課本；初中二以研究使徒保羅一生為範圍；至於初一由於未選得合適的課本，由老師選定經文為教材，作有系統的學習，藉以闡明聖經真理。可見由於教材的匱乏，早期培正的聖經課程頗依賴中國內地會出版的為一般信徒而設的靈性成長課程，至於適切學生需要的校本課程及教材則仍未發展。

至 50 年代中後期，培正嘗試以新舊約《聖經》人物生平為經，耶穌及使徒的言行教訓為緯，組織了系統的聖經課程，並採用浸信會出版的研經教本，如戴斐士（John P. Davis）的《舊約偉人三十講》（中華浸信會書局）、《使徒言行三十講》（美華浸信會書局）等。有關此時期培正聖經課程的演變可參見表 12。

表 12：1950 年代培正中學聖經課程演變表

年級	1950	1954	1959
初中一	特選經文	舊約人物	舊約人物
初中二	保羅生平	舊約人物	新約人物
初中三	基督徒初級聖經課程	基督生平	使徒言行
高中一	基督徒德性	舊約人物	舊約偉人
高中二	約翰福音	使徒言行	耶穌生平
高中三	／	耶穌言行	聖經史綱

踏入 60 年代，香港培正中學與香港培道中學合作發展校本聖經課程，除原有的新舊約人物、耶穌及使徒生平言行外，亦增添更多聖經歷史及教義的內容。同時加入有關香港浸信會歷史及基督教與中國文化的課程，讓學生有更確切的信仰身份認同。整體而言，新課程無論從系統性或全面性而言，均較前有更佳的鋪排。此外，學校又以中外屬靈偉人為脈絡，

要求學生研讀課外屬靈書籍（詳見表 13），加深對信仰的體會。

表 13：1964 年香港培正中學與培道中學聯合修訂聖經新課程表

年級	學期	課題	目標	課外讀物
中一	上	耶穌生平（馬可、約翰福音）	使學生認識耶穌是神的兒子及人類的救主	《宋尚節傳》
	下	摩西五經	神是有計劃的主宰	《黑暗中的亮光》
中二	上	耶穌教訓	藉主之教訓而建立基督化的生活	《席勝魔傳》
	下	約書亞至所羅門	揀選與順服	《翟輔民傳》
中三	上	分國、被擄、歸回（大小先知）	神的公義及慈愛（犯罪受懲罰，悔改我拯救）	《五十年來》（王明道傳）
	下	使徒行傳，正典成立史，教會及香港浸信會歷史	帶領學生認識和參與傳道的使命	《戴德生傳》
中四	上	保羅及普通書信（基督教教義）	信行合一或信仰與行為	《梁發傳》
	下			《耶德遜夫人傳》
中五	上	聖經總綱	舊約的預言	《慕迪傳》
	下	會考溫習	新約的應驗	《李溫斯敦傳》
中六	/	基督教與中國文化	/	/

至於學生組織方面，培正最大的學生宗教組織是學生團契。培正學生團契，初名「研道社」，每級一社，仿效廣州培正的編制。1953 年下學期改組為「少年團」，分初、高兩組。自 1957 年起，香港培正中學隸屬香港浸信會聯會，少年團亦改稱「培正浸會學生團契」，以「認識並傳揚基督，學而後知服務」作為宗旨。組織方面，團契之組成按年齡之長幼，分初（小學）、中（初中）、高（高中）三組，其後加入幼稚園組（又稱「日光會」），成為四組，高峰期時四組共有 27 團，團友 1,100 餘人。

學校又關注學生團契的對外聯繫，經常舉辦聯校聚會。例如，1956 及 1957 年，培正聯同 11 所基督教中學（包括：香港真光中學、九龍真光中學、嶺英中學、培英中學、英華書院、伯特利中學、諸聖中學、協恩中學、香港培道中學、民生書院、聖保羅書院）聯合舉辦「基督徒畢業同學進修

會」，讓畢業班的基督徒同學可以增進感情，互相砥礪。1959 學年，培正與同屬浸聯會的香港培道中學、顯理中學組成「浸會學生事工委員會」，商定各校的宗教活動規程，成為各校舉辦校內宗教活動的重要指引。

而每年學生團契最重要的聚會莫過於一年四季的令會。其中秋、冬令會為期一日，屬反思信仰的退修會性質。至於春、夏令會的會期由三至六日不等，是宿營活動，對增進學生靈命，至關重要。每次令會均設主題，多以耶穌基督為中心，如「基督精兵」（1958 年春令會）、「披戴基督」（1967 年夏令會）。令會多由學校邀請本港著名牧長主領，如尖沙咀浸信會的鍾恩光牧師（1961 年春令會）、九龍城浸信會的張之信牧師（1968 年夏令會）。每次參加人數由 80 至 200 餘人不等，而地點多選擇在屯門何福堂舉行。由於早期培正仍有寄宿生宿舍，故部分夏令會在學校舉行。

以上所舉者，僅為培正五六十年代宗教事工的犖犖大者，或稍欠全面。其實，學校曾於 1965 年的《基督教週報》上，向本港基督教界介紹培正的宗教近況，其中附有〈香港培正中學宗教工作系統圖〉，以輔助解說。茲錄於後，讓我們可以更全面了解培正的靈育工作。

表 14：香港培正中學宗教工作系統圖

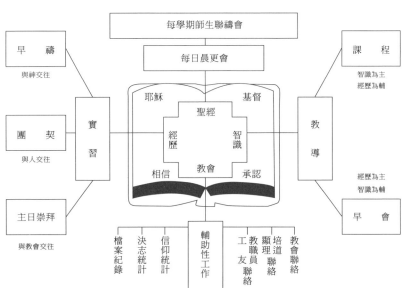

校史趣聞

學生首穿校服

一直以來培正對學生上課的服飾並無特別規定。1953年初，校方為提倡樸實校風，增進管教效能及加強校內秩序起見，特徵集學生家長意見，決定於1953年9月起，學生一律穿著指定規格的校服上課。當時的校服與現時無大差異，只是校呔是深紅色，布質，沒有圖案或文字。稍後，又改作了藍色，以合成纖維製作，印有排列的校徽。直至今天，校呔變成紅藍兩色，斜紋。

經典籃球賽

1952年，香港籃球聯會舉辦了一次全港六強邀請賽，由培正校友及學生合組的「紅藍隊」獲邀參加。六強中的「順聯隊」，年青力壯，對賽前被一致看好。但當戰幔揭開，「紅藍隊」在吳華英老師及各學長鼓勵下，節節領先，戰果是92對46，「紅藍隊」以倍數勝。其中盧荷渠同學（1953年級誠社）獨取46分，剛好是對方全隊之總分，也創下了香港籃球界個人得分最高紀錄。賽後，「順聯隊」12名球員中據報有11名剃光頭，為何如此，原因有待求證。

學生嬉戲

五六十年代的香港，仍未流行樽裝水，學校在每層課室外走廊設飲水機，每天早上由校工煲水注入，供學生飲用。學生在小息或午飯後多群集走廊嬉戲，遇有不合群者，或被眾人看不順眼者，只要有人大喊一聲「洗頭！」即合力將其抬起，把頭塞到水龍頭下「行刑」。幸好一般水溫已較低，但頭髮濕漉漉地上課也頗狼狽，反映當年培正學生跳脫的一面。

林子豐：培正全人教育理念的奠基者

林子豐博士

林子豐校長（1892-1971），廣東省揭陽縣人，早年畢業於北京協和醫學院，後折志從商，為香港著名商人、教育家及教會領袖，一生關懷社會福利及宗教事工，曾任香港中華基督教青年會會長、九龍城浸信會執事及香港浸信聯會主席，又曾獲選為世界浸聯會大會副會長。教育工作方面，林校長曾獲選為香港教師會會長，又參與籌辦香港浸會書院（今香港浸會大學），並擔任義務校長。林博士曾先後獲美國奧克拉荷瑪浸會大學、貝勒大學（Baylor University）及史塔生大學（Stetson University）頒贈榮譽法學博士學位。

上世紀 30 年代，林校長已出任培正校董，在 1933 年協助學校在何文田窩打老道購地 50,000 餘平方呎興建校舍，最初只設小學。抗戰期間，林校長義務出任培正、培道中學校長，支持兩校渡過難關。光復後，林博士繼續服務培正。1950 年 6 月，林校長因內地政局變易，遂將「廣州私立培正中學香港分校」向港府立案，改稱「香港培正中學」，並出任義務校長，得到美南浸信會、社會人士及香港政府的支持，共得捐款 120 萬元，並獲政府贈地 12 萬平方呎，用以增建校舍，充實設備。林校長任內，E 座及 G 座校舍先後於 1953 及 1956 年落成，而學校北面圍牆外的馬路，獲政府命名為「培正道」。1957 年元旦，英國政府以林校長對社會及教育貢獻良多，頒授 O. B. E.（Order of the British Empire）勳銜。

林校長自 1950 年出任培正校長，至 1965 年榮休。校董會為表揚他 16 年來一直為培正擔任義務校長，貢獻良多，決定將 E 座大樓命名為「林子豐堂」，並撥港幣

1965 年，林子豐校長榮休，培正師生 3,000 餘人出席歡送大會。

50,000 元設置「林子豐博士獎學金」，獎額三名，首批獲獎學生為中五級學行兼優學生黃希真、曾英材及李宏炬（均為 1966 年級皓社）。

1971 年 4 月 17 日，林校長息勞歸主，享壽 80。林校長一生篤誠奉主，躬踐力行，又悉心擘劃，拓址擴建，發展香港培正中學，卓著賢勞。為表含哀致誠，學校下半旗三天，並與香港培正同學會假九龍城浸信會舉行追思禮拜，讓紅藍兒女，悲戚肅穆，悼念這位為培正教育事業無私奉獻的先賢。

林子豐校長自戰後接掌培正，不單拓展校舍，更致力建構培正基督教全人教育理念與辦學宗旨，並帶領師生躬行實踐，影響了一代又一代的紅藍兒女。他曾於 1963 年的開學禮上，強調四育並重的成長模式。同年結業禮時，他進一步闡釋「四育」的具體內容：

1. 德育：
愛是道德的根本，中國傳統的智、仁、勇「三達德」即以仁愛為核心；

2. 智育：
知識的淵源有二：一是良知之知，即是德性之知；一是萬物之知，即是科學之知。良知貴於實踐，科學注重實驗，二者兼備，才是最周全的智育；

◀1957 年，林子豐校長獲頒授 OBE 勳章。
▶1965 年，校董會將 E 座教學大樓命名為「林子豐堂」，以誌林校長對培正的貢獻。

3. 體育：

不僅精於運動競技，也包括個人的健康與儀表、娛樂與遊息（規律的生活），以及人格在體育方面的表現；

4. 群育：

群育的意義包括兩個焦點：一為分工合作的工作方式；二為大公無私的生活態度，學生必須樂於合群，樂於服務。

在這個基礎上，他進而認為必須具備「學識的研討，品德的砥礪，思想的薰陶，體魄的鍛鍊」等四育均衡品質的青年，再加上剛強的意志和進取的精神，才可以成為一個「理想的學生」。

最後，他將全人培育的理念，貫以基督教的信仰精神和道德價值，全面闡釋了香港培正中學的辦學宗旨：

> ……本校設立的主要宗旨在於培養青年，將耶穌基督犧牲服務的精神，為他們的模範，將聖經的真理，做他們立身處世的標準。即是以基督教的偉大精神，作為教育根基，使學生一面能為未來的生活準備，同時也能為永恆的生命準備。這二重教育的意義，即本校辦學的宗旨。

正是林校長這種現世與來生，信仰與道德，精神價值與生活實踐的二元哲學觀，構建了培正的教育方針和辦學宗旨。

187

雙峰並峙，數理同輝
—— 記崔琦、丘成桐

中學時期的崔琦學長

崔琦是 1957 年級輝社的學長，1939 年生於河南省寶豐縣，完成小學後來港，入讀香港培正中學。畢業後，成功考入香港大學，但他選擇赴美深造，入讀美國伊利諾州奧古斯塔納學院（Augustana College, Illinois, U.S.A.），並以優異成績，於三年完成四年制的大學課程。學院的教務長曾於 1960 年致函培正，認為崔琦成績優異，「大部分基於其在中學時代接受優良教育所致」。

大學畢業後，他考進了芝加哥大學物理系，並在 1967 年獲得博士學位。1968 年加入著名的貝爾實驗室（Bell Laboratories）擔任研究員，從事固態物理學（Solid-state Physics）的研究。1982 年轉任普林斯頓大學（Princeton University）電機工程系教授。崔琦以其傑出的研究工作，先後於 1987 年膺選美國國家科學院院士（Fellow, National Academy of Sciences），及於 1992 年當選台灣中央研究院院士。

1998 年，崔琦與羅伯特・勞夫林（Robert Laughlin, 1950-）及霍斯特・施特默（Horst Störmer, 1949-）以「分數量子霍爾效應」（Fractional Quantum Hall Effect）的研究成果，獲得諾貝爾物理學獎。1982 年，當時還在貝爾實驗室工作的崔琦與合作伙伴施特默和戈薩德（Arthur C. Gossard, 1935-）發表了一項震撼物理學界的重大發現。崔琦和施特默將戈薩德提供的二維電子氣（Two-Dimensional Electron Gas, 2 D.E.G.）樣品置於極低溫度（約零點五開氏溫標）和極強磁場（數十萬倍於地球磁場）的環境中，使電子產生新的「準

崔琦於 1999 年歸省母校，與師生舉行交流會。

粒子」（Electron Quasiparticle），形成「量子流體」（Quantum Fluid）。這是一個全新的量子化效應，令物理學界對電流在磁場中的量子現象有了新的理解，是固體物理學（Solid State Physics）研究的重大突破。因此，瑞典皇家科學院（The Royal Swedish Academy of Sciences）在 1998 年 10 月 13 日宣佈，把 1998 年諾貝爾物理學獎授予崔琦。他是第六位獲諾貝爾獎的華裔學者，亦是第一位曾在香港接受教育的諾貝爾獎得主。

1999 年 12 月 16 日，崔琦獲獎一年後，挈同夫人歸省母校。他藉著訪問母校的機會，與師生舉行交流會，談及自己的求學心得，勉勵後學凡事要有自信心，並要學懂克服困難。「做什麼事也有困難，但要有自信心去克服，自信心是從經驗中汲取的，就如學走路一樣，學習也是如此，在小事上有成功，便會有自信心。」一番肺腑之言，贏得滿場掌聲。更令人感動的是崔學長將畢生最高學術榮譽的諾貝爾獎章，送贈培正，作為對母校的致意，亦有鼓勵後學之意。

在獲得諾貝爾獎後，崔琦又獲得多個極高榮譽的學術頭銜，包括香港中文大學榮譽理學博士（1999）、中國科學院外籍院士（2000）、美國國家工程院院士（2004）及香港科學院創院院士（2015），以表揚他對學術界的巨大貢獻。

崔琦學長將畢生最高學術榮譽的諾貝爾獎章（下）送贈培正，作為對母校的致意。

中學時期的丘成桐學長

丘成桐是 1966 年級皓社的學長，小學畢業於沙田公立學校，因小學會考成績頗佳，獲得減免學額到香港培正中學就讀。高中時，他的數學成績極其優異，並對各類數學知識產生強烈興趣，能自行研習課外讀物。不過，據他的業師黃逸樵老師憶述：「他上課之時，仍一樣留心聽講，抄足全部筆記，毫不鬆懈。」

自中學畢業後，丘成桐即進入香港中文大學，主修數學，並以三年時間，修畢四年課程。由於香港中文大學是學年制大學，必須讀滿四年始能畢業。但丘成桐得到中大訪問學人薩拉夫教授（Stephen Salaff, 1938-2012）的大力推薦，在 1969 年得以進入美國加州大學柏克萊分校（University of California, Berkeley）研究院繼續深造，師從國際數學權威陳省身教授，主修微分幾何（Differential Geometry）。結果，他以兩年時間完成了數學博士學位，時年僅 22 歲。世界數學的超新星從此誕生，其後他對數學的研究碩果纍纍，獲獎無數。

1979 年，丘成桐以研究幾何學中有關高維度空間曲面（High Dimensional Space Surface）問題，並推出公式，解決 25 年來數學界著名的「卡拉比猜想」（Calabi Conjecture）。其發現的新空間被稱為「卡拉比─丘流形」（Calabi–Yau Manifold），成為現代物理學解釋宇宙本質的弦理論（String Theory）的基石。因此，他獲頒當年加州「最傑出科學家」榮銜。翌年，再獲香港中文大學頒授榮譽博士學位，是獲得這項榮譽最年輕的學者。

丘成桐學長擔任 2005 年級禧社畢業典禮的主禮嘉賓，
勉勵學弟妹發揮紅藍精神。

1981 年 1 月，丘成桐獲美國數學學會
（American Mathematical Society）頒發五
年一次的「韋伯倫獎」（Veblen Prize），
以表揚他對數學研究中好幾個重要領域
都產生了深遠和全面影響，特別是在
非線性橢圓偏微分方程理論（Nonlinear
Elliptic Partial Differential Equation）、低維
數流形拓樸學（Low Dimensional Manifold
Topology）、複流形解析幾何學（Complex
Analytic Geometry）三方面的貢獻，尤其
重大。

1982 年 8 月，丘成桐因對數學研究的非
凡成就，獲國際數學家大會頒授菲爾茲
獎（Fields Medal），相等於數學界的諾貝
爾獎。該獎項四年始頒發一次，並且只
頒給 40 歲以下的年輕學者。丘成桐獲獎
時只有 33 歲，且是設立獎項 40 年來第一

個獲獎的華裔學者。

至 1994 年，已是哈佛大學（Harvard
University）數學系教授的丘成桐獲選
為該年度克拉福德獎（Crafoord Prize）
得獎人之一。克拉福德獎是由頒發諾貝
爾獎的瑞典皇家科學院頒贈。該學院
在 1994 年 1 月 17 日宣佈獲獎人名單時
指出，丘成桐的研究協助證實愛因斯坦
（Albert Einstein, 1879-1955）重力場論
（Gravitational Theory）的正確性，並且
使人對宇宙的黑洞現象加深了解。

在丘成桐獲獎後，首位獲得諾貝爾物理
學獎的華人學者楊振寧（1922- ）寫了一
篇題為〈丘成桐：世界級數學家〉的文
章，指出「20 幾歲的丘成桐在 70 年代中
期發展出了強而有力的新方法，來研究

丘成桐學長在禧社畢業典禮上頒授品學優異獎。圖左馬億洋同學於 2012 學年回母校任教。

整體微分方程（Differential Equation），從而使卡拉比猜想與愛因斯坦方程中的正質量猜想（Positive Mass Conjecture）都得到了證明。他的方法和研究結果大大影響了近 20 年來數學界的許多分支：包括微分幾何（Differential geometry）、微分方程（Differential equation）、拓樸學（Topology）、代數幾何學（Algebraic Geometry）、表示理論（Representation Theory）等，也影響了物理學中的廣義相對論（General relativity）。」楊教授於 1993 年與丘成桐於香港中文大學創立數學科學研究所，並同任所長。2018 年，丘成桐獲頒「馬塞爾・格羅斯曼獎」（Marcel Grossmann Award），是首位華人數學家獲取此殊榮，以表揚他「在證明廣義相對論中總質量的正定性（positivity of total mass）、完善『準局域質量』

（quasi-local mass）的概念、證明『卡拉比猜想』，以及在黑洞物理研究工作中」作出的重大貢獻。

丘學長雖為世界數學權威，仍不忘母校和一眾學弟妹。他在 2005 年度中五禧社、中七雄社畢業典禮，擔任主禮嘉賓，致訓辭時，以紅藍精神對學弟妹相勗勉：「我記憶深刻的是每年畢業禮時，我們唱一首歌叫《青年向上歌》，其中一句，對我影響尤深：『我要真誠，莫負人家信任深。』做學問不夠真誠是絕對做不好的。我尊重我的師長，也尊重我做研究的學問，我一直為真理而奮鬥，即使遇到困難，我至今無悔，這也是我們紅藍精神的一部分。」綜觀丘學長所得的非凡成就，顯示出他的生命就是紅藍精神的最佳寫照。

培正校友與太空科技
—— 記林紹基、郭新

林紹基學長在加州大學實驗室進行研究時留影

重視數理一直是培正的優良傳統之一，而學生在數理學科的表現，成績亦有目共睹。無獨有偶，其中不少負笈海外的校友專門研究太空物理學及天文學，對推動美國以至世界的太空科技發展，貢獻良多。

1943 年級鋒社林紹基學長，曾任加州理工學院（California Institute of Technology, Caltech）工程物理學（Engineering Physics）教授，因對氣體動力學（又稱分子運動論，kinetic theory of gases）的研究成就卓越，榮獲 1966 年美國太空科學獎。他憑著對震動管理論（Shock Tube Theory）的研究，設計特製的防熱罩，保護太

空人在重返地球大氣層時，不致受灼熱和電離作用傷害，有力推動美國太空總署（National Aeronautics and Space Administration, NASA）的「雙子星」（Project Gemini）及「阿波羅」（Project Apollo）兩項探索太空計劃。林博士在獲獎後曾公開說：「我在那裏（香港培正中學）開始對科學發生興趣。」

1961 年級善社胡志超學長，自母校畢業後，入美國俄克拉荷馬州塔爾薩大學（University of Tulsa）深造，獲物理工程學士。1972 年在威斯康辛大學（University of Wisconsin-Madison）獲天文學博士學位。畢業後，繼續從事天文學研究工作，

◀中學時期的郭新學長
▶郭新學長與家人合照

以人造衛星觀察多種天體的紫外線光譜
（Ultraviolet Spectrum），更協助美國太空
總署設計太空望遠鏡。由於望遠鏡鏡頭
大，感光度高，又不受大氣層影響，對
於行星、恆星、銀河、半星球體、宇宙
論的研究工作，貢獻很大。

1967 年級恆社郭新學長，於美國明尼蘇
達大學（University of Minnesota）獲得
理學博士學位，專攻天文學。2003 年，
出任台灣中央研究院天文及天文物理研
究所主任。2006 年返港，出任香港大學
理學院院長。2016 年，獲選為國際天文
聯合會（International Astronomical Union,
IAU）太空生物學委員會主席。查國際天
文聯合會成立於 1919 年，由各國政府資
助，多年來致力促進國際合作，共同探
討及推廣太空天文學，是太空天文學研
究的最高權威機構。

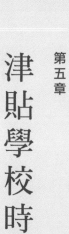

第五章

津貼學校時期

1975-2003

社會及教育的轉變

20 世紀 70 年代以後，香港從發達國家引進尖端的科學技術、新型的工業生產設備與及現代化的生產和經營管理方法，令工業生產從過去的勞動密集型（如紡織、塑膠等），向技術密集型（如電子、鐘錶等）逐步過渡。與此同時，發達國家經濟逐漸走向衰退，保護主義抬頭，石油危機，加上新興經濟地區增加，國際貿易競爭日趨激烈。

為了解決困難，香港遂推行經濟多元化政策：發展金融、旅遊、房地產等第三產業，並藉對外貿易帶動運輸業的擴展等，使多個經濟部門逐漸成為經濟支柱。因此，香港在 80 年代躍居世界三大金融中心之一，又是名聞遐邇的國際航運中心、世界矚目的旅遊中心等。香港經濟進入了綜合性的多元化並向國際化發展的新時期。

從 80 年代中期到 90 年代，香港經濟迅速轉型，一方面將勞動密集型工業轉向資本密集型和技術密集型，生產優質、高檔以及高科技產品。另一方面，隨著中港關係日趨密切，香港利用靠近廣東珠江三角洲的地理優勢，運用內地充裕的勞動力和土地資源，把生產基地移入內地，而香港則專注發展商業流通業務（如金融、保險、地產、通訊等）。

面對香港經濟在不同階段的發展和轉變，社會上逐漸出現對各種專業人才的需求，很多行業對員工的學歷水平的要求亦日漸提高。教育當局因應社會對教育的需求，先於七八十年代大力發展中學教育，為大部分適齡學童提供九年免費教育。1987 年，又取消初中成績評核，讓大部分初中生可以繼續升讀資助高中。

隨著社會發展，培正亦加強在資訊科技方面的教育。

至 90 年代，港府更加快發展專上教育及資訊科技教育的步伐，為社會提
供適切人才。又隨著 1997 年香港回歸，中港關係進一步融合，港英政府
著意推動母語教學，裝備學生面對新的社會情勢。

培正轉制津貼中學

1973 年 8 月，教育委員會發表《教育委員會對香港未來十年內中等教育擴展計劃報告書》，目標在 1981 年讓八成青少年獲得資助初中學位。1974 年 10 月，港府完成了《香港未來十年內之中等教育》政策白皮書，建議取消中學入學試，讓所有小學生都能夠升讀初中，目標於 1979 年全面推行九年免費教育。

1977 年，香港舉行最後一屆升中試，改以學業能力測驗（學能測驗）與中學學位分配辦法調控學童升中派位。同年10月，港督麥理浩（Crawford M. MacLehose, 1917-2000）宣佈將九年免費教育提前至 1978 年施行，令香港的基礎教育進入一個新里程。

1978 年，香港正式實施九年制免費教育。為了提供更多基礎教育學位，政府鼓勵私立非牟利中學分期轉為政府資助學校。1979 年 9 月，便有 57 間中學接受政府的資助計劃，轉制津貼中學。對於其他私校，則採取暫時性的買位政策，長遠取向是要全面淘汰私校。在這個政策下，全港絕大部分中學的學生都由政府統一派位。私校的學生來源便只有新移民或轉校生，學生質素隨之下降，私校面臨收縮和被淘汰的命運。加上社會上「重英輕中」風氣盛行，大多數家長均不願意將子女送到私立中文中學，令中文中學進一步萎縮，成為香港教育的支流。

揆諸數據，自 70 年代起，大多屬私校性質的中文中學學生人數不斷下降。

表 1：香港中、英文中學學校及學生數目一覽表（1975-1982）

年份	中文中學（所）	學生人數	英文中學（所）	學生人數	中中佔兩者總人數的比例
1975	102	64,119	263	273,418	18.99%
1976	104	65,774	283	303,413	17.82%
1977	103	63,485	302	331,036	16.09%
1978	104	58,548	330	375,470	13.49%
1979	97	52,398	333	378,570	12.16%
1980	87	48,105	321	386,531	11.07%
1981	78	43,587	326	385,543	10.16%
1982	72	40,742	346	383,900	9.59%

資料來源：香港政府：《香港年報》（1976-1983）

從表 1 可見，中文中學的人數自 1976 年的高峰期過後，便一直下跌。學校的數目也從 1972 年的 102 所跌至 1982 年 72 所，而佔比亦從 1975 年的 19%，下跌至 1982 年的不足 10%，跌幅一倍。事實上，自 1982 年以後，適齡人口高峰期已過，小學畢業生的人數也逐年減少。在政府大力支持英文中學發展的形勢下，中文中學的生存空間大減。從 1976 到 1982 年為止，全港新開辦的中文中學僅得兩所，就是 1977 年開辦的中華基督教會念慈中學和 1982 年開辦的東華三院邱子田紀念中學。學生人數下降，學校若爭取不到政府資源，便很難維持下去。

隨著外在教育環境的轉變，香港培正中學同樣面對困難。由於培正一直以私校形式運作，學校經費來源主要是學生學費。因為收入不多，所以教師薪金與一般官、津學校相比，有一定差距，造成優良師資流失。校舍龐大的維修費，更令學校百上加斤。由於中學部入不敷出，更曾以小學部收入資助母校中學。因此，黃汝光校監及李孟標校長力主接受政府資助。培正校董會終於在 1975 年 6 月，決定從 1975 學年起與其他 35 間私立受助學校同時接受政府資助，成為政府資助學校（Aided School）。

資助計劃由 1975 年開始，至 1978 年分三期進行。第一年政府資助教師薪金為 50%，第二年為 75%，第三年為 100%。由 1978 學年開始，香港培正中學正式轉制為完全資助學校（Fully-Aided School）。學校轉為五年制，意味著正式融入本港資助教育體系之中，須接受《資助則例》（Codes of Aid）的規管。但另一方面，學校可獲得穩定的公共資源，以發展校務。中學轉制後，直屬學校（培正小學）仍可保留 85% 的學額讓小六學生直升中學，其餘 15% 則須跟隨政府派位機制，獲編配其他中學的學位。

事實上，若根據 80 年代初期各類學校學額的分佈數據，可知私立 / 受助學校學額不斷下降，高中方面的情況尤為嚴重。詳情可參見表 2 及表 3。

表 2：不同類型學校提供初中學額百分比一覽表（1980-1984）

學校類型	1980	1981	1982	1983	1984
官立學校	6.5	6.7	7.3	7.8	7.9
資助學校	40.4	41.9	66.2	71.5	74.3
私立 / 受助學校	53.1	51.4	26.5	20.7	17.8

資料來源：香港政府布政司署：《香港教育制度全面檢討》

表 3：不同類型學校提供高中學額百分比一覽表（1980-1984）

學校類型	1980	1981	1982	1983	1984
官立學校	14.1	11.8	10.3	10.3	10.1
資助學校	80.8	66.6	81.6	81.5	81.6
私立 / 受助學校	5.1	21.6	8.1	8.2	8.3

資料來源：香港政府布政司署：《香港教育制度全面檢討》

從表 2 及表 3 顯示的數據來看，港府著意發展資助學校成為本港中等教育的主流，至於官立中學的發展，則保持於一個合理的範圍，但私立 / 受助學校則明顯被邊緣化，迫使這個曾經的香港教育主要提供者完全走入建制之中，融合成香港教育體制的一部分。從這個角度回看，當時培正

校方投入大量資源在訓育輔導工作，以貫徹全人教育的辦學宗旨，幫助學生抗衡社會不良風尚。

決定轉制成為資助中學，可說是順應時勢的明智之舉。培正對學制轉變的適切回應，一方面讓培正進一步融入香港的資助教育系統之中，從資源上保證學校得以持續平穩發展。另一方面，學校仍然可秉持基督教全人教育的理想，為香港的經濟轉型和未來發展，培育人才。

普及教育的挑戰

香港於 1978 年正式推行九年免費教育，教育機會進一步普及化。培正雖在經濟方面獲得優厚資源，但學校仍然面對艱鉅的挑戰。由私轉津對培正最大的衝擊是收生數量大幅增加。為了配合全港推行免費教育，初中部須擴充至 33 班，即中一至中三每級開設 11 班，加上高中的 18 班，令中學開設班數增至 51 班，學生人數大增。在新的派位機制下，培正接收了大量不同學習程度及紀律意識的學生。學生質素參差，令學生的學習動機明顯下降，自律向上的意識日漸鬆弛，行為偏差日益嚴重。加上，部分家長嚮往子女升讀英文中學，令大批優秀學生流失。

90 年代初是培正中學最艱難的歲月，第一組別（Band 1）學生大幅轉校，校方甚至要接收來自第四組別（Band 4）的學生，以填補空額。加上九七移民潮，中四學位大量過剩，空缺學位由教育署重新編配入學，學生水平更形參差，學校困境畢露。

香港培正中學作為一所傳統名校，又是一所政府資助學校，被迫面對兩難的挑戰。首先是低入高出的問題，即在收生質素下降的同時卻要維持高質量的學業成績。在這種環境之下，要提供全面而優質的教育，培正的老師們實在付出了許多心血。在老師的全力協作下，香港培正中學在 80 年代的會考成績仍然維持高水平，特別是考入香港中文大學的學生人數每年平均高達 50 人（詳細數據參見表 4），可說是學校歷史上的高峰期。根據陳德恆副校長的估計，當時培正中學入讀香港中文大學的人數「可能是全港 400 多間中學，最好的五間學校之一」。如果按這個指標來看，培正的教育產出仍然可觀，反映學校的教育效能未因外部衝擊而有所耗損。

1975 年，培正成為政府資助學校，以乎取更多資源提升教學質素。

表 4：考入香港中文大學人數統計表（1981-1991）

年度	人數
1981	40
1982	62
1983	48
1984	52
1985	61
1986	58
1987	50
1988	38
1989	58
1990	42
1991	42
平均	50

此外，為貫徹培正基督教全人教育的辦學宗旨，幫助學生抗衡社會不良
風尚，與及為面對成長困難的學生提供輔導服務，校方投入大量資源在
訓育輔導工作上。為了擴闊學生的視野，提供多元化的康體活動，培訓
學生的領導才幹和群體意識，讓他們有足夠的機會發展潛能，取得成功
感；學校又鼓勵學生積極參與各種課外活動，發揮活動、課程和輔導的
有機結合。在普及教育的挑戰下，培正的師長們除了應付繁重的學科教
學，還在訓輔工作上花費了不少心血，幫助學生全人成長。

預科改制

如前文所述，培正於 70 年代末，學校體制經歷了從私校轉變為津校的巨大變化，從此融入香港學校教育的主流。至 80 年代，港府又醞釀大學改制。1988 年 6 月，教育統籌委員會公佈《第三號報告書》，規定大專院校取錄的必須為修畢中七課程的學生，而且各大專院校的基本修學年制原則上應該一致。此舉引起香港中文大學的強烈不滿，但港府運用大學資助的影響力，迫使中大改變創校以來的傳統，由四年制改為三年制。最終，本地大學學制於 1994 年統一為三年制。

港府又著手改革預科課程。1988 年 8 月，港府成立中六教育工作小組（Working Group on Sixth Form Education）。1989 年 7 月，工作小組向港府提交《中六教育工作小組報告書》，建議所有預科課程應於 1992 年 9 月統一為兩年制，以便銜接 1994 年以後劃一的三年專上學制。小組並建議最後一屆的香港高等程度會考於 1992 年舉行。換句話說，自 1992 學年開始，本港中學全面施行「五二制」，此舉迫使傳統中文中學從原來的「五一制」轉變為「五二制」，與本港所有英中看齊。這是自戰後中文中學第三次學制改變。

對培正中學而言，每次學制改變皆帶來巨大挑戰。1960 年，教育署捨棄香港中文中學高中畢業會考而保留中五會考，以統一全港中學為五年制，培正的學制因此由「三三制」變為「五一制」。以往高三學生只須準備一次公開考試，便可同時參加中學會考及報考大學。但「五一制」卻令學生在中五須先參加會考，然後在中六再參加大學入學試，兩年經歷兩次重大考試，造成中中學生沉重的考試壓力。至 1992 年，預科改制，培正被迫由「五一制」再變成「五二制」，即在同一個公開考試中與全港學校一起競爭大學學位，壓力之大

可以想見。同時，以往香港中文大學為了支持母語教學，每年均預留一定的學位予香港的中文中學。但改制之後，培正的預科學生失了進入中大的優勢，只可以與其他學生一起競爭公營大學的就讀機會。

在預科改制下，培正亦要面對中文教科書不足的問題。在 1992 年以前，香港高級程度會考除中國歷史、中國語文及文化科之外，其餘科目均只可以英語應考。雖然香港考試局在 1992 年的考試增設中文版試卷，方便中中學生應考，但此前兩年，當首屆中中學生入讀中六時，卻面對教學材料不足的問題。鄭成業校長憶述當時中文中學面對的窘迫情況：

> 由於有關課本太少學生可使用，港府初期又沒津貼，出版商為賺
> 錢，更沒興趣出版中文教科書。

在這種情況下，中文中學唯有自力更生。當時包括培正在內的部分中文中學，自發組織中文教科書編寫委員會，集合幾間學校的老師一起編撰教材，然後分給會員學校使用。這種做法大概維持了三至四年，中文課本委員會才肯出手支援預科中文課本的出版，解決了中文中學的困境。

雖然面對種種困難與挑戰，但培正師生不避艱困，迎難而上，努力不懈，締造佳績。統計自 1994 至 2003 年的十年間（缺 2000 年數據），培正學生在高考的平均優良率接近四成，合格率更超逾九成；學生考入本地各所大學的平均率亦超過七成，其中入讀香港大學、香港中文大學及香港科技大學等大學的比率亦高達六成。在個別學生方面，表現最優異的是 2002 年度陳智彬（2000 年級展社），他在該屆高考獲取四優佳績。其餘 1995 年的盧國章【1】（1993 年級學社）、王洋（1993 年級學社）及 1996 年的李淑錩（1994 年級頌社）均獲得三優二良的成績，躋身全港成績最佳學生之列。這都反映香港培正中學以中文中學的條件，與本港英中在同一考試中進行競爭，表現並不遜色。

【1】盧國章同學在 1993 年的香港中學會考中，考獲十優成績，成為香港中文中學第一位十優「狀元」。

堅持母語教學

培正自創校以來，一直貫徹母語教學的傳統，認為以母語學習既可提升學習效能，亦有效傳承中華文化，是學校重要辦學宗旨之一。但學校身處香港殖民地，加上社會上重英輕中的風氣嚴重，令包括培正中學在內的香港中文中學，自 60 年代以來，角色不斷被邊緣化，更被迫融入主流教育系統之中，受到政府教育政策的干預。

至七八十年代，隨著香港國際地位提升，產業的變動強化了社會重英輕中的心態，家長大多不願將子女送入中文中學，導致中文中學全面萎縮。而教育當局對教學語言政策，則一直採取放任自流的態度，容讓學校自行選擇教學語言。結果，到 80 年代中期，全港九成中學聲稱自己是「英文中學」，但實際上是採用「粵英夾雜」的授課語言，對提升學生英語水平毫無幫助之餘，亦導致大量學能稍遜的學生失去學習動機。1986 年，政府發表教育統籌委員會《第二號報告書》，提出補救辦法：為採用母語授課學校提供額外英語教師人手及教學資源。但研究顯示，改用母語授課的學校所收中一學生成績較以往低約一級（one band）。因此，在母語教學風雨飄搖之際，培正亦受其困。

1989 年 5 月，香港教育署推出《檢討提高語文能力措施工作小組報告書》，建議為小六學生作中英語能力評準測驗，然後根據評準，將升中學生劃分為適合以中文或英文授課兩個流別。只有英語能力較強或接受過英語銜接課程訓練的學生，才能接受全面的英語教學，不然則須進入中文中學。這種教學語言分流政策，不單無助改善「中英夾雜」的情況，反而增加了中文中學的負面標籤效應，無疑是對中文中學雪上加霜。因此，楊國雄校監（1952 年級偉社）在 1990 年

3 月 8 日，在《培正校刊》上，發表〈對「檢討提高語文能力措施小組報告書」的一些意見〉一文，擲地有聲的指出：

> （培正中學）對中文教育更抱有責任感、使命感……這種措施（著者按：指語文分流措施），使全體師生都付出了代價。但為了中文教育，我們仍堅持至今，並認為是值得的。……對於報告書的建議，我們的立場是堅持對中文教育的承擔，繼續實行母語教學。

1990 年 9 月，校董會決定聘任前迦密中學創校校長張子江（1954 年級匡社）接替何澤乾校長，出任香港培正中學校長。迦密中學本是一所英文中學，但隨著基礎教育普及化，學校錄取愈來愈多能力稍遜的學生。張校長認為這些學生不宜以全英語學習，免阻礙其思維及創意發展，故毅然於 1987 年甘冒天下之大不韙，違逆主流價值，推動母語教學，卻換來收生人數下跌，最終與校董會意見分歧，黯然辭職，其後轉職培正。

面對收生質素不一並預計持續下降的情況，張子江校長甫接任，便確定了「因材施教，分流教學」的政策，目的在保證潛質優厚的學生得以發展所長，爭取優異成績，向社會人士表明培正是可以培育出色人才的；對成績稍遜的學生則實施積極區別照顧（positive discrimination），加添輔導人手，分班上課，以保證學生具一定水平。其後，鄭成業校長更採納了「學校市場學」的策略，舉辦小六家長會及出版《香港培正中學概況》，針對目標家長和學生，積極宣傳培正取得的成就，以改善收生狀況。經過多年努力，培正終能逆境自強，成為栽培人才的園地。

1997 年 3 月，教育統籌委員會為配合香港回歸祖國，制定《中學教學語言強力指引》，要求學校必須符合三項條件，即學生能力、教師能力及學校支援措施，方可實施英語教學。同年 9 月，香港政府發表《中學教學語言指引》，將所有的中學作明確的二分，即分為英文中學與中文中學，

培正強調中英兼擅、雙語並重，積極培養校園的閱讀風氣。

並強制未符合《強力指引》所設定的三項條件的中學，自 1998 年 9 月新學年起，從中一級開始逐年實施母語教學。在此規範下，當時共有 114 所學校被評為英文中學，約佔香港中學總數的 20%，其餘的 300 多所中學，即使之前稱為英文中學，也必須轉型為中文中學。這是港府對落實教學語言分流政策更強硬的表現。

經過多年的努力，雖然面對強制分流，但培正憑著深厚的基礎與及日益進步的公開考試成績，因此，獲教育當局批准，成為首批 100 所可以採用英語授課的學校之一。事實上，培正在 1997 年以前，取錄的學生主要來自直屬的培正小學，此前三年語文分組成績屬可用英文授課的學生比例高近 90%，而在 97 前後的十年間，培正的會考英文科及格率超逾 80%，遠較全港平均的 60% 多為高，而應考的更是一般「英文學校」應考的課程乙考試。這是由於培正在堅持母語教學之餘，同時著重英語培訓，如設立有影音教學設備的「語言教學室」、課餘英語訓練，以及聘請外籍英語教師以提高學生聽、講英語的能力等。又規定中四以上理科班採用英文課本，讓學生早些接觸英文專門詞彙，以協助他們順利銜接大學的學

習。這個安排可說是培正「西書中教」的傳統特色。

在教學語言分流政策之下，培正仍持續推行強化英語學習措施，以期維持中英兼擅、雙語並重的優勢。首先，學校於 2002 年設立「語文發展委員會」（以下簡稱「文展會」），負責推行多項提升中英語文水平的活動。為培養校園的讀書風氣，「文展會」要求全體中一學生必須參加學校安排的閱讀計劃，以增加初中學生的閱讀量。另一方面，「文展會」又編排了多項課餘英語活動，例如：在每循環週　次的集會中，加插十分鐘的「英語時段」，簡介各種學習英語的材料；逢星期五推行「英語日」；在早禱時段內以英語廣播；英文科佈告板以英語製作佈告訊息等，期望藉著豐富校園的英語環境，增加學生接觸英語的機會，在潛移默化之間，提升學生的語文水平。

「文展會」更構思將語文學習結合學生的交流計劃。例如，讓學生到其他英文中學作學習交流及生活體驗；[2] 在每年一度的「飛鷹計劃」[3] 的遴選中，亦加入語文成績作為甄選標準。務求讓校園生活與語文學習作有機結合，令學生可以全方位提升語文水平。

2002 年 12 月，培正英語中心正式落成啟用。中心坐落 G 座地下（小食部側），為學生提供一個設計現代化、設備齊全和舒適的環境，讓他們可以在中心內進行各項英語活動，如可在閱讀中心翻閱書籍和報章雜誌、玩紙板遊戲、觀看和收聽英語節目或歌曲等。除了自學活動，學生亦可參與一些由老師或家長定期開辦的英語學習小組或活動，如語音訓練、閱報技巧等，從而改善英語學習技巧和分享學習英語的樂趣。這些措施及建設為培正邁向中英兼擅、雙語並重的學校，奠立良好的基礎。

【2】以 2002 學年為例，學校安排了學生在 2003 年 2 至 3 月期間，分別與拔萃男書院及真光女書院作交流活動，以提升學生的英語水平。
【3】「飛鷹計劃」是創設於 2001 年的領袖訓練計劃，由史帶獎學金（Starr Foundation Scholarship）及 1974 年級基社校友資助，以發展學生潛能及培養領袖才能。

資訊科技教育與數碼校園

資訊科技教育可說是世紀之交香港最重要的教育改革之一。早於 80 年代，政府為配合香港發展成亞洲金融中心，決定在當時的中學課程引入資訊科技教育，並於 1986 年舉辦首屆中學會考電腦科考試。1988 年，更為初中學生開設普通電腦科（Computer Literacy），教導基本的電腦應用技術。1990 年更於高級程度會考開設高級程度電腦科（Computer Studies）及高級補充程度電腦應用科（Computer Applications）。

1997 年 10 月，香港特別行政區行政長官董建華在他發表的首份《施政報告》中，提出將資訊科技教育普及化，為本港中、小學提供足夠的電腦硬體設備和教師培訓。翌年，教育統籌局制訂《與時並進善用資訊科技學習：五年策略 1998/99 至 2002/03》，致力將資訊科技融入學校的教學中。在首個五年策略下，政府為全港中、小學提供資訊科技設備及接達互聯網。學生可以從小開始接觸資訊科技，並在設施完善的環境下進行互動及全方位學習，為日後的終身學習建立良好基礎。

2004 年，政府推出第二個資訊科技教育策略，一方面進一步提升學校資訊科技的基礎建設，引入無線網絡及流動科技，讓學生可隨時隨地學習。另一方面致力培養學生的資訊素養，包括資訊科技的基本操作和概念，使用資訊科技的社會和道德問題，檢索及批判性地評估資訊，使用資訊科技作溝通、協作、分析等，讓學生駕馭資訊，善用科技。

教育局在總結首兩個資訊科技教育策略目標時指出：

培正資訊科技校園剪綵禮

> 學校在不同範疇逐步提升，包括資訊科技基礎建設、學習資源、
> 教師專業力量及學生學習，為學校帶來範式的轉移，由過往以教
> 師為中心的教學模式，轉為以學生為中心的學習模式……【4】

可見特區教育當局推動發展資訊科技，最重要的目的在於促進教學範式
轉移，催生以學生為中心的學習模式，透過資訊科技，提升學生解難、
協作、創新等能力，以迎向 21 世紀的挑戰。

在政府積極倡導之下，香港培正中學亦與時並進，在鄭成業校長及葉賜
添副校長（1973 年級勤社）領導下，大力發展資訊科技教育，創建香港
有數的先進數碼校園。培正由 1982 年開始，已積極發展電腦教育，先後
在中一至中七各級開設電腦科課程。直至 1997 年，中一至中三級學生必
須修讀普通電腦課程，中四、五年級理科學生必須修讀會考電腦科課程，
中六、七年級文理組學生可以修讀高級程度電腦科或高級補充程度電腦
應用課程。值得一提的是林秀棠（1956 年級瑩社）、林秀榮（1956 年級瑩
社）昆仲先後於 1982 及 1989 年，兩次透過林炳炎基金會捐資興建電腦室

【4】教育局：《第四個資訊科技教育策略：發揮 IT 潛能　釋放學習能
量　全方位策略（諮詢文件）》（香港：教育局，2014 年 5 月），前言。

在培正資訊科技校園計劃之下，新建及改建的多媒體語言學習室、電腦輔助化學實驗室。

及建設網絡系統，以支援學校發展電腦科，為培正的資訊科技教育建立良好的基礎。

培正大規模的資訊科技基礎建設開始於 1997 年，正是新成立的香港特區政府大力推動資訊科技教育的年代。1997 年 9 月，培正得到香港電訊互動多媒體服務（Hong Kong Telecom Interactive Media Service，即今電訊盈科媒體有限公司）及教育系統國際有限公司（EduServe International Limited）的贊助，在校內設立內聯網教學中心。同年 10 月，培正又獲得教育署及藝術發展局資助，參與「在中學美術與設計科應用電子科技教學試驗計劃」，在美術室加裝電腦設備，發展電腦美術設計課程。各種平面設計、電腦美術設計所帶出的嶄新視覺效果給予學生新的創作空間。

1998 年初，培正獲教育署甄選成為全港十間資訊科技教育先導學校之一，並獲撥款 600 萬元以購買相關設備。同年 7 月，又獲優質教育基金（Quality Education Fund）撥款 1,000 萬元發展「*P. C. SPIRIT*：培正中學強化資訊科技特別計劃」，以建設培正資訊科技校園。1998 年 12 月，培正資訊科技校園正式成立。這是在校園內引入資訊科技及資訊高速公路，全面建設現代化的教學環境。計劃由三部分組成：第一部分為教學資源系統，第

英語閣

二部分為師生家長上網系統，第三部分為學生表現管理系統，讓資訊科技的認知成為學生的基本素質，讓資訊科技成為提高教學質素的重要工具，把學校發展成為學生主動學習、充滿創意的愉快學習場所。

在學校積極推動下，香港培正中學的資訊科技設備及普及化程度，可以說是全港中學的表表者，更成了培正在新世紀一項重要的學校特色。除了在歷年公開考試的電腦科均取得優異成績外，學生在全港電腦公開比賽，包括香港電腦奧林匹克競賽、全港電腦輔助學習單元設計比賽、微型電腦創意比賽、電腦程式創作比賽等，均奪得多項大獎，成功塑造 21 世紀的數碼校園。（有關培正的資訊科技教育發展，可詳參本書第六章的專題：〈學與教範式轉移──資訊科技教育在培正〉。）

踏入 20 世紀最後的四分之一，香港社會情勢急速變化，包括：政治爭議不斷、民眾對回歸的期待與恐懼、移民潮爆發、經濟發展蓬勃，貧富懸殊加劇；教育方面亦興革繁多，新猷不斷，加上持份者問責風氣高漲，學校透明度要求日益增加，令教育界疲於奔命。面對客觀環境的丕變，培正校方亦須推陳出新，本基督教全人教育精神，以切合時宜的方式，栽培學生成長。

智育

多元化教學策略

為應對因普及教育而帶來的學生學習差異問題，學校自八九十年代以來，開始發展多元化教學策略，以達到整體成績提升的目的。

1985 年，培正得到弘社（1950 年級）校友的資助，成立首間教學資源中心。在何澤乾校長銳意發展下，1986 年初，學校更添置一批器材，使教學資源中心更見充實。傳統教育由於只著重成績結果，而忽略了學生不同的學習節奏。其次因為科目繁多，加上溫習環境不如理想，也成為磨損學生鬥志的原因。教學資源中心的設立，一方面協助教師準備教材，提供最新教學科技儀器（如菲林投影機、實物投影機、背面投影聲畫同步幻燈機等），增加學生的學習興趣。另一方面，製作輔助學生溫習的材料（如默寫材料聲帶、集體聆聽器等），透過多元化方法以啟導，平衡學生水平的參差。

同年，學校成立學業輔導小組，負責各級學生學習問題的輔導工作，以培養學生良好的學習動機、方法、習慣及責任感

培正推展多元化教學，提供海外考察機會，圖為學生在蒙古與當地兒童合影。

為宗旨，協助他們訂立學習目標，提高學生的學習興趣，並注意他們成績低落的原因及事後補救。小組的設立，一方面是為應對日益嚴重的學習差異問題，同時又可強化校園學習風氣，全面提升學校的學術水平。

至 90 年代，學校又引入整全的拔尖補底策略。首先，學校設立加速班（Accelerated Class）制度，讓有能力的學生可以接受強度更大的訓練，加速學習進度。根據葉賜添副校長的分析，培正在 1993 年出現了香港中文中學第一位十優「狀元」，與此不無關係。其次，學校定期開設精英培訓課程、資優學生培訓課程等，讓有潛質的學生可以得到適當的指導。90 年代培正連續多年取得香港電腦奧林匹克競賽總冠軍、全港電腦輔助學習單元設計比賽總冠軍、全港化學奧林匹克總冠軍等，足見成效。學校又在中英文兩科分別設立輔導班，以輔助語文水平較差的學生。當中以英文科投放的資源較多：中一至中五級採「二開三」制，將兩班學生分成三組上課，即每兩班額外增加一位老師，達到深化個別照顧的效益，為英語水平較差的學生作出特別輔導。

踏入 21 世紀，培正的教學策略亦與時並進。在 2001 學年，學校於中一級引入全方位學習活動（Life-wide Learning Activity），在 2002 年 5 月的一個週末，安排 200 多位中一學生分兩批到中、上環區進行考察活動。學習內容包括商業中心區土地利用特色研究、中西區文物及古舊建築特色，更要求學生到荷李活道文武廟及摩羅街等處訪問遊客。透過這項活動，學生可實地考察及運用歷史、地理的知識，加強英文及普通話的口語訓練，達致現代教育中全方位學習經歷的目標。

為了配合教育當局的課程改革步伐，培正於 2001 年度中一級推行了專題研習學習模式。專題研習的目的是希望學生就自己的興趣和能力去選定研究課題，然後搜集資料，對題目作深入的探索和思考。在研習過程中，著重培育學生的自我導向、自我監控及自我反思的能力，希望為知識型社會培育新一代的社會棟樑。該年度的專題研習，分別以「環境保護」及「逆境自強」為上、下學期主題，藉此貫徹以學生為本，學會學習的 21 世紀教育改革目標。

推展課堂延伸活動

學校又積極推動課堂延伸活動，增加校園研習風氣之餘，亦可強化學生主動學習的動機。

1980 年學校成立地理學會。透過學會的推動，經常舉辦地理考察活動，目的在於補充課本上的不足，同時使學生能做到活學活用，鞏固課堂的理論學習。學會又要求參與的學生撰寫考察報告，反思所學。為表揚學生的實踐和參與，學會定期假圖書館舉行地理考察報告展覽，與學生分享所學。

1981 年 10 月 2 日，培正數學會正式成立，會員 300 人。成立典禮由香港大學數學系高級講師梁鑑添博士（其後成為香港大學數學系系主任，1950

年級弘社）主禮，他以培正中學的數學傳統，勉勵學生，擺脫考試課程的限制，個性發展的窒礙，社會功利思想的影響及志趣選擇的左右，恢復培正「數學少林寺」的雄風。學會成立後積極推動校內外數學活動，提升學生對數學的興趣。

1984 年 3 月 16 日，培正歷史學會正式成立，宗旨是為了提高學生對歷史科的興趣。該會每年舉辦各種與歷史相關的學習活動，包括會徽設計比賽、歷史常識問答比賽、書展、電影播放等，頗受學生歡迎。

學術獎勵計劃

1989 年，1950 年級弘社校友捐資設立「弘社學術獎勵計劃」，選拔成績最優秀的高年級學生數名，前赴美國參觀當地的科技成就，目的在鼓勵學生秉持母校理科學習的優良傳統，於校內外爭取優異成績，並藉參觀活動，促進文化交流，加強學生對科技的興趣，啟發他們對前途與事業有更明確的路向。首屆計劃於 1989 年 7 月 19 日至 8 月 7 日進行，由學生事務主任葉賜添老師率領中六級學生何兆豐（1988 年級曦社）、中五級學生蘇子勤（1989 年級禮社）、蘇安（1989 年級禮社）及中四級學生陳恆豐（1990 年級騰社）前往美國參觀訪問。行程包括西雅圖、波士頓、紐約、華盛頓、奧蘭多及三藩市等城市，主要參觀當地的學術機構、博物館及科技中心等，學生獲益良多。這項獎勵計劃一直持續舉辦至 21 世紀初。

2000 年，培正同學會為紀念對培正「數學少林寺」有過卓越貢獻的黃逸樵老師，特別設立一個數學獎學金，推行數學精英培訓計劃，以獎勵數學科成績優異的學生，並希望他們能帶動培正學習數學的風氣。計劃包括持續舉辦非常規數學課程，著重培養學生思維，使他們懂得欣賞數學，從而掀起學習風氣，提高數學水準。計劃還包括訪問觀摩內地及海外先進學校單位，學習借鑑，以汲取多方面的經驗。又於校內舉辦數學講座，旨在推廣數學。

1992 年，參與「弘社學術獎勵計劃」的同學
前往美國，並獲安排參觀休士頓醫學中心。

培正在積極推動數理學習之餘，對人文學科亦予以重視。1989 年，何壽
南校友（1949 年級堅社）捐贈港幣 100 萬元資助培正成立「文科學術獎
勵計劃」，凡每年中五會考文科成績最佳的三位學生及一位文科老師，
可得到基金撥款資助全程交通食宿，到內地及海外作文化考察之旅，以
增廣見聞，開拓視野，抒展胸懷。在 1999 年，培正文組會考成績最優異
的學生黃月龍、周樹濤及吳肇恩（同為 1999 年級樂社），便於 7 月中，
由歷史科主任李家俊老師帶領到陝西省西安及黃河流域考察，西安為中
國古代名都，深具歷史及文化特色。以後逐年均有舉行相關行程，例如
2001 年的「古都之旅」（西安、鄭州、開封），2002 年的「華東之旅」（杭
州、上海）等。

學業成績

在多方面的努力下，培正的學業成績一直保持穩中有進的態勢。最受關
注的入大學率已如前述（詳參本章〈預科改制〉）。事實上，參與高級程

度會考的學生已經過中學會考的甄選，是學校的精英學生，成績較佳，自不待言。較能反映學校教育效能的反而是香港中學會考，因全體中五級學生均須與考，學生的學習差異較預科為大，因此，中學會考往往較能顯示學校的教育效能。綜觀此時期（1975 至 2003 年）培正的會考成績可說是優秀的。基於學校公佈成績方式的不同，可將上述時期分成兩個階段作綜合整理。首先，從 1975 至 1991 年為第一個階段，學校的五科合格率一直保持在 90% 或以上，【5】而歷年平均合格率為 93.99，成績最高的一屆是 1978 年的 97.29，反映學校的學術基礎非常深厚。至於個人成績方面，甄民安（1985 年級博社）及何兆豐（1988 年級曦社）分別於 1985 及 1988 年取得八優一良佳績。

由 1993 年開始，校方詳細公佈會考各科優良率及合格率，讓我們對培正的會考成績分析有更多的參照。從 1993 至 2003 年的 11 年數據中（缺 2000 年數據），我們可以發現各科歷年平均合格率為 93.69，最高的一屆是 2003 年的 98.63，表示與考學生幾乎是全科合格，反映培正的教育效能維持在很高的水平。至於歷年平均優良率則為 41.97，情況屬理想。個人成績方面，學生表現較上一個階段為佳。成績最佳者首推盧國章（1993 年級學社），他於 1993 年的中學會考取得十優成績，成了香港中文中學第一位「狀元」；而許爾佳（2002 年級亮社）亦在 2002 年取得九優一良（9A1B）的佳績。

德育

在整體德育工作方面，早於 1977 年時，學校已著手加強品德培育工作。其中主要為編訂《德育堂訓話總目》，並分發各班主任在德育堂時依次講授。茲將訓話總目按施教時序詳列於表 5。

綜觀該訓話總目，跨涉多個德育範疇，包括個人品格、個人與群體（家

【5】1988 年除外，當年的五科合格率為 89.14。

庭、學校、人際關係等）、國民身份認同、公民教育、宗教教育等，可說系統與條理兼具，建構了培正品德教育的框架。教學實踐是透過班主任在德育堂向學生施教，並配合校園整體生活編排，如大型活動、假期及考試等，讓老師的訓導可以落實到學生的生活處境，具有生活教育（Life Education）的元素及特色。

表 5：1977 學年上學期德育堂訓話總目

月份	第一週	第二週	第三週	第四週	第五週
9 月	編定座位	水運會	略談培正概況	講述有關中秋節民間習俗	談讀書方法及態度——勤儉、立志、有恆
10 月	談生活規律——守時、安靜	談有關重陽節意義，順及孝友之道。	談人與人之關係，師生之關係——仁愛、禮節、和平	訓勉中期試重視考試規則	/
11 月	談有關培正同學日及孫逸仙博士誕辰	中期試	訓勉愛家庭，愛學校——處世、負責、整潔、愛護公物	校運會檢討	/
12 月	談本校員生為紅十字會捐血——並訓勉服務、助人	宣佈紅十字會來校捐血手續	談聖誕節的意義	聖誕及新年假期	聖誕及新年假期
1 月	檢討各生成績，個別輔導	申述考試規則，訓勉誠實	期考	/	/

從 1984 年開始，學校輔導委員會開始訂立年度德育主題。以該年為例，主題為「愛護培正」，並分列四個副題推行，包括：尊師愛友、努力學習、強健體魄及身心健康。學校又嘗試整合各項生活輔導工作，以組織學校的德育架構。以 1986 年為例，全年常設的項目有每週集會，逢週二至四第一節課，分別為中三、四，中五、六及中一、二年級舉行集會，內容

包括宗教、體育及學術的演講。另每週設初中德育課一節，由班主任負責教授。課題包括：如何與別人溝通、服務精神的發揚、一般禮儀的認識、金錢與簡樸生活、人際關係、電視節目的選擇、自卑與自信、師生之間、夏日衛生、責任、善用餘暇等。

其他的輔導項目分設於每年不同階段推行，如每學年初會舉辦新生輔導暨家長日、家長研討會等，以幫家長協助子女適應校園生活；學年中又舉辦各項專題展覽活動，如電視與我（2月）、紅藍精神（4月）。另不定期舉辦不同輔導活動：如禁毒常識問答比賽（3月）、美化社區齊齊畫（4月）及五餅二魚表愛心（5月）等。

學校在1998年開始，與外間機構合作，發展校內的生命教育，當年合作的機構是浸信會愛群社會服務處。學校透過機構社工的協助，在正規課程（德育課）中引入「心智教育課程」。課程的目標是引導學生認識自我、掌握自我情緒控制、學習處理人際關係和建立正確價值觀。期望學生懂得欣賞自我，接納別人，掌握處理生命中順境逆境的技巧，進而建立正確價值觀，掌握人生方向。同年，學校又與贐明會合辦「生死教育計劃」，以展覽、探訪臨終病人、邀請肝癌病人分享抗癌經驗等活動，讓學生體會生命的脆弱，教導他們欣賞生命的可貴，進而珍惜生命。

在領袖培訓方面，學校於2001年推行培育培正未來領袖的「傑出領袖訓練活動──飛鷹行動」。活動由學校的課外活動委員會主辦，史帶獎學金（Starr Foundation Scholarship）及1974年級社資助，目的是透過一連串訓練與考察活動，讓參加者得以發展潛能及培養領袖才能。第一屆訓練活動於3月9至10日，假大嶼山女青年會散石灣青年營舉行「歷奇訓練營」，旨在提高學生解決困難的能力，並加強他們的合作精神。3月19至25日，學生更遠赴上海交流。至暑假期間，11位參與飛鷹計劃的學生被甄選參加香港基督教青年會舉辦的「傲翔新世代」第一屆青年領袖訓練

計劃，以培養勇於承擔社會責任，具備國際視野，富創意、有毅力、能批判思考的香港新一代領袖。完成訓練後，他們回到學校，繼續推動校內的領袖培訓工作，達致薪火相傳的效果。

在 80 年代中期，培正已開始推動環保教育。1985 年，學校參與漁農處的「學校植林計劃」，獲漁農處在西貢企嶺下海附近的馬鞍山郊野公園撥出一處山崗，由培正學生負責栽植及護理樹木，定名為「培正林」。4 月 4 日，學校員生一行 40 多人，前往「培正林」進行首次植林工作。學生先除草，後植苗，前後工作六小時，共植二葉相思苗數十株。其後，在九七回歸之前，學校參加了由長春社主辦的「京港無邊界植樹行動」。1997 年 4 月 27 日，港方同學在八仙嶺郊野公園植樹，而北京市民則在十三陵風景區植樹。【6】京港同心，同為環保出力。

學校更於 2001 年參加由香港環境保護運動委員會、環境保護署及教育署聯合舉辦的「第二屆香港綠色學校獎」比賽。學校特別成立「綠色學生活動小組」（簡稱「綠色小組」），以推動相關工作，鼓勵學生實踐環保生活。綠色小組的工作計劃為期九個月（3 至 11 月），內容多元化且具創意。首先是推動綠化校園活動：學生為學校樹木添註印有科名及學名的名牌，又在童軍山上種植黃皮、大樹菠蘿、龍眼、人蔘果等果樹，與及開闢蕨園，讓學生有機會了解蕨類植物的生長過程。

小組又與公民教育推廣小組及公益少年團合辦「種出綠色校園」比賽，初中學生分班參加，每班獲分發植物一株，學生定時施肥澆水，為期五週。此外，小組邀請生物科舉辦觀豚活動，帶領學生到香港西北海岸，觀看中華白海豚，反思動物保育問題。小組又嘗試改善校園空氣質素，製作「停車等候關閉引擎」指示牌，置於停車場內，呼籲駕車人士「停車熄匙」。為配合環保議題，經全校老師一致贊成，該年度中一全方位專題研習報告均以環保為主題。中一全級 262 人，分成 60 多個小組，由老

師指導，在學期結束前，完成有關環保的專題報告。經過連月努力，培正師生的付出終於獲得認同。在同年 11 月公佈的「第二屆香港綠色學校獎」，於 165 間參賽中小學當中，培正獲得優異獎。

體育

重視體育一向是培正校園的特色，自廣州培正時期以來，前輩校友曾建立輝煌業績，贏得體育強校的名聲（詳參本書第一章「體育」一節）。至 70 年代，培正仍努力維持體育運動的傳統，除繼續推行原來行之有效的措施外，又落實各項強化體育的政策。首先，體育部為加強參加學界體育協會（即今「香港學界體育聯會」的前身）及其他機構舉辦的各項比賽的實力，由 1975 年上學期開始，學校為所有年齡及高度合乎標準的學生登記，並進行訓練，以安排代表學校出賽。此外，由於學校從 1975 學年開始，將每節授課時間改為 45 分鐘，比原來少五分鐘。為了維持學生每次上體育課的運動量，體育部減少每次同時上課的班數，將原來的四班或五班改為三班，目的是增加學生每次運動的機會與空間，維持適當的體能強度訓練，以應付各項比賽。

除了校方著意強化體育運動，校友亦大力支持，期望協助母校及學弟妹延續先輩的光榮傳統，維持培正體育的強勢。從 1986 年 1 月起，學校聘請前體育主任、培正同學會副會長梁美麟校友（1972 年級賢社）為義務體育顧問，為培正的體育發展出謀劃策。歷屆關心培正體育發展的校友，亦紛紛慷慨解囊，捐資設立獎學金，鼓勵有潛質的學弟妹，投入練習，拚搏比賽，力求佳績。1975 年 6 月，由鄺文熾校友（1933 年級奮社）召集，籌議成立「香港培正同學促進田徑運動委員會」。當日出席籌備會議者有培正同學會顧問鄺文熾、會長周國強（1954 年級匡社）、副會長區紹鑫（1953 年級誠社）、副會長黃文運（1950 年級弘社）及校友梁景平（1927 年級會仁社）五位，列席者有林英豪校長（1939 年級鵬社）、吳華英（1931

【6】「十三陵」是指坐落於北京市昌平區十三陵鎮天壽山下 40 平方公里的盆地，是明代（1368-1644）13 位帝皇（太祖、惠帝、景帝除外）的陵墓所在地，是北京著名的古跡名勝。

陸運會上，健社（1995 年級）啦啦隊表演。

年級競社）及高雁雲（1933 年級奮社）老師。議決籌集港幣 30,000 元，存放銀行收息，以作獎勵之用。辦法是：若參加學校每年舉行的田徑運動會，凡打破任何一項紀錄或平紀錄者，均可獲獎。如學生參加校外體育團體，如香港學界體育協會、香港田徑總會、南華體育會等所舉辦的學界田徑比賽，凡打破任何一項紀錄或平紀錄者，更可獲雙倍獎勵。

在各方努力下，培正在 70 年代中後期的田徑成績，漸見進步。例如，1975 年 12 月，南華體育會舉辦第 29 屆全港學界運動大會，培正獲得男子丙組冠軍及男子甲組亞軍。至 1976 年 3 月，香港學界體育協會主辦第 29 屆全港學界田徑運動會，培正女子組獲全場總冠軍，表現較前進步。加上其他運動項目成績的改善，因此，在 1977 學年，培正獲得「歐米茄玫瑰盃」（Omega Rose Bowl，即今「中銀香港紫荊盃」，香港學界體育的最高獎項）全年成績最佳進步獎。但好景不常，其後培正的體育表現逐年下滑。至 1980 年，學協田徑賽改制，賽會僅按照運動員的年齡而不按身高分組。這項改制對招收海外學生為主的英皇佐治五世學校、港島中學和香港國際學校最為有利，有不少原先因身高而要被迫參與甲組賽事

的外國學生可以參與乙、丙組賽事，加上華洋體格有別，華裔學童難以與外國學生抗衡，[7] 這都令培正的田徑成績雪上加霜。不過，紅藍健兒仍奮力作賽，曾於 1986 年學界體育協會九龍區田徑運動會奪得男、女子團體（第三組）冠軍。至 90 年代，田徑隊表現平穩，男子隊曾分別於 1990 及 1999 年奪得男子團體（第二組）總冠軍，而女子隊則於 2001 年奪得女子團體（第三組）總冠軍。

至於球類及個別體育項目方面，培正健兒亦有出色表現。在七八十年代表現最突出的要算是羽毛球隊。男子甲組曾於 1975 及 1976 年連續兩屆取得亞軍。至 80 年代，羽毛球隊進入黃金時期。1980 年，男子丙組蟬聯冠軍，男團亦獲得亞軍。而女子隊則以乙組隊員出戰甲組賽事，結果掄元而歸，女團獲得團體冠軍。1981 年，男子隊再次擊敗勁旅九龍工業學校，奪回男子甲組冠軍，[8] 女子乙組亦蟬聯后座。值得注意的是當年仍是中四級學生的施羽（1983 年級凱社），由於在學界賽事表現出色，被香港羽毛球總會選拔為香港代表，於 1981 年 8 月，前赴澳洲參加羽毛球錦標賽，勇奪男子單打冠軍。施羽畢業後，繼續代表香港出賽，曾獲得 1985 年世界羽毛球大獎賽亞軍及 1986 年英聯邦運動會羽毛球比賽銀牌。

踏入 90 年代，培正不少體育項目都有優異成績，其中以手球、排球及游泳表現最為突出，形成鼎足三立，棣華競秀的局面。

手球方面，最突出的成績要推 1992 年，當年培正手球隊一口氣取得男甲、男乙及男子團體冠軍，成績冠絕同儕。其後於 1993、1996 年分別取得男團亞軍，而男、女團於 1997 年均取得季軍。至 1999 年，男團終於再次掄元。由於男子手球隊於 1991 年表現出色，隊員溫志乘（1991 年級勇社）被香港手球總會選為當年「男子傑出運動員」；同年代表香港參加國際手

【7】事實上，自 1975 年開始直至 2003 年的 28 年中，英皇佐治五世學校、港島中學和香港國際學校囊括了所有「歐米茄玫瑰盃」男女校組的冠、亞軍，就算從 1994 學年開始增設季軍獎，但仍是由上述三所學校壟斷，其他學校無法染指。

【8】在 1977 至 1981 年的五屆賽事中，九龍工業學校曾奪得三屆冠軍、兩屆亞軍，而培正則獲得兩屆冠軍及三屆亞軍。兩隊鬥得難分難解，成為學界體壇的一時佳話。

培正排球隊在學界比賽屢獲殊榮

球邀請賽，表現出色，被賽會選為「最佳手球運動員」。

排球方面，培正排球隊先於 1992 年獲得男子團體亞軍，初露頭角。翌年，培正獲男子甲、乙、丙組亞軍，並奪得團體冠軍。在全港學界精英排球賽中，分別戰勝香港區及新界區冠軍，奪得全港學界排球冠軍。至1995 年，再憑男、女子隊穩定的發揮，奪得當年的團體冠軍。至 2000 年，男子排球隊於強手林立的全港學界精英排球賽中，力爭上游，奪得桂冠。至 2002 年，女團亦發揮超卓，先後獲得女乙、女丙及女團冠軍。培正排球隊的代表人物首推鄭偉豪（2001 年級慧社）。他憑出色的球技，於 2000 年入選香港學界青年代表隊，為香港奪得埠際賽冠軍，隨後更入選香港排球代表隊。2003 年，鄭偉豪在第一屆學界沙灘排球賽中，以超卓技術及堅毅鬥志，帶領培正排球隊，歷史性首度奪標。憑著在排球方面的出色表現，鄭偉豪亦於當年榮膺「中銀香港紫荊盃」最佳排球運動員。

游泳方面，培正泳隊先於 1991 年獲得男甲冠軍及男乙亞軍，更獲得團體季軍。女隊方面，亦獲得乙、丙兩組團體冠軍。1992 年獲得男子團體（第

三組）冠軍及女子團體（第三組）亞軍。翌年，女乙、女丙先後掄元，女團亦順利摘得桂冠。1997 年，女隊繼 1993 年之後，再次於女乙、女丙及女團（第三組）奪魁。至於男隊則先後於 1995 及 1999 年奪得男團（第二組）冠軍。

最能表現培正整體體育實力的是「歐米茄玫瑰盃」挑戰賽全港學校排名。【9】踏入八九十年代，培正在學界的排名可謂榮辱互見。隨著個別項目成績的起跌，培正在「歐米茄玫瑰盃」挑戰賽全港學校排名亦出現明顯升降。從表 6 中可見培正自從 80 年代開始，學界成績逐漸下滑，最低跌至 1987 年排名 54，然後才拾級回升，至 1992 年，位處學界排名第七，14 年來首次躋身全港十強，亦令培正繼 1977 年以來，再次獲得「歐米茄玫瑰盃」年度最佳進步獎。至 2003 年，培正的排名升至第五，是歷來第二高的排名，【10】較排名最低時上升了 49 位。培正師生在 16 年間所付出的努力，實在值得肯定。

在個人獎項方面，成就最高的是 1994 學年中六級莫永光（1993 年級學社）獲得香港學界體育協會所頒發的「歐米茄玫瑰盃」最佳男運動員獎（男女校組），成為香港學界的精英運動員，被戲稱為「武狀元」。此獎項乃頒予該學年內表現出眾及對校內體育貢獻良多的運動員。莫永光是培正排球隊、手球隊、田徑隊及游泳隊的隊員，熱衷體育，技術出眾。1994 年度，他在學界比賽中奪得多個獎項，包括學界排球（第一組）冠軍、手球冠軍、鉛球亞軍及標槍殿軍，是一位全面的運動員。除技術出眾外，莫永光亦樂於教導學弟，他曾任男子丙組排球隊助教，協助老師培訓新秀，成為培正運動員的榜樣。因此，他的獲獎是實至名歸的。連同 1993 年獲得會考十優的「狀元」盧國章，培正在連續兩個學年產出了「文武狀元」。

【9】「歐米茄玫瑰盃」始於 1965 年，每年頒授給該年度於各體育比賽項目中表現最全面及優秀的學校。從 2002 學年開始，更名為「中銀香港紫荊盃」（BOCHK Bauhinia Bowl Award），是量度學校整體體育實力的指標。
【10】培正曾於 1967 年度奪得「歐米茄玫瑰盃」男女校組的亞軍。這是培正歷來在「歐米茄玫瑰盃」的最高排名。

表 6：香港學界體育協會歐米茄玫瑰盃男女校組培正中學排名統計表（1979-1994）

年份	培正排名
1979	15
1980	12
1981	17
1982	27
1983	22
1984	37
1985	31
1986	48
1987	54
1988	39
1989	34
1990	25
1991	13
1992	7
1993	12
1994	11

最後值得一提的是培正同學會於 1977 年成立了「香港培正體育會」，以支持母校體育運動的發展。該會於 1998 年 5 月首次舉辦「紅藍傑出運動員選舉」，旨在獎勵每年代表培正參與各項體育活動而獲得優異成績的學生，其中包括最佳男女子運動員、每支運動隊伍的最佳運動員、最佳傑出運動隊伍和最佳進步運動隊伍。首屆頒獎禮由前香港足球隊教練郭家明先生（M. B. E.）主禮。獲得最佳男、女子運動員的分別是李卓豪（手球，1997 年級啟社）和陳詠彤（游泳，2001 年級慧社）；至於最佳運動隊伍是男子排球隊（丙組），而最進步運動隊伍則是男子田徑隊（丙組）。這項獎勵活動一直維持至今，對推動培正的體育風氣，貢獻甚大。

莫永光（左）獲得香港學界體育協會所頒發的「歐米茄玫瑰盃」最佳男運動員獎（男女校組），被戲稱為「武狀元」。

群育

在關心社會方面，七八十年代的培正仍沿用傳統模式——在校內推行關心社會的學習課題、籌辦義務工作，與及捐獻善款，濟貧助學。踏入 80 年代後期，隨著香港代議政制的發展，市民參與公眾事務的機會日多，公民教育日見重要，培正便於 1988 年成立「公民教育委員會」，專責推動校內公民教育活動。至 1997 年，香港回歸，中港關係日益密切，培正亦積極開拓學生的視野，舉辦多項內地交流活動，讓學生認識祖國，關懷國是。

在 70 年代中後期，培正在捐助貧苦方面，仍貫徹 60 年代以來的做法，即以《星島日報》的「濟貧運動」和《華僑日報》的「救童助學運動」為捐獻目標。每年捐獻金額約為 3,000 至 4,000 元不等，最高金額是 1979 年的 6,000 元。一般而言，學校會將善款平分，分送上述兩個運動，讓有需要的人得到幫助。

不過，在同一時期，培正的主要捐獻對象已逐漸轉移至公益金。從 1975 年開始，林英豪校長積極鼓勵師生透過公益金百萬行籌募善款，濟助貧困，每年都會吸引數百名師生、家長參與，善款金額約為 30,000 至 50,000 元不等，最高金額是 1977 年的 70,164 元。由於學校積極參與公益金百萬行活動，因此，在 1980 年，獲香港公益金特別頒發「公益金百萬行十週年慶典榮譽獎狀」，藉以表揚培正員生熱心公益的精神。培正參與公益金百萬行的人數及善款金額詳見表 7。

表 7：培正員生參與公益金百萬行的人數及善款金額（1975-1985）

年份	參與人數（約）	善款金額（元）
1975	300	23,285
1976	600	25,420
1977	800	70,164
1978	500	50,000
1979	350	36,187
1980	300	41,044
1981	300	38,000
1982	200	55,500
1983	300	50,000
1984	380	53,910
1985	200	42,900
平均	385	44,219

至於服務實踐方面，70 年代後期，學校推動的活動規模較小。例如，團契曾於 1977 年組織了一個「友愛助學」的行動，由高中學生協助初中同學解決功課難題，藉以強化同學互相關懷的情誼。又例如，於 1978 年，學校舉辦捐募衣物濟助貧寒活動，在校內收集舊衣物，送交救世軍代為轉贈有需要的人。至於 80 年代中後期，則出現較具規模的社會服務活動。1985 年 11 月 9 日，學校與香港崇德社（Zonta Club of Hong Kong）合作，在校內成立少年崇德社，以服務社群為宗旨，社員 40 人，只招收女生。活動包括探訪孤兒院、兒童院、老人院等機構。

培正有系統的公民教育開展於 1988 年。根據學校的報告，這與當時的政治局勢及香港回歸有密切關係：

> 隨著本港近年來代議政制的發展，市民參與公眾事務的機會日多，公民教育日見重要，政府在各方面均大力推行。加上 1997 年後，香港主權回歸中國，屆時本港將成為中國政府轄下的特別行政區，實行港人治港，需要市民的參與更大。故此，在學校中，對年青一代推行公民教育的意義更見重大。為造就現階段青年學子成為良好公民，日後為社會之主人翁，港人治港的主力，本校由 1988 年度開始，設立公民教育主任一職，委派譚秉源老師擔任，並組織公民教育委員會，負責於校內推行公民教育，以加強同學的公民意識，促進同學對社會及國家的關注。

學校表明隨著香港代議政制的發展與及九七回歸，有需要裝備學生的社會歸屬感，並成為良好公民，以承擔港人治港的重任。為此，學校設立了公民教育委員會，由公民教育主任領導，統籌校內公民教育。委員會透過下列三個途徑開展公民教育之工作：

1. 正規課程：

在初中德育課上，加入公民教育課程，內容由學生個人的品德修養開始，推而及於個人對家庭、學校、社區、香港及內地的認識與關注，並鼓勵各科透過本科課程，進行公民教育。

2. 非正規課程：

安排集會，讓學生從中汲取作為良好公民應有的意識及行為規範。而於學年中又安排各項展覽、比賽、講座等活動，同時鼓勵校內社團舉辦與公民教育有關的課外活動，以培養學生的辦事能力及領導才能。

3. 隱蔽課程：

幫助學校維持良好校風，以薰陶學生，逐漸養成良善的品格（至善）及待人處事的態度（至正）。

在委員會主導下，1989 年 1 月，各級一連三週參與公民教育課程，以「保護環境」為主題，除正規課程外，還有連串形式多樣化的鞏固學習活動，包括：展覽、資料選讀、討論、繪畫、標語設計及壁報設計比賽等。此外，為鼓勵學生服務社會，建立公民意識，公民教育委員會成立「培正社會服務團」，以關注社會，服務社群為宗旨，特訂下以老人、兒童及傷殘人士為服務對象。為加深團員對社會服務的認識，自該團成立後，即加入聯校義工協會（Joint School Volunteers' Association），並與校外社團合作，加強服務經驗及效果。

2000 年以後，培正的公民教育逐步發展出明晰的內容框架。以 2000 學年為例，當年的公民教育活動框架包括四大部分：主題活動（「我愛培正」）、關心社會、民族教育和環保活動。至 2002 年，公民教育除主題活動（「學會學習，提升自我」）外，還包括八大範疇：情緒教育、心智教育、性科育、社會服務、環保教育、民族教育、健康教育和價值教育，構成一個涵蓋全面、結構完整的教育系統。

最後值得一提的是香港培正中學於 1991 年 2 月 7 日，成立了第一屆學生會幹事會。學生會經全體同學投票產生，是全校學生組織的代表。他們不單辦理同學福利及活動的工作，更派代表出席校方相關委員會，反映意見，參與校政。培正學生會的成立，體現了校園民主化，亦可加強校政透明度，是公民教育在校內的重要實踐。而首任會長林慧嫻（1992 年級義社）後來亦回校任教，並出任學校的公民教育主任，回饋母校，可說是培正公民教育的碩果。此外，紅藍劇社在同年 11 月，因應校內的民主氣氛，創作《望》一劇，參加由基督教女青年會主辦，公民教育委員

香港培正中學學生會首任會長林慧嫻（右）後來回到母校任教，並任公民教育
主任。

會贊助的「透視民主路」全港青少年創作劇大賽，獲得「最佳劇本獎」
及「全場冠軍」。評判的評語指出：

> 在眾多講民主意識的劇本中，這個從學生眼中及立場去看的最有
> 生活感、自然流暢，是學生的佳作。

這個劇作反映學生對校內公眾事務及民主態度的看法，是在 80 年代末，
培正校園民主化過程的具體寫照。

美育

一直以來培正通過朗誦、音樂、戲劇等群體活動，以實踐美育工作，其
中包括品德和態度的培養、技能的訓練及創作力的啟發等。通過參與這
些美育活動，學生可以學習與人溝通和合作，亦可以從中得到豐富的生
活體驗。

1984 年，培正進行學校行政改組，設立不同的委員會及工作小組，涵蓋全校的教育工作，其中課外活動方面由「學生活動統籌小組」負責。一年後，小組改稱為「課外活動委員會」，由陳德恆老師出任課外活動主任，統理全校的課外活動。1989 年，全校課外活動分成宗教、服務、興趣、藝術、體育和學術六大範疇，涵括 50 多個學會、小組或隊伍。而美育工作主要通過藝術範疇的美術學會、紅藍劇社、合唱團、木笛隊、銀樂隊、中文朗誦、中樂班等七個組織來實踐。其中，銀樂隊、木笛隊、中文朗誦及紅藍劇社在這時期有較出色的表現。

最先取得優異成績的是中文朗誦。1974 學年，培正參與第 26 屆香港學校朗誦節，摘下初級組男女子詩詞及散文獨誦，與及高級組男女子散文、男子詩詞獨誦及國語散文獨誦等八項獨誦冠軍，連同高級組男女子集誦獲得兩項冠軍，培正在當屆賽事總共獲得十項冠軍。此後數年成績大概保持。至 1978 年，培正參加第 30 屆香港學校朗誦節，再次獲得十項冠軍，連同六項亞軍及五項季軍，培正在當屆賽事合共獲得 21 個三甲獎項。其中在女子高級組散文獨誦及男子高級組詩詞獨誦兩項賽事，培正更是囊括冠、亞、季三甲的全數獎項，創下了這段時期培正朗誦最輝煌的成績。在其後的 20 年中，培正的中文朗誦仍保持平穩水平。若以 1979 年第 31 屆與及 2000 年第 52 屆賽事相比，兩者成績大致相若。詳見表 8。

表 8：1979 與 2000 年培正中文朗誦成績對照表

	1979 年（第 31 屆）	2000 年（第 52 屆）
參與人數	約 50	65
語言	粵語、普通話	粵語、普通話
參賽項目	9	10
獲獎數量	13（四冠、五亞、四季）	12（二冠、三亞、五季、二優異）

正如上一章所述，銀樂隊可說是 60 年代培正最強勢的課外活動之一，在學界賽事及公開表演方面，名聲鵲起，贏取讚譽。然而，銀樂隊雖在

1988 年，銀樂隊於校園內舉行的「慶祝聖誕露天音樂會」上表演。

1976 及 1979 年奪得樂隊史上第十及第 11 次冠軍，重奪失落已久的「警察樂隊盾」，但難以掩飾的是，享負盛名的培正銀樂隊水平漸走下坡。1979 年培正慶祝 90 週年校慶後，更發生高年級隊員集體退隊事件，令樂隊出現後繼無人的危機。加上在 1981 年，帶領銀樂隊奪得七次冠軍及兩次亞軍的樂隊導師潘裔光先生（1966 年級皓社）辭職，由畢業於浸會書院音樂系的林永權先生執教，但留下來的隊員只屬初學的初中生，銀樂隊一向由高年級訓練低年級的師徒制傳統亦隨之流逝。

1984 年，培正聘請韓銑光先生為銀樂隊指揮。韓先生早歲畢業於上海音樂學院。其後擔任上海交響樂團及中央交響樂團第一圓號手。1957 至 1960 年間，獲第六屆世界青年聯歡節圓號比賽三等獎及瑞士日內瓦第 16 屆國際音樂節圓號比賽銀獎。回國後，任上海音樂學院副教授，被譽為「最受尊敬的圓號教育家」。在韓老師的帶領下，培正銀樂隊東山復起，在 95 週年校慶晚會上重登舞台，重新受到注視。可惜於 1988 年，銀樂隊因內部紀律問題，練習出席率極低，銀樂隊再次走向沉寂。

踏入 90 年代，在充足的資源下，銀樂隊由三位導師負責，水平有所提高，並在 1995 年參加音樂事務統籌處舉辦全港管樂匯演比賽，在 20 隊參賽隊伍中獲得銀獎。2000 年，銀樂隊再創新猷，聯合弦樂團參加校際音樂節的管弦樂團比賽，雖未能獲得獎項，但在樂隊發展史上已樹立了另一個里程碑。

在銀樂隊光環褪色之際，木笛隊卻異軍突起。1986 年，培正為提高學生對管樂吹奏的興趣，於是成立木笛隊。木笛隊主要分為五部，包括高音笛兩部、中音笛一部、低音笛一部及重低音笛一部。1989 年，木笛隊參加第 41 屆校際音樂節，一鳴驚人，獲得木笛組冠軍。其後於 1991 及 1993 兩年，培正木笛隊隊員先後獲得中音笛及高音笛獨奏冠軍。至 1999 年，木笛隊隊員更獲得小組及二重奏的冠軍，反映他們的木笛吹奏技巧及合作默契日趨成熟。踏入 21 世紀，木笛吹奏仍是培正在香港校際音樂節的主力得分項目。例如，在 2002 年第 54 屆校際音樂節之中，培正共獲得五項樂器演奏冠軍，全部來自木笛隊的獨奏、二重奏及合奏項目，可見木笛隊成了當時培正音樂的中流砥柱。

最後不得不提培正的戲劇發展。紅藍劇運的重寄在紅藍劇社，該社創辦於 1950 年，建社十年，力作紛陳，令當時校內劇運興盛，造就出像戲劇大師鍾景輝這樣的傑出人才，這是紅藍劇社的黃金時期。至 60 年代，紅藍劇社進入沉寂時期。1968 年 3 月 5 日，紅藍劇社參與第 20 屆校際音樂節中文現代劇比賽，屈居亞軍後，劇社停止運作，至 1972 學年，才告復社。復社後的紅藍劇社以整固內部、培育新秀，與及提升學生對戲劇的興趣和演出水平為主要取向，因此，劇社分別於 1976 至 1979 數年之間，舉辦了幾次級際話劇比賽及社員戲劇比賽。

踏入 80 年代，紅藍劇社開始參加一些公開比賽，並獲得獎項。1981 年 7 月，劇社參加第四屆校際戲劇節比賽，獲得最佳合作獎。同年 10 月，劇社參

90 年代開始，紅藍劇社在「香港學校戲劇節」屢屢獲獎。

加由香港女青年商會舉辦的名為「染」的公開話劇比賽，並以《鞋的故事》作為參賽劇目，獲得亞軍。

80 至 90 年代初期，紅藍劇社全力投入參與由市政局舉辦的「戲劇匯演」。【11】是項比賽為當時香港最大規模的戲劇比賽，受到戲劇界及學界的重視。大會設有最佳演出、優異整體演出、優異舞台設計、優異導演、優異演員、優異劇本創作等六個獎項。培正在大多數屆別均獲得至少兩項大獎，成績最好的一屆是 1991 年。當年紅藍劇社憑《臺》一劇，獲得「戲劇匯演 1991」四項大獎，包括優異整體演出獎、優異導演獎（霍熹，1991 年級勇社）、優異演員獎（陳振宜，1994 年級頌社）及優異編劇獎（何力高，1991 年級勇社；何芷美，1990 年級騰社），最終紅藍劇社獲團體總亞軍。

踏入 90 年代，紅藍劇社曾多次參與由教育署主辦的「香港學校戲劇節」，並獲得多個獎項。最特別的是從 1997 年起，紅藍劇社除了粵語組，還參加普通話組及英語組戲劇比賽。首次參賽的普通話組劇作獲整體演出優異獎及優異男演員獎（何其銘，1998 年級鷹社）；英語組的劇作則獲得整

【11】市政局（Urban Council），成立於 1936 年，前身是潔淨局（Sanitary Board），職責是管理香港的食物環境衛生及康樂文化事務。1999 年，時任特首董建華解散市政局，由新成立的環境食物局及民政事務局取代。

體演出優異獎、優異創作劇本獎及優異女演員（徐旭華，1997年級啟社）。至於成績最佳的是1998年，當年紅藍劇社兵分三路，合共獲得十個獎項：

- 普通話組：優異創作劇本獎、優異男演員獎、整體優異演出獎
- 英語組：優異舞台效果獎、優異導演獎、整體優異演出獎
- 粵語組：優異創作劇本獎、優異導演獎、優異女演員獎、特別推薦嘉許獎狀

個人獎項方面，90年代初期陳振宜在「戲劇匯演1991」及「香港學校戲劇節1993」中學組粵語話劇比賽，兩度獲頒優異演員獎；至90年代末，何其銘則於「香港學校戲劇節1997」及「香港學校戲劇節1998」中學組普通話話劇比賽，連續兩年獲優異演員獎，成績可謂一時瑜亮。在女演員方面，陳紫恩（2004年級雄社）先後在「香港學校戲劇節2000」及「香港學校戲劇節2001」，兩度獲得優異演員獎。在2001年度的比賽中，她同時獲得優異導演獎。但若要數成就最高者，則非何力高莫屬。他曾於「戲劇匯演1988」、「戲劇匯演1989」及「戲劇匯演1990」，三度獲頒優異演員獎。此外，他又嘗退居幕後，於「戲劇匯演1991」獲優異編劇獎。以一人之力，身兼四獎，可說是紅藍劇社的驕子。

除紅藍劇社外，學校亦透過音樂劇帶動戲劇活動。培正第一套百老匯式音樂劇是《超時空真愛》，它是學校110週年校慶紀念的壓軸節目，公演日期為1999年12月29至30日，假香港大會堂劇院舉行。導演及劇本創作由昔日紅藍劇社健將、大學畢業以後回到母校服務的何力高老師擔任；舞台監督是音樂科葉曉雲老師。劇本內容強調愛心可以改變一切，故事情節雖然簡單，但寄意深邃，感人以深。是次演出台前幕後動員超過百人，老師十餘人。校友亦熱切參與，例如，曾於「戲劇匯演1982」榮獲優異舞台設計、畢業後成為著名舞台設計師的陳興泰校友（1980年級穎社），出錢出力，負責佈景；又有校友越洋在美國為歌曲填詞。全校精誠

團結，令演出空前成功。最後一場謝幕時，台上台下幾百人都被感染得熱淚盈眶，場面溫馨感人。

2003 年 1 月，培正繼《超時空真愛》之後，再次製作大型音樂劇《疾風高飛》。據學校估計，是次演出為培正創校以來最大型的舞台作品，近百位師生合力製作，規模之大在當時學界來說亦屬罕見。劇作在葵青劇院上演，學生們在舞台上又唱又跳兩個多小時，精湛而落力的演出，令接近 3,000 位現場觀眾擊節讚賞，更有人因劇中的情節及動聽的百老匯式音樂而感動落淚。學校又嘗試將教育元素滲入戲劇之中，讓學生挑戰自我，展示才華，故此大部分幕後工作都由學生親力親為，如自行製作道具和服裝，負責化妝、宣傳和票務等，讓戲劇教育的意義得以彰顯。

靈育

培正以基督精神立校，一向視基督教信仰為學校教育的核心價值，因此，學校在不同年代，都致力推動校園宗教活動，啟導學生認識基督，培育他們勇於實踐信仰，令靈育成為培正教育重要的一環。這時期的培正靈育是從傳統走向現代的過渡時期，學校不再將佈道及培靈工作的著力點單放在著名屬靈牧長的講道及教誨之上，而更著重校園福音工作的系統整理、多元化及創新、師生的投入，並加強與外間機構合作等，以推動整全的福音運動。

香港培正中學的靈育工作一向由成立於 1952 年的宗教事業委員會負責。至 1981 年 9 月，學校將宗教事業委員會更名為宗教事工委員會（簡稱「宗教部」），以明確職責範圍，主席由宗教主任葉遠傳牧師（前觀塘國語浸信會堂主任）擔任，顧問則由張彬彬校監及林英豪校長出任。至 1985 年，宗教事工委員會改稱「基督教事工部」，用以突出基督教的特色，主席一職由謝伯開副校長擔任。【12】這時期的基督教事工是由團契導師組成的委

【12】謝副校長原為聖保羅男女中學生物科主任，由於林英豪校長榮休，
何澤乾副校長繼任校長之職，因此聘請謝伯開任副校長。

員會策劃，並由總團負責推動。具體工作方向分為五方面，包括：佈道、栽培、造就、團契和見證。除早禱及集會外，還包括：團契聚會、福音週、詩歌分享、節期崇拜、退修和夏令會等。從學校層面而言，組織早禱、宗教集會、福音週等與信仰有關的全校活動，一方面給予基督徒同學機會，參與表達、學習信仰，另一方面也給予非基督徒同學機會去認識基督教的信仰。

在早禱方面，70 年代時，學校每天均於課前安排早禱時段，由師生分別主領。早禱會中有福音或人生哲理的短講，內容包括基督生平、聖經簡明要義、信徒禱告的經歷、基督教領袖觀、詩歌介紹等。至 80 年代，早禱通過播音系統進行，內容主要由學生團契團友主持，也邀請基督徒老師分享。內容包括聖詩頌讚、默想信息、靈修小品及見證、祈禱等，讓學生於忙碌的學習生活中，有一段安靜禱告及靜思反省的時間。

此外，每天上課前的 30 分鐘，團契亦舉行晨更會，讓團友在清晨時段安靜祈禱，紀念個人需要與及學校和團契的事工。從 1986 年開始，宗教館禮堂每天早上均成為安靜靈修的地方，在悠揚的音樂裏，老師及學生研讀聖經，彼此代禱，以增進靈程。至 2000 年以後，晨更會改名為清晨靈修，時間為早上 7 時 30 分至 8 時，仍在宗教館舉行。參加者由最初幾人增至 20 多人，最高出席人數為 40 多人。每個上課天，基督徒師生一起藉著聖經話語親近上主，感受主愛和恩典；又可互相代禱，以建立主內情誼。

宗教集會是每週的常規聚會，80 年代時，分初（中一、二）、中（中三、四）及高（中五、六）三部，每部每週一至兩次集會，內容兼重宗教與學術。宗教集會包括傳道人證道、專業人士見證、校友及師生見證、電影欣賞、福音機構介紹等；學術集會則包括詩歌、祈禱、崇拜、佈道等宗教程序。至 90 年代，學生集會改為每週兩次，一為高部，一為初部。內容主要包含四方面：第一，介紹：計有介紹學生團契、培正禮拜堂及一些基督教

在 1986 年的福音週，培正學生以音樂表演宣揚主道。

服務青少年或世界貧窮國家的團體；第二，見證：包括醫生、釋囚、演藝界人士、校友及師生的見證；第三，講道及講座：邀請牧者、傳道及基督徒知名人士宣講有關福音、信仰、現代青少年心態等講座；第四，比賽：如初中級的講聖經故事比賽等。

在佈道活動方面，70 年代以來，學校每年均舉行大型佈道會，邀請著名的屬靈牧長蒞校演講，宣播主道。例如，突破機構總監蔡元雲醫生、九龍城浸信會張天存牧師、宣道會希伯崙堂李非吾牧師、靈實醫院院長林崇智醫生等。自 80 年代開始，學校於每年下學期舉辦福音週，成為校園每年佈道工作的重點。八九十年代的福音週均設有主題（如 1984 年的「豐盛的生命」，1990 年的「蛻變‧激流‧人生」等），貫串各個佈道活動，如大型佈道會、電影欣賞、民歌見證會、戶外音樂會等，每年均錄得逾百學生決志信主。

至 1997 年，福音週採取更多元開放、深入接觸及更富時代感的活動編排，以吸引學生參與。當年的福音週以「L 檔案」為主題，其中「L」代表

「跳出我天地」——同學載歌載舞，以詩歌及舞蹈傳揚福音。

Life（生命）。福音週於 1 月 13 至 17 日舉行，期間學校舉辦多元化活動，其中不少活動被冠以富時代感的名稱，例如：豐盛生命標語創作比賽、傳奇生命壁報比賽、午間福音戰士佈道、勁爆生命午間點唱、「生命因你傳奇」佈道會等。其中福音戰士是個人佈道活動，30 多位願意承擔校園福音使命的學生，經過佈道訓練後，於午間時段向未信主的同學傳講福音。以下是中四信班區可茵（1998 年級鷹社）的分享：

> 我真的要為這個活動獻上感恩，因為以往我對個人傳福音的事感
> 到很膽怯，又不知面對陌生人時究竟從何說起。現在，這活動能
> 幫助我踏出勇敢的第一步，加上兩天的訓練，使我更有信心為主
> 作見證……我認為是次活動能使培正的基督徒同學重新肩負起主
> 給我們的使命。

2000 年以後，福音週繼續以輕鬆及多元化的方式進行，引領學生認識耶穌基督。新增活動項目有信仰龍門陣（信仰與科學的辯論，2000 年）、清晨獻詩（由各級團契及詩班組成，清晨在學校門口獻唱基督教詩歌，2001

年）、跳出我天地（由基督徒詩班帶領學生以聖詩配合舞蹈演繹基督教詩歌，2001 年）、福音劇（由紅藍劇社排演，2002 年）及福音魔術（2002 年）等。每年決志人數仍保持於逾百人。

除通過校內組織積極推動外，培正又嘗試與外間機構合作推動校園福音工作。1975 年，學園傳道會（Campus Crusade for Christ）香港分會與培正合作在校園推動福音工作。經過學園傳道會總幹事黃鐸牧師（1955 年級忠社）、副總幹事柳鎮平先生（1956 年級堅社，培正前任宗教主任）與林英豪校長商議來校進行課餘佈道工作。從 5 月 20 日開始，一連五週，在校園內掀起了學園傳道的熱潮。每次約有十多位基督徒在校園不同角落，向學生展開宗教調查及傳福音。在所接觸的同學中，有 320 多位曾聽福音，其中 126 位決定接受基督作救主。是次在培正的佈道工作，除了傳福音，還有栽培造就。先是個人造就，再而參加「啟發學習」小組，從聖經中認識耶穌基督。6 月 12 日，學園傳道會在宗教館舉行「學生生活」聚會，邀請學生參加，由學校團契負責接待，同心合意傳揚福音。是次活動約有百多位學生得知基督徒豐盛生命真諦，其中十多位在禱告中表示願意接受耶穌作生命之主。

為更有效推動福音事工，香港培正中學於 1986 年 10 月與九龍城浸信會合作，在宗教館開設「培正中學禮拜堂」，服務對象以本校中小學學生、教師、家長及校友為主。開堂之初，由香港浸信會聯會中等教育部、九龍城浸信會和禮拜堂會友各派出三名代表，組成堂務委員會，主席為林思顯校監（1940 年級毓社，林子豐校長哲嗣），以統籌各項聖工。而九龍城浸信會的張慕皚牧師及張傳華牧師則出任顧問牧師。禮拜堂的會眾多來自培正的校友及學生，這群年青力壯、朝氣勃發的年輕人，均熱心投入事奉。在財政方面，堂會成立不到五年，便能自給自足，並於 1996 年 12 月 1 日，自立為「培正道浸信會」。其後，教會積極與學校共同發展學生福音工作，於 2000 年成立週六青少年崇拜，以活潑動感的音樂敬拜為主，

吸引學生參與。由起初為數不多的 40 人增至近百人的崇拜，是堂校合作成功的一個案例。

統合六育的紅藍獎勵計劃

為貫徹六育並重的精神，培正早於 1996 年度推出「紅藍獎勵計劃」，讓學生建立自我成長的目標，藉以鼓勵他們自發學習，因應本身的個別差異，把握不同的學習機會，在德、智、體、群、美、靈六方面作均衡發展及成長。計劃設有金、銀、銅三個獎項，學生可按自己的興趣及成就，在六育中不同項目取得分數，並填寫紀錄手冊，再交由有關老師簽署作實。當學生取得銅獎、銀獎或金獎所需的分數，經老師審訂後，會安排在集會、結業禮、畢業禮等公開場合，頒發獎學金及獎狀，並在成績表及日後的學校推薦信中列明，以作鼓勵。這是香港培正中學首次以一項計劃貫串六育，整合成一個有機的教育系統，並指導學生按照自己的興趣與能力，均衡參與，以實踐培正建校以來基督教全人教育的理想。

校史趣聞

培正校訓上太空

1996 年，太空人丹巴里博士（Dr. Dan Barry）擔任一項太空任務。由於他是一個圍棋迷，希望成為歷史上第一位在太空下圍棋的棋手，便向「侯斯頓圍棋社」求助，希望獲得一套可在太空對弈的棋具。圍棋社便主辦了一個「太空圍棋設計比賽」，其中周慧彰（1982 年級駿社）製作了一副紙製圍棋和棋盤，重量只有 13 安士，他在棋具上寫上校訓「至善至正」，最終擊敗各地的參賽作品，被帶到太空上使用。這套圍棋現已成為美國政府永久保存的歷史文物。

周慧彰校友於美國太空圍棋設計比賽勝出

第六章

津貼學校時期

*2003*至今

社會發展與教育改革

踏入 21 世紀，全球一體化的趨勢、知識型經濟社會的來臨、資訊與互聯網的發展、現代生物科技的進步、人工智能的開發與應用，都對人類歷史和社會發展，帶來深遠影響。加上金融科技浪潮席捲世界，區塊鏈、虛擬銀行、大數據、雲計算、移動互聯網等新興科技接踵而至，都促使香港走向以科技創新為本的高增值產業，與及以服務業為主導的經濟體系。這些轉變與香港年輕一代參與社會事務、投入經濟或商貿活動、獲取知識的途徑與方式，以至發展個人願景等，都是息息相關的。

新世紀的香港發展，除帶有全球一體化的特點外，還具備中國內地和香港本土的因素。在經濟上，80 年代以來內地的改革開放，為香港提供龐大的市場、土地資源和勞動力，促使香港從傳統製造業走向高增值產業的發展。隨著內地近年來積極發展大灣區經濟，香港是華南地區主要的國際金融、航運、貿易中心，更是連接內地和海外市場的重要中介，發揮吸引外來投資和發展境外融資的重要作用，香港與大灣區因此形成優勢互補的協同效應。

在社會層面而言，香港回歸祖國，香港人作為特區公民，需要認識國家的文化特色和社會狀況，同時要維持香港歷來多元文化的格局，發揮香港獨特的社會優勢，背靠祖國，面向世界，為個人及香港的發展把握新的機遇。

為配合新世紀香港社會經濟的發展，香港教育當局也進行了教育制度的檢討與改革。先是教育統籌委員會於 2000 年 9 月向政府提交了《終身學習・全人發展——香港教育制度改革建議》，希望透過建立終身學習的社會體系，與及塑造開發

21 世紀的培正配合教育改革，繼續強化全人教育的理念。

型的學習環境，確認德育在教育過程中的重要作用，建設一個具國際性、民族傳統及相容多元文化的教育體系，達成「讓學生可享有全面而均衡的學習機會，從而奠定終身學習的根基及達致全人發展」的目標。政策建議將所有學科統整為八個學習領域（Learning Area），[1]並積極推動四個關鍵項目（Key Tasks）。[2]自此，香港 21 世紀教育改革正式啟動，十多年來，教統會推動多項教育改革，其中與中等教育相關的有推廣資訊科技教育（2008 及 2015 年）、推行新高中學制（2009 年）及微調中學教學語言安排（2010 年）。

【1】八個學習領域包括：中國語文教育，英國語文教育，數學教育，科學教育，科技教育，個人、社會及人文教育，藝術教育及體育。
【2】四個關鍵項目包括：德育及公民教育、從閱讀中學習、專題研習和運用資訊科技進行互動學習。

明日校園計劃

為應對新世紀教育發展的需要——強調學生個性化發展，重視學生品格陶造，提升學生資訊素養，發展學生創意思維，推動學習者為中心的學習範式，由葉賜添校長領導的「明日校園計劃」於 2006 年全面展開。計劃分兩個階段實施，每個階段為期六年，以硬件設備的建設為基礎，以培育學生全面成長的教育改革為實踐，期以 12 年時間，讓培正發展成為一所「面向明天、跨越明天、優美而具有現代氣息的學習型校園」。

明日校園計劃肇端於 2004 年的「香港培正中學千禧校園擴建工程」。整個工程包含七項建設，詳見表 1。

表 1：「香港培正中學千禧校園擴建工程」項目表

工程項目	作用
展覽及閱覽廳	展出培正文物、校史資料、學生優秀作品及專題習作。
劇院	為學生提供演藝活動場地
重建全天候跑道及球場	為學生提供體育活動場地
教學大樓（F 座）	多元化教學活動
童軍山花園	為學生活動、童軍訓練及體育活動提供活動場所。
露天花園	增設演出平台，成為學生學習、分組活動及演出場地。
露天劇場	讓學生發揮演藝才華

經過多年建設，圍繞在大操場四周的 F 座、J 座及 H 座大樓相繼落成，校舍面積大幅增加 60,000 多平方呎，擴闊了學生的學習空間，為學校發展提供大量場地。

在這個基礎上，學校在 2006 年開展「明日校園計劃」，提出「生命成長，生命陶造」，以生命影響生命，陶造學生品格；

培正在 2006 年開展「明日校園計劃」，期望建設「優美而具有現代氣息的學習型校園」。

「更新課程，更新學習」，推動學習者為中心的學習範式，教導學生學會學習；實踐「知識管理，知識創新」，提升學生掌握知識及增長智慧的能力；建構「知識創新學校」，帶引培正中學進入資訊年代新里程。其後又提出建設生命校園、藝術校園、運動校園、綠色校園、科技校園、學習校園建設，目標是在一座設備現代化的校園中，發展全人教育的理想。

表 2：全人教育課程與現代化校園建設整合關係表

六藝	多元智能	全人教育課程	現代化校園建設
禮	人際智能 / 內省智能	生命教育課程	生命校園
樂	音樂智能	藝術課程	藝術校園
射	身體動覺智能	體育課程	運動校園
馭	空間智能 / 自然智能	科學課程 / 科技課程 / 人文課程	綠色校園 / 科技校園
書	語言智能	中文課程 / 英文課程	學習校園 / 藝術校園
數	邏輯數學智能	數學課程	學習校園

培正「明日校園計劃」的實踐，將我國傳統「養國子以道，乃教之六藝」的教育精神，與西方多元智能的教育理論互相契合，在 21 世紀的處境下，全面落實基督教全人教育的辦學傳統。

2012 年，明日校園計劃首階段（2006-2012）完成。校方汲取過去六年的經驗，作出總結，對發展計劃的第二個階段（2012-2018）作出規劃，並訂定重點如下：

「生命成長，生命陶造」

建設綠色校園、生命校園
隨著 F、H、J 座落成，校舍面積增加 7,000 多平方米，又開闢半山徑和自然生態區。

規劃生命教育課程
將生命教育課程列入正規課程，融合聖經、德育、公民及國民教育課程。

培正自然教育徑平面圖

① 捷社杉樹徑　② 瑩社蕨園徑　③ 凱社園林徑　④ 光社杜鵑徑　⑤ 晶社花果徑
⑥ 博社雨林徑　⑦ 正社蝴蝶徑　⑧ 勤社茶花徑　⑨ 希社板根徑　⑩ 皓社蘭花徑

「更新課程，更新學習」

建設學習型校園

建設英語園地、修葺圖書館；又建成培正自然教育徑，分十段由 E 座杉樹徑起，經蕨園徑、園林徑、杜鵑徑、花果徑、雨林徑、蝴蝶徑、茶花徑、板根徑及蘭花徑至紅藍藝圃止，沿途植物更設有植物名牌，利用電子 QR 碼標籤技術，讓學生可以利用智能手機上網擷取植物資訊，隨時隨地學習。

建設藝術及運動校園

校方致力發展「一人一體藝」計劃，提供多元化體育及藝術訓練項目。過去十年間陸續增建或完善藝術及運動設施，包括陳伍婉蘭體育館、馬子修操場、梁北鵬運動場、勤社攀石場、穎社投擲場、賢社學生中心、F 座張潮彬博士音樂活動中心、基社銀禧紀念藝術活動中心、梁馮潔莊女士演藝活動中心及柏斯數碼音樂室等。

柏斯數碼音樂室備有各種先進電子樂器，供學生創作音樂，發揮創意。

更新課程

中文科：在整體課程方面，加強文化和文學兩方面的教學內容，目標是加強學生對文史哲、經典文化及現代中國的認識，弘揚中華文化，培育學生「鑑古今、看未來」的能力。

英文科：自 2008 年增加英國文學單元，提升學生的閱讀及欣賞能力。又加入新的教學元素，包括配合科學科推展跨學科課程，建立更多網上學習及教學資源庫，以及結合新科技，加入平板電腦應用，提升教學效益。

數學科：在初中階段，著重傳統幾何和代數訓練；高中階段，理組學生除必修數學科，還要在中四選修數學延伸課程單元一微積分與統計，或單元二代數與微積分作為拔尖課程。

通識科：編撰教材、撰寫新聞評論、舉辦不同學習活動、集體備課。

自然科學：自 2006 年開始，物理、化學及生物科合作統整初中科學科課程，加強科學活動；繼續採用「英書中教」策略，以提升學生使用英語學習科學的能力，有利銜接專上教育課程。

中國歷史科：規劃各級考評指引，按級別逐步減少記誦性題目的比重，增加思考分析、評論比較等問題。

歷史科：加強訓練學生的分析能力及答題的組織能力；開設研習班，豐富學生的歷史知識。

地理科：推動各級進行多元化考察活動。

經濟科：推行實作式課業、參與不同機構舉辦的講座及研討會、籌辦年宵攤位，讓學生實踐所學。

資訊及通訊科技科：加入程式編寫元素，訓練學生邏輯思維及解難能力。

體育及藝術科：自 2005 學年起推行「一人一體藝」計劃，藝術課程分為初中、高中及畢業班三部分，初中階段主要分為兩部分，分別為核心課程及專項訓練。學生可依據個人專長及興趣選修視覺藝術、管樂、弦樂、敲擊樂、中樂、合唱及木笛七組。透過系統化的課程，讓學生發展個人藝術專長。初中階段完結時，全體中三學生須籌備中三級社音樂匯演，在展示學習成果之餘，亦培育學生組織大型活動的能力。體育科在初中課程設計上，加入選修組別，安排同級同學一起上課，六班學生分為八組作小班教學，學生可以選修籃球、排球、羽毛球、手球、乒乓球、田徑等項目作專項訓練。又增加運動隊伍，除上述運動隊伍，還有游泳隊、拯溺隊、沙灘排球隊、網球隊、舞蹈組、男女子越野隊等，讓學生發揮不同專長。

「知識管理，知識創新」

建設科技校園

2006 年，校方加強培育學生應用資訊科技知識，建立多項新系統，包括多頻道校園電視台、線上評判系統、電子考勤及收費系統、校產管理系統等。又透過培正校園電視台，每天於班主任課向全校學生播放英語新聞剪輯，學生再透過「移動學習」線上學習系統回答問題，以培養學生收看新聞、了解時事的習慣。

明日校園計劃的推行與完成，不單標誌著培正校園設備的現代化，更重要的是在完善硬件設備的帶動下，進行學校教育改革，推動學習範式的轉移，重視生命價值的培育，成為 21 世紀香港基督教全人教育的重要實踐範例。

建設數碼校園

政府分別在 1998 及 2004 年制定了第一及第二個資訊科技教育策略，策略重點在於提升學校資訊科技教育所需的設施及把資訊科技融入學與教之中。隨著教師和學生使用資訊科技進行學與教的能力不斷提升，政府為切合學校、教師和學生與時並進的需要，於 2008 年開展了以「適時適用科技　學教效能兼備」為題的第三個資訊科技教育策略。策略的主要目的在提升教師運用資訊科技教學的技巧，加強教師培養學生資訊素養的能力，在學校層面營造一個理想的資訊科技環境等。

2015 年 8 月，教育局發佈第四個資訊科技教育策略。當局期望透過優化的學校資訊科技環境、專業領導與能力，以及社區伙伴的支援，增加學與教的互動體驗，促進學生善用科技及資訊科技，提升他們在自主學習、解難、協作、計算思維的能力，加強創意、創新，甚至創業精神，並培育他們成為具操守的資訊科技使用者，以達致終身學習和全人發展，邁向卓越。

香港培正中學自 1997 年起，一直積極進行資訊科技教學，由最初獲政府資助，發展為資訊科技教學先導學校，繼而於 2006 年策動校本「明日校園計劃」，推展創新資訊科技教學方案。

至 2013 年，學校進一步推展「一人一數碼」教學方案，引入平板電腦教學，改變過往由教師單向教學的傳統模式，推動學習範式轉移，實踐以「學生為中心」的學習模式，並期望為學生提供多元化的學習環境及設施，提升學習效能。在計劃之下，各科均積極配合，設計新的教學方法及材料，促

創意科技設計實驗室是培正科技精英的搖籃

進學生自主學習。（有關培正推行資訊科技教育的詳情，可參考本章專頁〈學與教範式轉移——資訊科技教育在培正〉）。

經過各方的努力，培正近年在本港、中國內地以至世界性的資訊科技學界公開賽，持續獲得獎項，當中包括「香港電腦奧林匹克競賽」（Hong Kong Olympiad in Informatics, HKOI）。這是香港學界最具代表性的比賽，由香港電腦教育學會、教育局主辦，香港中文大學工程學院計算機與工程學系、香港城市大學科學及工程學院電腦科學系協辦。培正自 2005 年起連續獲得四屆「香港電腦奧林匹克競賽」亞軍，而在隨後的十年（2010-2019）均蟬聯學校大獎（冠軍），成績卓犖出眾。

這項賽事的優勝者可代表香港參加全國青少年信息學奧林匹克競賽（National Olympiad in Informatics, NOI）、國際電腦奧林匹克競賽（International Olympiad in Informatics, IOI）及國際大都會奧林匹克競賽（International Olympiad of Metropolises, IOM）等大型賽事，與來自全國以至全球的資訊科技精英切磋較量。在香港代表隊中，培正學生近年參與

賽事的成績如表 3。

表 3：培正學生代表香港參加大型資訊科技賽事成績統計表

年份	全國青少年信息學奧林匹克競賽	國際電腦奧林匹克競賽
2008	3 銅	1 銅
2009	/	1 銀 2 銅
2010	1 銅	1 銀
2011	1 銅	1 銀
2012	/	1 銀
2013	1 銅	1 銅
2014	1 銅	1 金 1 銀 1 銅
2015	/	1 銀
2016	1 銅	1 銅
2017	1 銅	2 銀

除少數屆別賽事外，培正的代表雖然面對強手，但均能獲得獎牌。2017 年 9 月 4 至 9 日在俄羅斯莫斯科舉行第二屆國際大都會信息奧林匹克競賽，共有來自 26 個國家、36 個城市，共 277 位學生參加。香港首次派隊參賽，最終奪得兩金六銀佳績，與莫斯科、上海同時獲得一等獎。當中培正的黃梓駿和黃亦駿（同屬 2017 年級愛社）於資訊科技組參賽，為港隊貢獻兩面銀牌。

資訊科技是推動社會及經濟持續發展、支援創新、提升競爭力和促進長遠繁榮的主要動力。隨著資訊科技融入各經濟領域，政府預期社會對各類資訊科技人才的需求將會與日俱增。2016 年，政府資訊科技總監提議於 2015 至 2016 到 2022 至 2023 的八個學年試行「中學資訊科技增潤計劃」（Enriched IT Programme in Secondary Schools, EITP），培育資訊科技專才，以滿足數碼社會的發展需求。計劃包括兩部分：

培正一直是香港資訊科技教育的先進學校

1. 資訊科技增潤班計劃：

選擇不多於八間中學（「伙伴學校」）【3】推行資訊科技增潤班，為對資訊科技感興趣及具才華的學生提供深入的資訊科技培訓，包括：有系統的進階課程訓練，參與專題項目學習，及與大學、專業團體和企業合作，設計課程、提供教學支援，以及安排實習、培訓和參觀活動。

2. 資訊科技增潤計劃：

由各中學推行資訊科技增潤活動，以便在校園營造崇尚資訊科技的氛圍，並激發學生對資訊科技的興趣。

培正無論在資訊科技教學、設備資源及比賽往績，一直是香港資訊科技教育的先進學校，因此順利成為八所伙伴學校之一，獲撥款 750 萬元，為對資訊科技具備興趣及才華的學生，提供特別培訓。學校甄選了一批在數學、電腦及設計與科技科成績優良的中二至中四學生，為他們安排增潤課程，培訓他們的創意思維、程式編寫、機器人技術及三維模型設計的知識；又在創意設計科技實驗室添置了新的電腦、鐳射切割機及三維

【3】八所伙伴學校包括：長沙灣天主教英文中學、宣道會陳朱素華紀念中學、伯裘書院、香港培正中學、順德聯誼總會翁祐中學、聖保祿學校、基督教女青年會丘佐榮中學及田家炳中學（次序以政府於 2015 年 7 月 17 日的新聞公佈為準）。

培正的黃梓駿（後排左三）和黃亦駿（後排左二）於第二屆國際大都會信息奧林匹克競賽，為港隊貢獻兩面銀牌。

打印機，學生可將創作意念實踐出來；還邀請了十多位在資訊科技界工作的校友擔任顧問導師，務求讓學生獲得最新的業界動向及知識。目前，學校正構思安排學生到內地與海外考察，參觀世界知名的資訊科技公司，開拓眼界。

近年來，培正在譚日旭校長領導下，除積極參與香港、內地及世界性資訊科技比賽，並持續獲得佳績外，又利用「中學資訊科技增潤計劃」所提供的資源，鼓勵學生參與香港、內地以及亞太區各項機械人編程設計大賽，發揮他們的技術、創意及解難的能力。2016 年 7 月，培正 Robotics Team 參加亞太機械人聯盟競賽（香港區選拔賽）（Asia Pacific Robot Alliance Competition, Hong Kong）初中組相撲賽和接力賽，結果在相撲賽獲得殿軍，而接力賽則獲得冠軍，並獲邀出席台灣國際錦標賽。

2017 年，培正 Robotics Team 在香港區的選拔賽再度掄元，連續兩年獲得赴台參賽的機會。同年，培正參與多項資訊科技及設計科技比賽，均獲得佳績，計有：「智能機械由我創」比賽二等獎、2016 世界奧林匹克機械

2016 年，培正 Robotics Team 於亞太機械人聯盟競賽初中組接力賽獲得冠軍。

人競賽（World Robot Olympiad, WRO）香港機械人挑戰賽金樂高獎、機械足球挑戰賽 2016 季軍等。

2017 學年，培正的 Robotics Team 參與 FIRST Tech Challenge 科技挑戰賽（香港區選拔賽），【4】經過兩日激烈賽事，取得聯盟冠軍。這是香港區選拔賽設立三年以來，培正第二次獲得聯盟冠軍（隊長）（Winning Alliance Captain）的獎項。

2018 年，培正參加了由香港青年協會主辦的「2017/18 香港 FLL 創意機械人大賽」，以 LEGO Mindstorms 套件搭建機械人及設計電腦程式，在機械人表現賽得亞軍，並獲團體合作獎及研究海報獎。同年獲得相關獎項包括：「智能機械由我創」比賽二等獎、兩岸四地中學生機械人大賽銀獎、2017 世界奧林匹克機械人競賽亞軍、2017 粵港澳大灣區青少年創新科學大賽一等獎等。

【4】FIRST Tech Challenge 科技挑戰賽（簡稱 FTC）是由美國 FIRST 非牟利機構主辦的國際性機械人賽事，對象是 12 至 18 歲的學生。每年約有 25 萬名中學生參加。FTC 的設計性及創造性都很強，基於遙控操作，給學生提供平台，應用課堂上的科技概念，讓學生創造特有的解決方案，解決現實中工程師所面對的問題。

語文教學策略

教育署在 1997 年公佈《中學教學語言指引》，將香港的中學強分為中文中學及英文中學，令中文中學出現負面標籤效應，政策受到社會廣泛詬病。教育統籌委員會於 2005 年 12 月發表《檢討中學教學語言及中一派位機制報告》，建議維持中學於初中階段分為中文中學及英文中學的安排，但會微調中學教學語言框架，讓符合基本條件（即「學生能力」、「教師能力」和「學校支援措施」）的學校，可制定校本教學語言安排。選用母語教學的學校可將英語延展學習的課時增至 25%。

教學語言微調方案推出後，仍未能有效釋除社會對中中的成見，行政會議因此在 2009 年 5 月 26 日通過讓學校根據學生為本、因材施教的原則，採取不同模式的多元教學語言安排。教育局局長孫明揚則於 29 日宣佈，學校可以在 2010 學年的中一級開始實施微調中學教學語言的安排，讓學校以學生為本，加強校內的英語環境，增加學生運用和接觸英語的機會。根據安排，中學取消教學語言二分法，改為按學校收取成績前列 40% 的學生人數，開設不同數目的英文班或中文班。在微調框架下，英語延展學習的課時劃一為 25%，學校同時可考慮將「英語延展教學活動」的課時轉化為以英語教授非語文科目（以兩科為上限）。中學不再被劃分為中文授課中學及英文授課中學。

早於 1997 年港府頒佈教學語言分流政策時，培正以其中英兼擅的表現，被甄選為適合以英語授課的 114 所學校之一。新世紀下的培正，積極推動兩文三語政策，以打破中文中學的限制及培養學生的語文能力。學校一方面維持母語教學在學生學習動機、分析能力及高階思維等方面的優勢；另一方

面，又持續強化英語學習，為學生的升學與就業，穩奠基礎。在 2006 年，學校發佈校本語文提升策略，指出培正的語文教學目的在於：

> 本校除了致力培育學生掌握基本語文技巧外，也希望鞏固他們的溝通能力和對各種文化的認知，以擴闊他們的視野和思維。

在英語教學方面，在各級教學中，引入模組教學設計、校本剪裁學習材料，與及運用資訊科技於課堂教學之中，同時加入英國文學元素，以加強課堂教學效能。學科更通過豐富的課餘延伸活動，例如音樂劇、電影、朗誦、文學欣賞等，創造校園英語環境，以提高學生對英語的興趣；又利用專題演講、辯論及視像對話等訓練學生的說話和思考技能。

2007 年，英文科配合培正數碼校園的發展，將資訊科技技術應用到課堂教學。首先是移動學習（Mobile Learning）。學生可通過手機短訊下載課堂討論資料，並以短訊作出回應。老師可即時分析學生表現，並作出回饋，而學生則可於手機的首頁擷取相關資訊，以提升學習表現。學生又可到備有資訊科技設備的英語活動中心進行英語小組研習。所有學生表現均可作即時錄影，方便學生進行同儕互評、自我反思與及自我評鑑，對他們的英文口語水平，有極大改進作用。近年又引入電子學習平台 World Explorer、Geocoaching 與及 Student Forum 等，改進學生英語水平。

在課堂延伸方面，培正於 2006 年首次刊行英文文集，名為 *Oasis*，經費由學校贊助。文集內容包括各級各班的學生佳作（散文寫作及詩作），用以互相觀摩學習，展示成就。文集出版至今，成為培正的文化及傳統。[5] 同年，學校又成立英語大使計劃（English Ambassador Scheme）與及英語廣播小組（Broadcasting Team），以豐富校園的英語環境。

英文科亦嘗試以戲劇元素注入英語學習之中。自 2004 年起，培正每年 4 月

【5】譚日旭校長在 *Oasis* 2016 的前言指出："*Oasis* has become a culture in Pui Ching." 而何力高校長則在 *Oasis* 2019 的前言進一步表示："*Oasis* has now become our tradition in Pui Ching."

培正每年 4 月都會舉行「英語話劇之夜」，圖為 2014 年創社在舞台上演出英語音樂劇。

均舉行「英語話劇之夜」（Drama Night），演出大型英語話劇及音樂劇。首演於 2004 年 2 月 7 日舉行，當晚演出有抒情劇 *Joseph* 和創作劇 *The Stage Behind*。自 2007 年開始，「英語話劇之夜」固定演出一套英語話劇及一套英語音樂劇。2010 年的英語話劇 *Adam*，由張浩嘉老師編劇，在參加當年的校際戲劇節時，更連奪七項大獎，包括：評判推介演出獎（Adjudicators' Award）、傑出合作獎（Award for Outstanding Cooperation）、傑出舞台效果獎（Award for Outstanding Stage Effect）、傑出導演獎（Award for Outstanding Director，2009 年級軒社陳瑞琦、2012 年級卓社陳謙柔）、傑出男演員獎（Award for Outstanding Actor，2015 年級哲社許英洋）、傑出女演員獎（Award for Outstanding Actress，陳謙柔）及傑出劇本獎（Award for Outstanding Script）。

在中文教學方面，課程發展議會於 2001 年頒佈《中學中國語文課程指引》，列出語文學習必須涵蓋閱讀、寫作、聆聽、說話、文學、中華文化、品德情意、思維和語文自學九大範疇，又強調以讀、寫、聽、說各項能力來帶動其他範疇的學習。培正的中國語文科一直採用課改以來的單元

通過戲劇學習英語，有助訓練學生的口語能力。

教學模式和能力導向的教學框架，大量增加語文知識、文學賞析及中華文化等教學內容，以強化學生多元語文能力。自 2006 學年開始，中文科以啟迪創意，提升寫作能力為宗旨，推行網上寫作計劃。計劃承接培正資訊教育及科技教育的優勢，鼓勵學生善用電腦網絡之互動功能，提升語文學習效益。

除透過課堂教學提升學生的基本語文能力外，培正中國語文教育的另一著力點是「普教中」計劃，期望藉著以普通話教授中國語文科的機會，建立活潑、多元化的學習文化，優化培正中國語文教學。從 2006 年度開始，中文科先在中一級的三班嘗試以普通話作為授課語言，至 2007 學年則推廣至中一全級。總結兩年經驗，中文科制定了長遠的「普教中」策略，總綱是：

1. 文為總領，語隨文行：

在教學過程中，以現代漢語書面語（文）為主導，普通話（語）為教學語言。

2. 以普輔中，強化學習：

首先培養學生普通話基本能力，然後藉各種應用普通話的課堂活動，提升中文水平。

3. 重整課程，優化教學：

設計校本初中課程，善用普通話教學優勢，提高語文學習成效，提升學生語文水平。

由於教學漸見成效，從 2008 學年開始，培正更獲語文教育及研究常務委員會甄選參加「協助香港中、小學推行『以普通話教授中國語文科』計劃」，為期三年，並有內地教學專家駐校，深化教學成效及分享經驗。

在最近十年，培正積極發展文學創作活動，以促進學生的創意思維和寫作技巧。2010 年，舉辦聯校文學創作活動，藉不同學校學生的交流，激發文思。活動由協恩中學、民生書院、英華書院、喇沙書院、聖芳濟書院、瑪利諾修院學校及培正合辦，為期一年，共有五個元素，分別是創作班、創作比賽、作家座談會、頒獎典禮及出版文集，為學生開闢文學創作空間。此外，中國文學科又經常舉辦「文學散步」，活動由老師帶領，分作品鑑賞、文學散步及作品回饋三部分，曾漫遊九龍公園、中西區、香港中文大學等處，讓學生尋找寫作素材，啟發創作靈感。

培正學生又積極參與各項作文比賽，以提升寫作水平。其中最具代表性的賽事為「中國中學生作文大賽」（香港賽區），首屆比賽（2010 年）以「為了美好的明天」為主題，旨在鼓勵中學生展望未來。結果培正獲一金兩銀三優異的佳績，獲得金獎者為中三級蕭韻蓉（2012 年級卓社）。在第二屆比賽中，中三級李雋義（2014 年級雋社）表現突出，榮獲「圓玄文學之星」殊榮，獲選為香港代表，前往南京參加全國決賽，是培正首次有學生獲選代表香港參加全國性的作文比賽。至第四屆比賽（2013 年），中

2013 年，陸文妤（右三）在「中國中學生作文大賽」中獲得全國「文學之星提名獎」。

三級陸文妤（2016 年級創社）獲甄選為香港區「亨達文學之星」，更代表香港前赴天津參加全國決賽，結果獲得全國「文學之星提名獎」。至第九屆比賽（2018 年），賽事由中華文化促進中心承辦，規模為歷來最盛。培正中三學生李逸詩（2021 年級盛社）榮膺中中組「旭日文學之星」，作品題為〈蘋果樹〉；而柁鈴（2021 年級盛社）則榮獲初中組金獎，得獎作品為〈爺爺的背影〉。培正學生屢次於大賽獲獎，反映學校的寫作水平日高。

在推動中國語文學習及弘揚國學方面，陳樹森校友（1976 年級捷社）於 2016 學年，為紀念曾任香港培正中學國文老師的梁寒操先生（1899-1975）之高風亮節，並繼承老師弘揚國學之志，乃慷慨捐助中文科，增設「梁寒操老師中文科獎勵計劃」，以獎掖後進，推廣國學。譚日旭校長曾憶述計劃的緣起：

> ……捷社（1976 年級）畢業 40 週年紀念（會）……一位 40 年未曾見面的昔日同窗陳樹森向我表達捐助母校以答謝培育之恩。經商討後決定每年捐助 10 萬元，連續五年共 50 萬元，設立「梁寒

梁寒操老師

操老師中文獎勵計劃」，用以紀念其曾在培正中學任教國文科的
舅公梁寒操老師，此計劃重點在弘揚中華文化及提升同學的中文
素養及水平。

梁寒操老師原名翰藻，號君猷、均默，生於 1899 年，原籍廣東省肇慶府
高要縣，自幼聰明好學。1918 年，考入廣東高等師範學校。1924 年 6 月，
任教廣州培正。一年後，投身政界，歷任中國國民黨中央執行委員、國
防最高委員會副秘書長等職。1949 年中國政局變化，梁老師旅居香港，
應林子豐校長邀請，於 1951 年下學期起，任職香港培正中學國文老師。
1954 年移居台灣，同年 12 月，獻詞紀念培正創校 65 週年，足見其對培正
情誼之隆。

獲得捐款後，中文科老師隨即展開商討，並於 2017 學年定立「梁寒操老
師中文科獎勵計劃」，計劃詳情如表 4。

表 4：梁寒操老師中文科獎勵計劃簡介表

內容	目的
成立「紅藍精神獎學金」	培養紅藍精神，提倡品學並重。
成立「梁寒操老師中文科成績進步獎」	鼓勵參與中文科學習活動，培養良好學習態度。
資助學生參加中文科學習活動（如內地考察活動，與中國語文、歷史及文化相關的埠際、全國及國際比賽，或朗誦、書法、文學創作課程等）。	結合知識與實地觀察，加深對中國語文、歷史及文化的認識。
舉辦「梁寒操老師國學講座」	推廣課程以外的國學知識，範圍涵蓋中國語文、歷史及文化。
資助更新中文科學與教模式	配合電子教學，為特定課題設計教材，建立網上教材庫，提升教學效能。

獎勵計劃於每年均訂立國學主題，舉辦相關講座及文化體驗班，加深學生對該主題的認識。2017 學年的主題為「中國書法藝術」，學校特於 2018 年 2 月 6 日舉辦首屆「梁寒操老師國學講座」，邀請廖子揚校友（2000 年級展社）蒞校演講。廖學長熱愛書法藝術，獲獎無數，為甲子書學會會員、香港楹聯學會會員及香港詩書聯學會秘書長等，作品曾入選《當代名人書法作品集》、《「文協盃」書法比賽作品集》，為香港有名的青年書法家。是次講座，廖學長以「書法與生活」為題，讓學生了解書法藝術的實用價值，並指出培正校園書蹤處處，藉此向學生介紹各種書體。最後，廖學長介紹了梁寒操老師的墨寶，並指導學生欣賞方法。講座不單增進了學生的書法知識，也激起了他們修習書法的熱誠。相信隨著獎勵計劃全面開展，對學生認識國學，當有裨助。

2005 年 5 月，教育統籌局公佈《高中及高等教育新學制——投資香港未來的行動方案》報告書，提供一系列有關改革香港高中及高等教育學制的建議。其中建議由 2009 年開始，改革中學學制為六年制，即三年初中、三年高中，至於一般大學課程則由三年延長至四年，期望為學生學習帶來根本的轉變：均衡課程、多元評估、寬廣出路，以貫徹培養學生終身學習、全人發展的教育目標。

新高中的課程結構包括三方面：核心科目、選修科目和其他學習經歷。高中學生除了修讀四個核心科目（中、英、數及通識教育）外，亦可根據個人興趣、性向和能力，從不同學習領域或應用學習的範疇中，選讀兩至三個科目；同時，他們還可透過「其他學習經歷」（Other Learning Experiences, OLE）獲得公民教育、體藝等學習經歷，以廣闊的知識基礎和正面的價值觀去準備升學及就業的需要。

在評核模式方面，新學制下只有一個公開考試，即取消原有的香港中學會考與香港高級程度會考，由香港中學文憑考試（Hong Kong Diploma of Secondary Education Examination, HKDSE）取代。新的公開考試引入校本評核，並將評分形式由「常模參照」（norm-referenced）改為「標準參照」（criterion-referenced）。當局期望減少一個公開考試可以增加學生的學習空間和時間，從而豐富他們的學習經歷，以及提高學習成效。至於過去作為八間資助院校統一收生程序的大學聯合招生辦法（JUPAS），仍予以保留並繼續使用。

面對新高中學制的轉變，培正以優厚的學術根基、專業的教師團隊、精良的校舍設備，並透過不同科目的學習，著重訓

練學生的共通能力【6】（generic skills）和語文能力，令他們的研習能力得以全面提升。學校又充分利用豐富的資源，積極開拓境內外遊歷、考察、交流、比賽等的學習機會，讓學生能擴闊視野，增加學習經歷和前設知識（prior knowledge），強化學習效果。由於在新高中學制下，學生選科的自由度增加，打破以往文理分隔的現象，選科組合可以文中有理，理中有文。因此，學校在以往數理成績優異的基礎上，積極支援人文學科的發展，務求學生能文理兼擅。

人文學科的發展

正如上一章所述，培正在 1989 年得到何壽南校友捐贈港幣 100 萬元資助培正成立「文科學術獎勵計劃」，讓公開考試文科成績最佳的三位學生及一位文科老師到內地和海外作文化考察之旅，以增廣見聞，開拓視野。這項計劃一直延續至 21 世紀初，在接近 20 年的資助期之中，成為許多在人文學科學有所成的培正學生一項公開的肯定和欣賞。

此外，培正亦透過跨學科研習、專題研習及遊歷考察，提升學生研習人文學科的興趣和能力。2009 年，適值培正慶祝 120 週年校慶，學校在周耀祺校友（1946 年級雁社）的協助下，特舉辦「騰飛中國」珍藏郵票及歷史文物展覽，展出從鴉片戰爭（1840-1842 年）至現代中國約 170 年的歷史文物。藏品包括八國聯軍之役（1900）時期英日兩國駐軍郵票及公函、中英兩國關於香港問題聯合聲明正式簽署的紀念郵封等。由於展覽內容與中國歷史、世界歷史、通識教育和公民教育等科目息息相關，因此，展覽成了一個多元化的跨學科學習平台，讓學生以生動有趣的方式，系統地了解中國百年來歷史及文化的變遷，體會中國歷史發展的盛衰變化。此外，又提供思考和分析的機會，讓學生加深對國家歷史文化的認識，並增進他們對國家民族的感情。

【6】共通能力包括協作能力、溝通能力、創造力、運算能力、研習技巧、批判性思考、運用資訊科技能力、解決問題能力及自我管理能力。

不同的大型展覽帶給學生跨學科的學習機會，讓他們以生動有趣的方式學習歷史文化。

2016 年，培正再次舉辦大型展覽，以促進學生在人文學科的跨學科學習。是次展覽的緣起，與培正校友的襄助有密切關係。在何沛勝校友（1984年級智社）的介紹下，譚日旭校長認識了「昔珍薈舍」。該社是由一群愛好中國歷史文物，志同道合的文物收藏家於 2014 年成立。他們盼望藉著「文物藝術背後蘊含的精義，最終達致保育及推廣源遠流長、博大精深的中華傳統文化」。在該社副主席、培正校友葉榮基學長（1985 年級博社）玉成下，展覽於 2016 年 11 月 8 至 25 日在香港培正中學瑩社會議展覽中心舉行，定名為「『追昔培後，藏珍正源』中國歷史文物展」，旨在讓學生親身接觸展品，追本溯源，認識國家，求索中國歷史文化的演進與內涵，省思中國歷史發展的崎嶇與滄桑。

是次展覽共展出 100 多件由石器時代至民國年間的文物，包括：日用品，如新石器時代的陶罐，東晉以至唐、宋、明、清的各類瓷器；古代貨幣，如春秋戰國的蟻鼻錢，秦朝至元代的古錢幣，以至日治時期的香港軍票；清朝皇室珍品，如龍袍、玉如意、康熙雍正皇帝硃批奏摺、道光皇帝聖旨等。最難得的是，台北故宮博物院借出康熙、乾隆及道光皇帝御批之

2016 年中五級愛社同學前赴台灣進行地理考察

奏摺圖檔，讓學生可一睹君臣間的對話。展品之珍貴，是培正校史上僅見。展覽一共開放 11 天，總計參觀人次達 2,250 人。

中國語文及中國歷史科特別為展覽成立了跨學科工作小組，小組期望以情意帶動學習，決定以中國文化為綱領，有條理地介紹文物背後的文化知識，同時把藏品與學科課程結合起來，讓學生通過參觀文物來鞏固學習成果，成為課後延伸活動。老師及學生隨即展開籌備工作，利用整個暑假搜尋與文物相關資料，用以整理展板，亦培訓了一隊對歷史文物有興趣的同學擔任講解員。此外，視覺藝術、化學和電腦各科也參與其中，分別舉行文件夾設計比賽、「文物與科學」講座及設計文物展手機遊戲程式等，令展覽增添跨學科學習元素。

部分人文學科亦通過實地考察及研習，以提升學生的學習動機及研習能力。其中地理科的編排具有非常明晰的系統。自 2011 年開始，中一、二級的拔尖班課程加入了地理信息系統課程（初班），讓學生具備基本認識，並能自行製作地圖和立體地貌。至於能力較高的學生會利用 3D 功能，

培正於 2016 年舉辦「中原古都歷史文化考察團」，增進同學對中華歷史文化的認識。

以規劃師的角色，模擬製作立體地圖，以 360 度旋轉和鳥瞰，審視城市設計的利弊。此外，學科亦安排各級的實地考察活動，以 2011 年為例：中一級中上環考察、中二級澳門考察、中四級梅窩河流及長洲海岸研習、中五級元朗農業景觀研習、中六級長洲樹林生態系統研習。可見初中學生由老師帶動，以考察為主，高年級則在老師協助下，進行專題研習。同時，為深化學生對學科的學習興趣與研習能力，地理科於 2016 年 3 月22 至 26 日舉行一連五天台中及台北考察團。考察內容涵蓋中學文憑試課程的相關議題，包括：河流及海岸管理，農業、工業及城市發展，動態的地球以及自然災害等。

除地理科外，中國語文、中國文學、中國歷史、歷史及通識教育各科亦透過實地考察，讓學生認識中國歷史文化，了解國家發展近況。2014 年復活節期間，在通識教育和歷史科策劃下，39 位師生參加由教育局主辦的「同行萬里」中學生內地交流計劃。兩個交流團分別前往湖北省武漢及三峽與湖南省長沙及張家界考察，進行國民教育及了解現代中國發展

的情況。2016 年，中國語文科、中國文學科及中國歷史科合辦「中原古都歷史文化考察團」，活動由譚日旭校長、梁柏鍵老師擔任領隊。通過實地考察活動，讓同學認識中華歷史文化和文學藝術，培養民族感情，提高民族歸屬感，以及了解文化遺產保育，傳承人文精神。

2018 年，中國語文、中國文學及中國歷史三科再度合作，並聯同視覺藝術科合辦「西安敦煌絲路行　紅藍兒女中國情」，延續人文學科跨科學習的安排，以提升學生對研習相關學科的興趣。考察團重點考察了古代絲綢之路重鎮——敦煌，認識佛教文化與藝術，體會中華文化的兼容並包與宗教藝術的精神本質。

數理學科的發展

數理學科一直是培正教育的特色及專長，有深厚的傳統與根基。為回應新高中課程改革，新世紀的培正數理表現更上層樓。

數學科的發展與成就

踏入 21 世紀初期，培正繼續積極參與數學競賽，由以往每年參加數項本地賽事，至這時期每年參加超過十項賽事，其中不乏全國以至國際性賽事，讓學生既可增進交流，開拓視野，又可學以致用，一展所長。例如，尹彥聰（2003 年級信社）於 2004 年 6 月參加國際數學奧林匹克香港選拔賽，這是當時本港中學數學水平最高的賽事，尹同學是培正歷來在這項賽事的首位金獎得主。同年 8 月，龐伊婷（2003 年級信社）代表香港參加第三屆中國女子數學奧林匹克比賽，面對全國 34 個省市的 45 支精英隊伍，龐同學表現出色，奪得銅牌。這是她連續第三年獲此殊榮，亦是香港歷來最佳成績。另培正學生於澳洲數學比賽（Australian Mathematics Competition, A.M.C.）中，亦有出色表現。是項比賽由澳洲數學基金會（Australian Mathethmatics Trust）統籌，每年約有 50 萬名來自全球的學生

參加。培正從 2001 至 2004 年，連續四年獲得 Medal 獎項，即全球成績最佳的 0.01% 參賽者。培正是香港唯一一所能夠連續四年獲得這個獎項的學校。

在個人表現方面，以霍柏曦（2007 年級驚社）的表現最為突出。自 2004 年開始，仍是中三級學生的霍柏曦已獲得 11 個數學獎項。其中包括「國際數學奧林匹克 2005 香港選拔賽」銀獎、「2004 至 2005 年香港青少年數學精英選拔賽」亞軍、「2004 至 2005 年度校際數學比賽」冠軍，鋒芒嶄露。其後他在本地及國際數學比賽之中，再獲得至少八個獎項，其中包括「第六屆青少年數學國際城市邀請賽」金獎、「國際數學奧林匹克 2006 香港選拔賽」金獎、「2006 港澳數學奧林匹克公開賽」S 組冠軍、「第七屆培正數學邀請賽」高級組金獎等。在與同學分享數學研習心得時，霍同學經常記起中國著名數學家陳省身教授（1911-2004，丘成桐教授的老師）「數學好玩」這句話，認為在解決數學題過程中存在很多巧妙的變化。霍柏曦還認為，數學與生活關係密切，只要留心便會發現大自然中蘊藏著很多數學原理。他建議同學不妨多玩一些數學遊戲，從而增加「數學感」，提升數學成績。霍柏曦其後在 2007 年的香港中學會考獲得 8A2B 的佳績，並於 2008 年通過「優先取錄計劃」（Early Admissions Scheme），入讀香港大學精算系。

此外，值得一提的是「恒隆數學獎」（Hang Lung Mathematics Awards）。這是一項受到廣泛重視的本地數學專題研究比賽，由恒隆地產、香港中文大學數學科學研究所及數學系合辦。此獎創設於 2004 年，為恒隆地產董事長陳啟宗先生及菲爾茲獎得主、國際知名數學家丘成桐教授的合作成果，旨在鼓勵中學生和老師發揮其數理創意潛能，並引發他們對學術探索的興趣。參賽隊伍需自訂數學課題和計劃，進行研究，最後提交研究報告。「學術委員會」先按照學術論文的審稿過程，經過幾重的報告評閱後，邀請入選隊伍為其研究答辯。如同一般博士論文的答辯，隊伍

培正同學於 2016 年獲得「恒隆數學獎」銀獎後與丘成桐、鄭紹遠教授合照。

須先作公開報告，簡述研究結果，然後接受學術委員會的提詢。學術委員會評核各隊的報告內容及答辯表現後，選出獲獎隊伍。培正於 2010 年首度參賽，獲得優異獎。其後，培正分別於 2014 及 2016 年憑研究課題 "Pseudo Pythagorean Triples Generator for Perpendicular Median Triangles" 及 "On Iterated Circumcentres Conjecture and Its Variants" 先後奪得銀獎。

在本土數學比賽之中，不得不提的是「培正數學邀請賽」。這項比賽創辦於 2001 年，由培正牽頭，讓學生與友校同學交流學習心得，切磋數學知識。這是香港數學教育界的盛事，每年參賽學校超過 200 間，參賽學生接近 3,000 人。由於精英雲集，培正每年都面對艱鉅挑戰。賽事從 2004 年起設立團體大獎，培正曾獲一亞一季，可見賽事的難度極高。但在 2015 至 2018 年的四個學年，培正共獲得三冠一殿的佳績。此外，培正近年在多項全港數學比賽中，同樣獲得佳績。在 2016 年第 18 屆香港青少年數學精英選拔賽中，培正首次在團體賽中掄元。2017 年第 34 屆香港數學競賽（Hong Kong Mathematics Olympiad, HKMO），培正首次獲得團體冠軍，其後於 2018 年再度摘取團體賽桂冠，成為全港歷來第三間成功衛冕冠軍

的學校。反映培正數學一直處於優異水平，成為香港中學的翹楚。

培正數學水平的進步，亦可反映於學生在國際賽事的表現。2016 年 3 月
舉行的第二屆國際數學建模挑戰賽（International Mathematical Modeling
Challenge, IMMC），是一項面向中學生的國際數學建模競賽，鼓勵參賽
者應用數學建模探索和解決現實世界的重要問題。是次賽事共有來自台、
港、澳地區和中國大陸 25 個省市合共 325 支隊伍參賽。培正的代表隊獲
香港地區特等獎（香港區首兩名），代表香港地區晉級國際賽程，與來自
全球 30 個國家和地區的 40 支代表隊競逐國際獎項。最後，培正同學榮獲
「國際特等獎」（全球首三名），學生及指導老師獲主辦機構邀請於 7 月
24 至 31 日期間，出席在德國漢堡（Hamburg）舉行的「國際數學教育大
會」（International Congress on Mathematical Education, ICME），向來自全球
的數學教育學者介紹其解題方法，並出席頒獎典禮。

2016 年 5 月，培正獲邀參與「新加坡國際數學競賽」（Singapore International
Mathematics Challenge, SIMC），賽事由新加坡國立大學附屬數理中學
（NUS High School of Mathematics and Science）主辦，每兩年舉行一次。比
賽的重點是應用數學建模（Mathematical Modeling）的方法解決實際問題，
強調數學知識的綜合應用以及團隊合作，旨在激發學生學習數學的興趣，
推動學生挑戰開放式數學題目。當屆賽事共有 247 名精英學生參與，他們
來自遍佈於 30 個國家與地區的 62 所學校，其中包括中國人民大學附屬中
學、北京市第四中學、西安交通大學附屬中學、台北市立建國中學等一
流高中，還有來自新加坡、俄羅斯、美國、澳洲，英國、荷蘭等國家的
高中名校及數理資優院校。培正在這一屆賽事勇奪 Distinction Award（首
2 至 13 名），成為兩岸三地中唯一在比賽中得到 Distinction Award 的學校。
其後在 2018 年的比賽中，培正再度獲得 Distinction Award，是大中華地區
唯一一所獲獎的學校。

2018 年，魏子奇（2018 年級臻社）首次獲選代表香港出席第 59 屆國際數學奧林匹克（International Mathematical Olympiad, IMO），獲優異獎。翌年，續有湯諾陶（2019 年級君社）代表香港出席第 60 屆國際數學奧林匹克，獲得銅獎。從近年培正在各項國際性數學比賽中屢獲殊榮，足證培正數學已攀上世界水平。

STEM 教育的發展

2015 年 9 月，譚日旭校長繼任香港培正中學校長。他以理科訓練的學術背景，銳意拓展培正的 STEM 教育。[7] STEM 教育被視為是 21 世紀環球社會培育下一代領袖的教育重心，重點在訓練學生把知識轉化為綜合思考及解難能力，裝備學生應對全球經濟、科學及科技發展所帶來的轉變和挑戰。教育局在 2015 年亦提出 STEM Education 作為香港未來課程發展的重點，為拓展社會經濟的創新科技力量提供人才。培正中學一向重視學生數理能力的培養，從 60 年代開始一直被學界冠以「數理少林寺」的稱號，數理人才輩出。時至今天，培正仍然重視數理的承傳，期望培育學生具備科學家的探究精神及態度，願意挑戰未知，並在實驗嘗試中摸索學習。

培正發展 STEM 教育的契機出現在 2016 年。據稱，一位不欲公開姓名的校友答允每年捐贈 70 萬元，為期三年，用以支持展開「紅藍科研先鋒計劃」，推動學生投入科學研究活動，亦為學校添置更多標準中學實驗室以外的科學實驗儀器，提升學生對科學的興趣及研習能力。計劃的主要內容包括：開設初中科學研習班、舉辦科學講座、參與大學科研體驗、參加科學比賽、進行海外交流活動、籌辦境外科學考察等，全方位提升培正 STEM 教育的水平，亦讓對科學有興趣及專長的學生，可以得到適當的發揮機會。

當中初中科學研習班分為科學知識班和科學實驗班，用以訓練具有科學

【7】STEM 是指科學（Science）、技術（Technology）、工程（Engineering）及數學（Mathematics）四個教育領域。

潛質的初中學生，加強他們對科學的興趣及研習能力。科學知識班提供進深的科學課程，例如國際初中科學奧林匹克比賽的課程，使學生提早了解和學習不同科學課題的進階內容。科學實驗班以分組形式進行以物理、化學和生物課題為主的科學實驗，讓學生經歷實驗探究的過程。大部分實驗的設定建基於初中科學課程的延伸，涵蓋不同的科學題材，要求學生運用已有知識學習進階理論。老師會挑選科學思維和實驗能力較強的學生參加全港性科學實驗比賽，令學生擴闊科學視野。

至於科學講座方面，學校定期邀請本港著名科學家到校主持科學講座，介紹科學前沿知識及最新發展。2016 年 1 月，學校邀請香港中文大學物理系朱明中教授蒞校主講「從粒子觀宇宙」。朱教授近年領導本港跨院校團隊，參與位於瑞士的歐洲核子研究中心（Conseil Européen pour la Recherche Nucléaire, CERN）的 ATLAS 大型國際粒子對撞實驗組，與一眾頂尖科學家尋找宇宙萬物的基本結構及定律。他的演講，可讓學生對物理學的尖端研究稍窺堂奧。在 2017 學年，學校又邀請了香港中文大學生物醫學學院及生命科學學院黃永德教授為學生介紹最新的納米科技與心血管生物學，學生反應熱烈，對先進的納米科技甚感興趣。

除邀請大學教授演講外，培正又讓學生參與大學科研體驗。2016 學年，學生分別到香港大學及香港中文大學進行暑假科學研究。先是中四級朱韋燐和伍穎藍（同屬 2018 年級臻社）參加香港大學醫學院為期三星期的暑期生物研究活動，進行關於兒童癌症研究。他們首先學習運用顯微鏡觀察血細胞繁殖的進度，並利用儀器進行點數細胞及細胞分類等工作。此外，在研究人員的指導下，他們觀察如何解剖研究植入了癌細胞的白老鼠腦部。同年暑假，中四級楊日希（2018 年級臻社）參加由香港中文大學生物醫學學院舉辦的「中學生暑期生物醫學研究計劃（BioMeRA）」。計劃目的是讓對生物醫學有濃厚興趣的中學生，可在設備先進的大學實驗室，獲得科學研究過程的實際體驗。楊同學跟隨發育生物學

培正積極推動學生投入科研活動，亦添置不少科學實驗儀器，提升他們的興趣及研習能力。

（Developmental Biology）及生物醫學信息學（Biomedical Informatics）權威李天立教授進行有關幹細胞實驗，學習不同的實驗技巧和生物知識。

在「紅藍科研先鋒計劃」支援下，培正學生參加多項本地及國際科學比賽，並獲得佳績。2017 年 12 月，國際初中科學奧林匹克在荷蘭奈梅亨（Nijmegen）舉行，共有來自 48 個國家或地區的 279 位科學資優學生參加。賽事旨在宣揚及鼓勵對科學範疇的卓越追求、挑戰及刺激資優學生發展科學才能和鼓勵學生在自然科學方面持續學習。培正潘博文（2020 年級奕社）是港隊代表之一，最終憑出眾的科學知識，為港隊奪得一面金牌。2018 年 4 月，香港科技大學舉辦首屆「香港聯校生物奧林匹克比賽」（Hong Kong Joint School Biology Olympiad, HKJSBO），目的是提高高中學生對生物科學的認識和興趣。賽事吸引 60 所中學逾 400 名學生參加，入圍學生獲安排到不同大學院校參與培訓課程和進行實驗，讓他們能學習更多有關生物科學的知識和生物科技的實驗技巧，最終選出四名優勝者。培正有兩位學生於賽事取得金獎，其中一位更成為最終四名優勝者之一。

潘博文參與首屆香港聯校生物奧林匹克比賽的培訓課程,學習生物科技的實驗技巧。

培正學生在「紅藍科研先鋒計劃」的資助下,有機會參加各項本地及海外科學交流活動,以增廣見聞,提升科研興趣。表 5 顯示 2016 至 2018 年培正學生參加的交流活動。

培正近年亦積極舉辦多項境外科學考察活動,讓學生通過親身體驗,加強對科學的興趣及實驗能力。2017 年 4 月,20 名紅藍科研先鋒科學班的學員到雲南的昆明、麗江進行科學考察。考察內容由中國科學院及中科科教國際教育科技中心安排,昆明植物研究所協助,涵蓋不同科學領域,內容包括:動、植物多樣性的認識,植物化學成份提取,標本製作,澄江化石群古生物考察,化石採掘;此外,還包含民族文化及雲南地形地貌的認識等,使學生獲得豐富的動、植物學知識。

在眾多科學考察活動之中,不能不提的是由「紅藍科研先鋒計劃」於 2018 年 3 月舉辦的「北極科研考察之旅」活動,這是香港教育史上第一次由中學籌辦的極地科研考察旅程。考察活動由何建宗校監(1975 年級昕社)及譚日旭校長擔任領隊,共有 12 位同學參與。師生在挪威的斯瓦

表 5：培正學生科學交流活動一覽表（2016-2018）

日期	名稱	地點	學生人數	主要內容
2016 年 7 月	少年太空人體驗營 2016	北京	1	參觀中國最新的航天科技發展
2016 年 7 月	善德關愛科研青年發展計劃 2016	北京 西安	2	參觀國家天文台、中國工程院及航天研究院
2017 年 7 月	聯校創科營 2017	深圳	10	探討最新科研創新模式及日後的發展
2017 年 7 月	第 20 屆吳健雄科學營	台灣	4	透過參與多元化科學活動，激發學生的分析與思考。
2017 年 8 月	青苗科學家研習活動	美國	4	參觀美國太空總署及觀察日蝕過程
2017 年 11 月	青少年高校科學營	南京	10	參觀國家重點實驗室和企業研發中心
2018 年 7 月	善德關愛科研青年發展計劃 2018	北京 西安	1	參觀中國空間技術研究院、中國科學院遙感與數字地球研究所，了解中國最新的航天科技。
2018 年 7 月	青少年高校科學營	北京 上海 南京	9	參觀國家級冶金技術實驗室及參與無人機操控項目
2018 年 7 月	少年太空人體驗營 2018	北京 酒泉	1	學習基本的太空科學和航天科技，並體驗太空人的訓練。

爾巴群島（Svalbard，又稱冷岸群島）的朗伊爾城（Longyearbyen），登上極地抗冰船 "Freya" 號，開展為期六天的北極科研考察。縱然環境惡劣，同學仍爭取時間收集數據，例如在不同經緯度收集海水、在冰塊中提取冰藻、檢測空氣的污染物等，並與船上的科學家討論和分析，及聆聽他們的講解，務求獲得更多極地知識。在這次科研之旅，考察團到達了北緯 79 度的北冰洋，並到訪由各國建立的北極科學城及位於新奧勒松（Ny

◀ 紅藍科研先鋒團隊登上玉龍雪山
▶ 北極科研考察團師生登陸海冰，這亦是香港教育史上第一次由中學籌辦的極地科研考察之旅。

Alesund）的中國北極科研基地——黃河站，認識北極科學研究的歷史和發展。（有關「北極科研考察之旅」的詳情，請參閱本章專頁〈北極科研考察之旅〉。）

在總結「紅藍科研先鋒計劃」時，譚日旭校長曾說：

> （計劃）對推動本校的數理及科技教育起著極重要的作用，鞏固了培正中學盛產數理人才的優良傳統。

至 2018 年譚校長退休時，他仍在〈退休感言〉中指出：

> 此計劃奠定了這兩年培正在各科學比賽中頻頻獲獎的基礎，是讓培正師生在科學領域上重新揚帆起航的動力來源。

綜觀近年來培正開展多元化的科研活動，有效提升學生對科學的興趣與

研習能力，讓培正持續成為數理強校，與校方的著意推展及「紅藍科研先鋒計劃」的支援，實有密切關係。

綜括而言，在新學制的挑戰下，培正銳意加強文、理各科的學與教成效，而學生在公開考試中亦有出色表現，顯示培正的學術水平持續提升。從2003 至 2018 的 16 年間，學生在畢業後入讀本地及海外專上院校的學位及副學位／高級文憑課程的比率高達 90%，反映教育產出效能良佳。而在2005 至 2019 的 15 年間，培正一共培養出四位「狀元」，成為香港中文中學之最。四位狀元分別為 2005 年參加香港中學會考取得十優成績的吳偉洭（2005 年級廉社），最後入讀香港大學醫學院；2012 年首屆中學文憑考試，周澔揚（2012 年級卓社）取得七科 5** 成績，最終選擇香港大學醫學院；2016 年，房穎儀（2016 年級創社）在第五屆中學文憑考試中取得七科 5** 成績，成為當時培正第一位女狀元。她最後入讀香港中文大學藥劑學院，有別於前兩位狀元均選擇入讀港大醫學院。至 2019 年，葉卓穎（2019 年級君社）在第八屆中學文憑考試中取得七科 5** 及一科 5* 成績，成為新學制下的狀元。她選擇入讀香港中文大學醫學院，與乃姊葉青穎（2017 年級愛社）成為同窗。一門兩傑，允為校史上的佳話。

學生的成就與老師的教學息息相關，香港培正中學一直維持穩定而高效的教師團隊，成為學校寶貴的資產。在 2007 至 2010 年間，培正連續三年獲頒行政長官卓越教學獎項，肯定了老師的專業質素和傑出的教學成就。獲獎老師分別是體育科的鄭景亮老師；電腦科教師團隊，包括梁文傑老師、鍾偉東老師、馬凱雄老師（1993 年級學社）和羅恩銘老師（1994 年級頌社）；以及英文科教師團隊（包括李家傑老師、譚詠嫻老師和馬漪楠老師）。

基督教全人教育

21 世紀是個資訊爆炸、價值多元的年代，虛擬世界、社交媒體、網上資訊以前所未有的力量衝擊人性的本質及道德判斷。因此，培育學生全面發展，迎向挑戰，是本世紀教育工作的價值和意義所在。而一向秉持樹人立德、至善至正的培正全人教育精神正是這個時代所需要的教育實踐方向。

德育

訓輔結合

培正自上世紀 50 年代以來，即奉行由李孟標校長提出的「教訓一元化」政策，全面教導學生成長。「教」是輔導，「訓」即訓導，「教訓一元化」亦即近年來流行的「訓輔結合」的原則。在世紀之交，培正仍然持守這個持續了差不多半世紀的育人原則。從 1991 年開始，訓導處改組，明確推行「訓輔合一」政策，設立訓導委員會，下設訓育組，負責學生紀律工作；公民教育組負責公民教育工作；輔導組負責預防性輔導及個案輔導工作。踏入 21 世紀，訓輔結合的原則並沒有改變，並且進一步緊扣培正的辦學理念。在《培正創校120 週年紀念特刊》，學校在總結學生訓導工作時指出：

> 訓導部門的工作，是要維持校園整體的秩序及執行
> 校規，營造融洽有序、嚴而有愛的校園氣氛，為學
> 生、老師締造良好的學習環境，輔助同學們立志，
> 以校訓「至善至正」作人生努力目標。

明確糅合訓輔的精神，維持良好的校園氣氛，栽培學生品學兼善，進而確立「至善至正」的人生方向。

門徒栽培小組活動

並且，新時期的訓輔工作不能單靠老師個人的專業操守和道德責任感，因此，培正一直用「全校參與」模式輔導學生成長。由班主任、輔導老師、學校社工負責個案輔導工作，輔導組及學校社工亦為不同成長階段的學生提供適切的補救性、預防性和發展性的輔導活動。

除了由學校的專業團隊設計及執行學生成長工作外，學校亦加強與政府部門及外界機構合作，為學生提供適切的成長教育計劃。例如，在 2004 學年，培正與教育統籌局合作發展「種籽計劃」（資優學生情意教育計劃）。服務對象是 20 位中一至中二潛能待展的資優學生，透過不同活動，包括學生小組活動、專題講座、社區服務和家長教育講座等，讓學生通過創作遊戲及以小組討論形式增加對自我管理的能力，發展有效的人際溝通及合作技巧。2005 學年，培正再次與教統局合辦「種籽計劃」，為中三、中四及中六的總學生長及隊長提供培訓。「種籽計劃」透過各種「體驗式」活動，增進學生長對自己的認識，反思作為一個學生長應有的態度和責任；並透過個案討論和角色扮演，模擬一些兩難處境，令學生長發揮批判思考和創意解難的能力，從而提升他們帶領和管理團隊的能力

和自信心，增強他們處理日常工作的技巧和反思的能力。

2006學年，培正與衛生署、浸信會愛群社會服務處合作，於正規課程中引入「成長新動力課程」，在中一、中二及中三公民教育課推行。中一級課程內容包括自我形象建立、管理情緒、減壓、有效的溝通方法等；中二級課程內容側重改善人際關係和建立正確價值觀；中三級是鞏固課程，除深入探討與人相處之道外，還加入時間管理和正確理財之道，讓學生學習如何成功建構人生。

生命教育

在加強與外界合作的同時，培正亦醞釀對整個學生成長系統作出整合與改進，統稱為「生命教育」，期望以探討生命的課題，培養學生對生命的尊重及熱愛，引領學生探索積極及有意義的人生，並以健康的基督教價值觀處事待人，貢獻社群。

培正中學一向以基督教全人教育為辦學理想，致力培育學生在六育並重的基礎上成長。經過多年的培養，學生在不同方面都有所發揮，然而在社會價值觀不斷衝擊、教育制度常常改變、家庭關係的考驗，加上朋輩相互影響等種種因素下，學生在成長路上常碰到不少困惑與疑難，甚至迷失方向，生活目標模糊，人格修養被忽略，人際關係漸疏離。一些學生更追求物質享受、速效文化，生活中缺乏更高意義、價值和理想的嚮往。另一方面，追求卓越所產生的壓力，也衍生了種種危機，個人主義、功利主義及自我形象問題一一浮現。生命教育即在引領學生了解人生的意義和價值；進而珍愛生命，尊重自己和他人；並且與環境、社會和國家建立和諧的關係。希望學生在成長的歷程中，充分發展潛能，孕育責任感，培養愛己愛人的品德，並且跟從主耶穌基督的教導，活出豐盛人生。

學校在 2006 學年起，由基督教事工主任領導訓育、輔導、公民教育部門，組成「生命教育委員會」，策劃生命教育課程，培育學生成長。生命教育範疇有三：分別是「人與人的教育」、「人與自然環境及人與國家社會的教育」、「人與上帝的教育」。「人與人的教育」教導學生不僅要認識自己，也要發展潛能，活出豐盛生命，重視人與人之間的倫理關係，活出有品格的生命；「人與自然環境及國家社會的教育」教導學生明白群己關係及公共道德的重要，引導學生珍惜生存的環境，實踐環境保護，關懷社會及熱愛國家，同時尊重生命的多樣及大自然生命的節奏和規律，活出具責任感的生命；「人與上帝的教育」引導學生思考信仰與人生的問題，釐清人生方向，訂定自己的關懷目標、存在意義和價值，建立關懷國家社會的觀念，活出關愛的生命。

「生命教育」嘗試更新學生成長的課程，整合聖經課、公民教育課和德育課的內容，設計全新課程及編排教學流程，讓各課題緊扣聖經真理，並可以應用於實際生活之中。課程採用全校參與法，即將生命教育的主題學習推展至全校，藉各部各科的課堂及活動的協作，以推動生命教育。

表 6：各科組的教學和活動與生命教育課程內容的整合表

各部各科	實際整合內容範圍
德育及公民教育	學生個人品格的成長、與人相處的技巧及態度、社會責任及公民意識等。
輔導委員會及班主任課	學生的自我成長（包括認識自己、建立健康的自我形象、自我實現等），扶助他們面對交友、戀愛、家庭、學業及就業等問題。
基督教事工委員會	以基督教內容貫通三大範疇：認識自己至認識上帝，個人培育至與人相處，個人責任至社會及家國關懷。
中文科	配合教學內容，加強品德教育；藉著不同學術比賽和語文活動，培養學生的人文精神，並提高對屬班的歸屬感及團結精神。

各部各科	實際整合內容範圍
英文科	鼓勵學生閱讀，加強學生對時事的觸覺，關心社會。
通識科	培養學生對自身、社會、國家，以及全世界的了解、關心和愛護；藉此建立健康正確的人生觀和價值觀。
科學科	培養學生責任感，鼓勵學生善用資源，尊重生命，並透過接觸、欣賞及愛護大自然，認識大自然的奧秘。
中史科	培養學生良好品德，加強公民、民族及道德教育。
地理科	擴闊學生欣賞本地及全球自然環境的眼界，體會人、地和環境三者相互依存的關係。
配合活動	成長營、家長參與、校園環境的氛圍（生命園圃）、福音活動。

為配合生命教育課程的推行，自 2006 學年起，學校在中一及中二兩級推行「雙班主任制」，每級共 12 位老師組成小團隊，兩位班主任同時任教屬班的生命教育課。在雙班主任制下，初中學生都是同班升級，讓學生能夠在同一群體中學習，在熟悉的同學中訓練團隊精神。班主任也會跟隨同一班學生升級，在數年相處中與學生建立良好關係，清楚學生的性格及喜好，了解他們成長的需要。

領袖訓練

在學生成長工作漸上軌道之際，培正開始著力發展領袖訓練工作，以參與、體驗開拓視野和識見，以服務、實踐感召承擔和委身，以策劃、組織訓練社會未來人才。培正學生曾經兩次奪得「香港傑出學生」的榮銜，分別是 2004 學年的馬欣怡（2003 年級信社）及 2009 學年的吳彥琪（2012 年級卓社）。此外，張珩（2004 年級雄社）亦於 2005 年獲得「香港特別行政區傑出學生」。

自 2013 學年起，培正運用教育局的多元學習津貼（其他語言及資優教育），發展「卓越學生領導才能培育課程」，聚集一群有領導潛質的學生，透過不同形式的訓練和實踐活動，促進他們在溝通、團隊協作、創意解

難、領導決策等能力的發展，並期望他們實踐所學，回饋社會、學校和社區。同時，亦鼓勵他們參與不同類型的傑出學生選拔，期望在過程中有機會與其他學校的精英同學有更多交流，以擴闊視野，增廣見識。而自 2016 學年開始，學生在各項領袖訓練及比賽中，嶄露頭角，表現出色。

自 2015 年起，培正連續參加由中國教育學會主辦的「全國中學生領導力展示會」，與來自全國各地超過 100 所重點中學的 1,000 名學生，在領導能力方面切磋交流。在 2015 年第六屆比賽中，大會以「引領・共享・啟程」為主題，全面展示一年來各學校開展綜合實踐活動的成果。比賽在北京舉行，結果，培正以「施與受」為主題的項目，獲得「優秀學校一等獎」及「最美紫荊公益團隊獎」。個人方面，錢達熙（2018 年級臻社）取得「年度中學生領袖獎」，與其餘 29 位來自全國重點中學的精英學生分享殊榮。在 2018 年 7 月的第九屆賽事中，培正的學生領袖團隊選取了「幫助弱勢社群」作為主題，並以「南亞裔學童」為服務對象和研究題目，獲得「優秀學校特等獎」（賽事的最高獎項）及「紫荊公益團隊獎」。

此外，近年來培正亦爭取機會出席全球不同學生領袖研討會及論壇，就世界當前及未來急需關注的議題，與各國學生領袖交流意見。2015 年 11 月 3 至 8 日，中五李淨欣（2017 年級愛社）代表香港到日本和歌山參與當地舉行的「2015 年亞太地區高中生研討會」（Asian and Oceanian High School Students' Forum 2015）。是次研討會邀請了來自亞太地區 22 個國家或城市的 200 名高中生出席，主要探討三個議題，分別是人與自然災害共處、全球化與旅遊發展的可持續性及經濟發展與環境保育的挑戰。研討會共分兩日進行討論，李淨欣應邀在大會上作出匯報。

2016 年 11 月，培正參加由國際獅子總會中國港澳 303 區主辦的「2016 國際青少年公益商業創新挑戰賽」，曹朗翹（2019 年級君社）及羅浚樂、陳子賢（同屬 2021 年級盛社）分別奪得高級組及初級組冠軍，獲邀出席

培正同學參與「2016 聯合國互聯網管治論壇」，並於會上發言。

於 2016 年 12 月假墨西哥舉行的「2016 聯合國互聯網管治論壇」（Internet Governance Forum, IGF）。他們參與的研討會包括有關互聯網發展方向、區域發展差異、數據安全、兒童安全使用網絡和性別等議題。同學並於會上發言，與世界各國的代表互相交流。

隨著近年來學生在領袖才具方面日趨成熟，培正在各項傑出學生領袖選舉中，均有理想成績。其中在「九龍城區傑出學生選舉」中，培正學生近四年（2014 至 2018 年）來三度獲得傑出中學生獎；在「九龍地域傑出學生選舉」中，張愷晴（2010 年級迪社）及林凱溢（2015 年級哲社）分別獲得 2011 及 2015 屆的傑出學生獎（首十名）。至於在學生領袖選舉方面，培正學生在成立於 2014 年的「九龍城區卓越學生領袖獎勵計劃」中，四度獲得卓越學生領袖獎；而孫昊賢（2016 年級創社）更於 2014 年度學友社的「傑出中學生領袖選舉」中，獲得傑出中學生領袖的榮銜，反映培正積極推動領袖訓練工作的成果。

學校在提升學生領袖表現的同時，對後進生亦未忽略照顧。從 2005 年開

始，學校推行「拉闊我天空」訓練計劃，旨在透過功課輔導、生活體驗
活動和參與社會服務，提升個別在學習及成長出現困難的初中學生對學
習的興趣和能力，豐富生活內容，擴闊視野，確定人生未來的方向。此外，
又於 2006 年 11 月，開展「伴我啟航」訓練計劃，針對中二級學生，啟發
他們的潛能，協助他們建立正面的個人形象和提升自信心。最特別的是
2012 年時，學校邀請國際著名魔術師葉望風（2006 年級禧社）到學校舉
辦「魔術工作坊」。葉校友除了教授魔術手法和表演技巧外，還與學弟妹
分享自己的成長經歷，勉勵他們努力向上，遷善改過，以藝術塑造品格。
工作坊完結時，學員以所學服務老人中心，達成工作坊的延伸意義。

體育

重視體育運動一直是培正校園最重要的傳統之一。事實上，體育可以強
健體魄，更可加強學生的自信心、培養團隊協作精神及公平競技的高尚
品德，是培正基督教全人教育不可或缺的一環。踏入新世紀，培正的體
育運動在學校積極的改革之下，更上層樓。2005 學年，學校提出「一人
一體藝」計劃，期望透過體育、視覺藝術、戲劇及音樂的多元教育，配
合現代化的校園建設，以培育學生的多元智能。計劃的理念來自《禮記》
的〈保氏篇〉：

> 養國子以道，乃教之六藝。一曰五禮，二曰六樂，三曰五射，四
> 曰五馭，五曰六書，六曰九數。

文中的「禮」、「樂」、「射」、「馭」、「書」、「數」，並稱「六藝」，是
古代士大夫修練心性、鍛鍊體能、累積知識、掌握技能的系統性訓練。
其中鍛鍊體能的部分成了新時期培正發展體育運動的重要方向，稱為「運
動校園計劃」，是培正「明日校園計劃」中的重要組成部分。其中包括四
個重點發展方向：（一）完善學校運動設施，（二）改革學校體育課程，

學生在賢社學生中心內的健身中心練習健身單車

（三）加強培訓運動隊伍，（四）普及運動建立文化。

在完善運動設施方面，由於要配合學校不同方面的發展，在世紀之交近
十年的時間中，培正面對運動場地及設施不足的情況。但自 2003 年以來，
在學校推動與及各方積極響應捐助下，新的體育設施紛紛落成：何添夫
人陳淑芳女士紀念堂（禮堂大樓）四樓是「陳伍婉蘭體育館」，配備國際
標準之木板地台，可進行多種球類活動和訓練；大樓底層是「馬子修操
場」，為有蓋活動中心，除用作籃、排球訓練外，亦是體育課的上課地點；
大樓前方是鋪設全天候跑道的「梁北鵬運動場」，配備國際田徑總會認可
的 M99 物料田徑跑道、跳遠沙地及多用途操場，是各種球類運動的主要
訓練場地；大樓背面是「勤社攀石場」，內設高 60 米的攀石牆；另有設
於 J 座「賢社學生中心」內的健身中心，配備完善的健身器材，包括跑步
機、健身單車、踏步機、划艇機等健身器械；加上建於童軍山的「穎社
投擲場」，以及位於小學部的「陳伍婉蘭游泳池」，培正於 2009 年時已規
劃成設備完善的運動校園。

至 2015 學年，由於部分場地設施年久失修，各訓練場地的器材亦需更新，在譚日旭校長積極聯絡下，得歷屆校友熱心響應，其中梁孔德校友（1965年級耀社）慨然承擔培正的全天候田徑跑道；孫啟烈校友（1972年級賢社）捐購健身中心器材，而穎社校友（1980年級）亦贈款翻新投擲場，使培正的運動設施全面恢復至先進水平。紅藍兒女愛校之情可見一斑。

在改革體育課程方面，學校在初中課程加入選修元素，安排全級學生同時上課，並將六班學生分為八組，每組約 30 人，以進行小班教學。學生可以在籃球、排球、羽毛球、田徑等項目中，選取一項參與專項訓練。專項訓練的課節佔全年課節的三分之一，以提升學生的運動興趣、信心及技能。這項改革具有兩大特色，其一是降低師生比例，由 1 比 40 降至 1 比 30，以增加專業指導的效果；其二是在體育課程中加入了選修項目的元素，讓學生建立自己的專長項目，學校亦可從中培養和發掘運動精英。

在加強培訓運動隊伍方面，隨著運動設施增加，學校逐步增加運動隊伍培訓的頻次及強度，一方面令學生的專長得以發揮，另一方面可增加學生對學校的歸屬感。此外，為提升運動隊伍的競技水平，培正又聘請多位本港體育精英，擔任運動隊伍的教練。例如，水球隊教練曾憲勳（1987年級德社），他是本港著名水球運動員，曾於 1997 年代表香港參加第八屆全國運動會；足球教練是陳融章，他是前馬來西亞國家足球隊成員，曾先後擔任香港足球代表隊署理教練及香港青少年代表隊教練等。

在普及運動文化方面，培正自 2003 年起在中一及中二級推行「一人一運動計劃」，目標是學生每年須於課餘參加不少於 20 小時的體育鍛鍊，達標者將獲得體育科額外分數獎勵。計劃推行後有超過七成學生能達到目標，對提升整體學生運動心理和身體質素，成效顯著。

經過數年苦心經營，培正的運動水平明顯提升。2006 學年，培正在中銀

香港紫荊盃（男女校組）獲得第二名，是學校相隔 30 年後再次獲得全港學界體育排名亞軍，進步良多。其後，培正更於 2007 及 2011 學年兩奪中銀香港紫荊盃（男女校組）冠軍，打破英童學校及國際學校多年來的壟斷局面，為華人學校爭光不少。表 7 是培正在歷屆中銀香港紫荊盃的得分及排名情況，反映學校的體育校園政策對提升運動水平極具成效。

表 7：香港培正中學在歷屆中銀香港紫荊盃得分及排名表（2005-2019）

年度	得分	排名
2005/06	95	7
2006/07	126	2
2007/08	140	1
2008/09	138	3
2009/10	128	5
2010/11	163	3
2011/12	177	1
2012/13	163	3
2013/14	160	3
2014/15	154	4
2015/16	175	4
2016/17	161	4
2017/18	160	3
2018/19	174	3

從表 7 可知，體育校園政策推行以來的 14 年中，培正九次躋身全港三甲，兩次摘取桂冠，成績名列前茅。事實上，歷年來培正師生憑著鍥而不捨、金石可鏤的鬥志，在各項運動競技上，踔厲奮發，力爭上游，其在香港學界體壇上所獲得的成就，並非倖致。2012 年，當培正第二次歷史性奪冠後，體育科主任鄭景亮老師分享：

> 今天我們站在高峰，再次創出歷史性的成績，是值得鼓舞和高興的，但培正在體育發展的理念，並不在於奪取獎項，而是透過體

培正歷史性第二次奪得中銀香港紫荊盃冠軍後，全體運動員在運動場上留影。

育運動的培訓，強健學生體魄，培養學生品格，普及精英並重，達至全民運動，使學生具有良好的身心發展，學會奮鬥人生。無論是否得到獎項，我們會繼續落實培正的體育格言，[8]以謙卑的心努力向前，為培正再創傳奇。

在傑出運動員方面，培正可謂人才輩出。特別是在「香港培正體育會」積極鼓勵下，推行「紅藍傑出運動員」選舉，每年均獎勵代表培正參與各項體育活動而獲得優異成績的同學及體育隊伍，對促進培正的體育事業，貢獻良多。個人獎項方面，獲獎次數最多的是梁曉儀（2009 年級軒社），她在短跑及跨欄方面表現突出，從 2003 學年開始，連續獲得六次全年最佳運動員獎；此外，陳宥全（2004 年級雄社）於游泳及呂麗瑤（2013 年級翹社）於田徑均曾四次獲得全年最佳運動員。在運動隊伍方面，男、女排（連同沙灘排球）曾 12 次奪得全年最佳運動隊伍，表現最為突出，其餘田徑隊、籃球隊、射箭隊均有良好表現。

【8】培正體育格言：專心——可以發揮潛能，堅毅——可以創造奇跡，勇敢——可以贏得尊崇。

表 8：歷屆紅藍傑出運動員選舉獲獎一覽表

年度	最佳運動員		最佳運動隊伍	最進步運動隊伍
	男	女		
1997/98（第 1 屆）	李卓豪（手球）	陳詠彤（游泳）	男子排球隊（丙組）	男子田徑隊（丙組）
1998/99（第 2 屆）	許家泰（田徑）	麥天娜（游泳）	田徑隊	舞蹈隊
1999/00（第 3 屆）	陳宥全（游泳）	張淑雯（游泳）	男子排球隊	游泳隊 女子排球隊
2000/01（第 4 屆）	陳宥全（游泳）	陳潔華（田徑）陳詠彤（游泳）	男子排球隊	女子田徑隊
2001/02（第 5 屆）	陳宥全（游泳）	勞健敏（游泳）	男子排球隊	女子排球隊
2002/03（第 6 屆）	陳宥全（游泳）	勞健敏（游泳）	男子排球隊	女子排球隊
2003/04（第 7 屆）	李嘉逸（田徑）湛永基（手球）	梁曉儀（田徑）	排球隊	游泳隊
2004/05（第 8 屆）	嚴浩然（田徑）	梁曉儀（田徑）	男子排球隊	中學羽毛球隊 男子田徑隊
2005/06（第 9 屆）	羅維漢（田徑）李臻樂（排球）	梁曉儀（田徑）	排球隊	男乙足球 女子羽毛球
2006/07（第 10 屆）	李臻樂（排球）劉達榮（游泳）	梁曉儀（田徑）	排球隊	足球隊
2007/08（第 11 屆）	李臻樂（排球）	梁曉儀（田徑）	游泳隊 男子沙灘排球	女子田徑隊
2008/09（第 12 屆）	柯銘浩（游泳）陳奕熙（田徑）	梁曉儀（田徑）	田徑隊	男子籃球隊 男丙越野
2009/10（第 13 屆）	鄧達浠（游泳）鄧柏駿（田徑）	呂麗瑤（田徑）	女子游泳隊	籃球隊 越野隊
2010/11（第 14 屆）	柯銘浩（游泳）郭健鈞（野外定向）	呂麗瑤（田徑）潘星雅（野外定向）	女子籃球隊	女子越野隊
2011/12（第 15 屆）	郭偉程（田徑）郭健鈞（野外定向）	呂麗瑤（田徑）	女子籃球隊	男子越野隊 男子拯溺隊
2012/13（第 16 屆）	陳韋彤（田徑）	呂麗瑤（田徑）	女子田徑隊 排球隊	男子越野隊
2013/14（第 17 屆）	劉建希（田徑）	何晞童（游泳）	男子排球隊	男子籃球隊

年度	最佳運動員		最佳運動隊伍	最進步運動隊伍
	男	女		
2014/15（第18屆）	劉建希（田徑）	姚迪云（游泳）	女子射箭隊 男子丙組籃球	乒乓球隊
2015/16（第19屆）	馮奧朗（體操）	陳穎彤（射箭）	女子射箭隊	女子籃球隊
2016/17（第20屆）	馮奧朗（體操）	王蔚瑤（田徑）	田徑隊	男子籃球隊（丙組）
2017/18（第21屆）	馮奧朗（體操）	陳穎彤（射箭）	射箭隊	女子越野隊

在學界獎項上，繼莫永光於 1994 學年獲得香港學界體育協會頒發的「歐米茄玫瑰盃」最佳男運動員獎（男女校組）後，培正學生在 2007 至 2014 的七個學年之中，四次獲頒中銀香港紫荊盃最佳運動員獎，依次為：2007 學年的李臻樂（排球）（2006 年級禧社）、2009 學年的黃夢雨（籃球）（2012 年級卓社）、2011 學年的呂麗瑤（田徑），以及 2014 學年的劉建希（田徑）（2015 年級哲社），他們都是香港學界的精英運動員。

此外，紅藍健兒亦在國際賽事中屢獲殊榮。有「學界女劉翔」之稱的梁曉儀（2008 年級希社）曾於 2005 年 9 月，代表香港參加「第 67 屆新加坡田徑錦標賽」，在 100 米跨欄賽中獲得銀牌；2007 年 2 月，梁曉儀更於「亞洲室內田徑邀請賽」60 米跨欄賽中掄元，獲得一面國際賽事的金牌。至於曾獲頒香港傑出青少年運動員獎的潘星雅（2012 年級卓社）亦曾於 2010 年 5 月在日本愛知縣舉行的「亞洲野外定向錦標賽」中，獲 W16 組金牌。在同一比賽中，郭健鈞（2013 年級翹社）獲得 M14 組冠軍。

至於在國際賽上獲得榮譽最高獎項的則要數被譽為「香港欄后」的呂麗瑤。她先於 2012 年的「亞洲青年田徑錦標賽」中，初露頭角，在自己的主項 100 米跨欄獲得一面銅牌。2013 年 10 月，她代表香港參加在天津舉行的東亞運動會，在女子 4 乘 400 米比賽之中，獲得銅牌。2018 年 8 月

26 日，呂麗瑤在雅加達舉行的「亞洲運動會」（亞運會）女子 100 米跨欄決賽中奪得銅牌，成為香港歷史上首位女子田徑運動員登上亞運頒獎台。2019 年 3 月，呂麗瑤在「新加坡田徑運動會」女子 100 米跨欄賽事中奪金，同年並在「香港傑出運動員選舉」中獲得「最具潛質運動員獎」，被校方譽為「培正 30 年來最優秀的女子田徑運動員」。

群 育

為回應社會需要，以及配合香港回歸，香港培正中學自 1989 年起，重整公民教育系統，增設公民教育主任一職，以「建設香港，關心祖國，放眼世界」為口號，推廣民族教育、社會服務及環保教育，並陸續設立「公民教育活動推廣小組」、「新聞小組」、「民族教育小組」、「環保教育小組」、「社會服務團」及「主題活動小組」等，以配合各種公民教育活動。在此後的 30 年之中，培正的公民教育圍繞民族教育、社會服務及環保教育三大範疇而展開。

民族教育──關心祖國

自 1997 年香港回歸，培正舉辦多項中港教育交流活動，加強學生對中國的歷史文化與及最新發展情況之認識，以了解國史，認識國情。2004 年 10 月，香港培正中學與歷史悠久的北京育才學校締結為姊妹學校。育才學校是北京市重點學校，也是高中示範校，享負盛名。葉賜添校長期盼兩校加強合作交流，讓培正學生「立足祖國，面向全球；掌握兩文三語，擴闊人際網絡；努力裝備自己，迎接未來的挑戰」。

在姊妹學校計劃下，培正同學每年到訪北京，與育才的學生一起上課，討論交流。第一屆訪京交流團由梁家榮副校長擔任團長，五位老師隨團，共有 40 名學生參加。中二楊凱儀（2008 年級希社）最難忘的是：

育才學校給我的感覺是環境優美，校園廣闊和學習風氣良好⋯⋯
老師一進教室，全班同學只花了半秒鐘就全部肅立起來。育才同
學嚴守紀律，叫我們敬佩不已⋯⋯他們上課時總是十分踴躍地舉
手回答問題，對於老師提出的難題，也勇於嘗試。我決心要好好
學習他們主動的求學態度。

以「擴闊視野，廣交朋友，互相學習，各展所長」為宗旨的育才交流計
劃是培正第一個制度化的中港交流項目，此後每年都有師生赴京交流，
成為培正國民教育的常規活動。

除育才交流計劃外，培正歷年來積極主辦或參與外界機構的內地交流團，
讓學生認識祖國，了解國情。例如，2004 年培正師生參加香港新一代文
化協會主辦的「清華大學明日領袖國情培訓計劃」，2006 年參加教育評
議會舉辦的「跨科‧跨校‧跨地專題研習——中學通識教育協作交流」，
2014 年參加教育局主辦的「『同行萬里』高中學生內地交流計劃」，與及
2017 年參加由饒宗頤文化館籌辦的「『絲路行者』學生大使計劃」等。至
於由培正自行主辦的內地交流團，範圍遍及廣州、武漢、洛陽、西安、
天津、山東、華東及絲路等。

培正師生亦會透過對重要歷史事件的回顧與反思，思考個人與國家的關
係。2011 年為辛亥革命 100 週年，培正特舉辦「辛亥革命的足跡」大型活
動，包括「辛亥革命：中山、廣州、武漢考察遊學團」、「辛亥革命的足跡」
專題展覽、班際壁報設計比賽、發行香港培正中學辛亥革命 100 週年紀念
郵票首日封等。藉以回顧革命歷史，追念革命英烈，抒發愛國情懷。

2015 年，適逢抗戰勝利 70 週年，中國歷史科為加深學生對民國及中日戰
爭時期歷史的認識，特安排中三同學前往香港大學美術博物館，參觀「烽
火山河：民國與抗戰（1912 至 1946）」展覽。是次展覽旨在說明中國人民

南京大屠殺 80 週年悼念郵票設計比賽冠軍作品

為建立民主共和國所付出的巨大努力，以及當時中國政治在對外關係中所受到的影響。展品包括一系列前所未見的原始檔案文稿，勾畫出當時中國歷史的全貌，見證近代中國政治中複雜的外交關係。參觀活動讓學生走出課室，透過原始資料，重塑歷史，並增加民族的認同感。

2017 年是「南京大屠殺」80 週年，為培養學生的民族歸屬感與愛國情操，引發悲憫同理的襟懷，培正中國歷史科特舉辦「南京大屠殺 80 週年悼念活動」。12 月 13 日，即南京淪陷紀念日，曾靜雯老師主持早禱分享，為這個為期一週的活動揭開序幕。曾老師跟學生回顧歷史，教導學生汲取歷史教訓，學習抗日同胞的堅毅精神，喚起渴求和平的心，同時也學會寬恕和接納。整個活動包括圖片展、【9】專題書展、製作悼念網頁、郵票設計比賽等。

社會服務——建設香港
社會服務是培正優良的學校傳統，從廣州培正關心東山山河鄉貧民區，到 50 年代香港培正服務何文田木屋區居民，培正師生一直秉行愛鄰舍的

聖經教訓。至 21 世紀，社會服務仍是培正中學公民教育三大範疇之一。在 2005 學年，培正社會服務團配合課外活動部門，全力推展義工服務活動，鼓勵同學積極參與社會服務，並以賣旗活動及售賣獎券、殘疾人士服務、長者服務、兒童服務和弱智人士服務作為基本框架，全面開展社會服務的教育工作。

自 2007 年開始，培正將服務弱勢社群的範圍擴展至新移民家庭及低收入家庭。2007 年 3 月 24 及 31 日，學校與培正道浸信會合辦活動，服務新移民家庭，第一日的活動是透過遊戲，教導小朋友如何正確處理和表達情緒。第二日是親子活動，義工、小朋友和家長一起到粉嶺創姿園農莊下田種菜，並合作將採得的生菜製成沙律、三文治作午餐，下午玩集體遊戲。透過上述活動，小朋友與家長的感情增進不少。

2013 年 2 月 8 日，為宣揚助人、關愛的訊息，社會服務團在學校舉辦「童賀新年」義工服務計劃。當日活動包括競技賽、校園定向，以及一連串與農曆新年有關的活動，像是賀年飾品及糕點製作、揮春製作等。當日約有 30 名來自低收入家庭的小朋友參加，各人均盡興而返。

從 2015 年開始，培正與新福事工協會發展短期食物援助活動，以回應基層貧困家庭迫切的需要，讓他們得到溫飽及關懷；同時亦讓師生在農曆新年到來之際，能推己及人，關注弱勢群體的福祉，實踐社會責任。因此，學校每年於農曆除夕均會在校內收集食物及超級市場現金券，幫助充實新福事工協會的「愛心糧倉」。捐助的食物包括賀年食品、米、食用油、即食麵、餅乾、米粉、罐頭食品等等。食物捐贈行動成了學校關心弱勢社群的平台。

【9】圖片展舉行期間，會場每天播放不同的紀錄片，讓學生加深認識與此段歷史有關的人和事，並藉影像喚起學生的感情。其中包括：
1. 中國人的見證：1.1 倪翠萍：〈一家七口被害的痛苦記憶〉；1.2 張秀紅：〈日本人，原諒不了〉；1.3 駱中洋：〈見證大屠殺的前國民黨士兵〉。
2. 日本人的懺悔：2.1 三谷翔：〈日本老兵的反思〉；2.2 村瀨治：〈曾經飽餐中國人肉的日本老兵〉；2.3 松岡環：〈日本良心〉。
3. 外國人的見證：3.1 約翰馬吉：〈用錄像機拍下大屠殺真相〉；3.2 魏特琳：〈將生命奉獻給南京〉；3.3 約翰‧拉貝：〈良心的納粹黨員〉。

李子柔及黃芷晴在山東考察期間，與患有眼疾的兒童合照。

除關心香港的弱勢社群外，培正近年來亦將社會服務範圍擴展至內地甚至亞洲貧困的國家和地區。從 2001 年開始，培正學生每年均參與香港世界宣明會組織的山區貧民探訪活動，遠赴蒙古國，內地的甘肅、廣西及雲南等地，服務當地貧困兒童，深刻體會「施比受更為有福」的聖經教訓。例如，2005 年，培正第二次與香港青年獎勵計劃及香港世界宣明道合辦「給生命一個機會——蒙古童心、同心、關心 2」活動，為 17 位香港青年獎勵計劃金章參加者進行考核。是次活動的服務地點是蒙古國北部山區的庫蘇古爾省安達尼市（Erdenet），學員除探訪收容街童中心外，更為這些弱勢兒童舉辦夏令營，將愛心傳到遙遠的蒙古。

2015 年，中六李子柔及黃芷晴（同屬 2016 年級創社）參加奧比斯學生大使運動，獲「最佳籌款計劃」獎，因此獲邀在當年暑假前往山東省進行五天考察及義工服務，並探訪當地眼科醫院及考察當地的救盲工作。在這次救盲考察團中，兩位同學除了參觀由奧比斯資助的魯南眼科醫院內的一些先進儀器，了解當地眼疾及奧比斯資助計劃的情況外，還探望了四名患有眼疾的兒童。她們最難忘的是能夠親身進入手術室，觀看其中

一位病童進行斜視矯正手術。行程完結後，兩位同學有感而發，分享這次旅程的意義：

> 「生命影響生命」——我們在這趟旅程中切切實實地體會到這句話的含義。以往我們都很被動，認為自己能力有限，就索性不做或等待別人先行動。但經過這次旅程，我們明白到作為帶領者的重要性。每個人的努力都能改變世界，想要改變現況，喚醒人們對眼疾情況的關注，必須先由自己做起，才更能感染別人、影響身邊的人。

其後，黃芷晴同學通過甄選，獲《南華早報》（*South China Morning Post, SCMP*）和香港賽馬會主辦的「2015 傑出學生年獎」（2015 SCMP Student of the Year Award）頒發「社區服務大獎」（Community Contributor Award），表揚她在救盲活動中積極的參與。

近年，培正學生亦開始踏足亞洲貧困落後的地區，為當地有需要人士提供社會服務。2013 年，香港培正中學與德貞女子中學、葵涌循道中學、浸信會呂明才中學、寶血會上智英文書院及香港道教聯合會青松中學合辦「尼泊爾峻嶺童心」活動。是次活動得到香港世界宣明會協助，及香港青年獎勵計劃學校執行處資助，讓學生到尼泊爾山區進行探訪之旅，並以此作為香港青年獎勵計劃金章考核活動。學員探訪了宣明會位於喜馬拉雅山脈的安娜普娜山區（Annapurna）的社區發展項目，了解當地貧困情況，以及宣明會如何幫助當地改善衞生、供水設施和種植技術，提高山區農村的生產力。

2017 年初，中五周力行（2019 年級君社）獲選參加香港基督教青年會（YMCA）舉辦的第 17 屆「傲翔新世代」全方位青年領袖訓練計劃，在暑假期間前往緬甸首都仰光進行五天的考察、交流及服務。計劃目的是

培正參與合辦「尼泊爾峻嶺童心」活動，讓學生到尼泊爾山區進行探訪。

鼓勵參加者挑戰自我，自我反思，同時走進社區，了解及關懷社會上有需要的人士。在這次行程中，學員到訪緬甸的聾啞學校及僧侶學校，帶領學生遊戲；以及到貧困村落進行家訪，並為居民修葺房屋。

環保教育——放眼世界
環境保護是近年來全球熱議的課題，作為地球村公民，每個人都有責任維護環境的可持續發展。培正的社會服務概念亦因此延伸至環境保護教育，期望下一代能夠承擔保護環境的責任。

早於 21 世紀初，培正即致力推動環境保護教育。在公民教育委員會下設有「環保教育小組」，負責策劃環保教育活動，例如環保旅行比賽、廢紙回收、垃圾分類、舊衣回收等，更於 2001 年「第二屆香港綠色學校獎」獲得優異獎。又為鼓勵學生愛惜公物，養成清潔習慣，學校由 2002 年開始推行清潔運動，每天下課後，全體學生須留校清潔課室，排好桌椅，離開時關掉所有電器，以免浪費資源；每月又編定一天為「月潔日」，由同學輪流徹底清潔課室。

2006 年開始，學校推行「生命教育」，其中一個範疇是「人與自然環境及國家社會的教育」，教導學生珍惜身處的環境，實踐保護地球守則，關懷社會及國家，並要尊重生命的多樣性及大自然的節奏和規律，以維持平衡的自然生態。到了 2012 年，培正推動明日校園計劃第二階段（2012-2018）的發展計劃。其中重點是開闢半山徑和自然生態區，建設綠色校園。

近年來，培正著力發展魚菜共生計劃。2016 年 11 月，黃敏之和錢家建校友（同屬 1976 年級捷社）捐助母校在周美兒花園設立一個魚菜共生系統，讓學生認識環保。魚菜共生是一個將魚和蔬菜共同培育的環保有機農作系統。在魚池中，魚的排泄物經水泵送到最上面盛有陶珠的蔬菜池，多孔的陶珠裏面可以讓硝化細菌寄居，並分解魚類的排泄物，轉化成植物所需的營養素，因此毋須為蔬菜添加肥料，而蔬菜在吸收這些養料的同時，也把水潔淨，供魚池中的魚類健康生長。這種利用水循環，使魚、細菌、植物三種生物互惠互利，共同生長的方式，便稱為「魚菜共生」。目前，學校在陶珠池中種植了不同種類的蔬菜，包括生菜、椰菜、荷蘭豆、西洋菜和皇帝菜。水池中間飼養了八尾寶石魚，而池底則發展成一個生態池，放入泥生的挺水植物，包括：風車草、銅錢草等，也有一些浮水植物，例如浮萍、狐尾藻等。同時，池裏也放養了錦鯉，負責當清道伕的虎紋琵琶魚和白老鼠魚等，使之逐漸發展成一個循環自足的系統，成為現成的環保實物教材。

此外，學校又積極參與環保活動。2016 年 7 月至 2017 年 7 月，培正參加了新創建集團與香港地貌岩石保育協會主辦的第五屆「青年地質保育大使培訓計劃」，在香港地質公園兩大園區進行實地考察，學習地質保育的重要性和導賞技巧，並接受表現評核。經過多次遴選，培正脫穎而出，成為最優秀隊伍之一，連同其他五間學校，隨香港資深地質學者遠赴韓國濟州進行四天地質考察。是次活動中，培正獲頒「最佳合作團體」獎。

設於周美兒花園的魚菜共生系統

同年，培正初、高中學生參加「全港校際氣候變化跨課程專題比賽
2016/17」。初中組以「藻類舒緩全球暖化問題」作為題目，研究以藻類
來舒緩全球暖化的可行性，獲得亞軍，並獲教育局全數資助前往青島及
鄭州參加綠色學習之旅，考察內地城市應對氣候變化的措施。而高中組
以「探討素食對降低碳足印的成效」為題進行研究，證明市民如能選擇
素食，將有助減少香港整體產生的碳足印，減緩氣候變化。高中組同樣
獲得亞軍，可以連同其餘五間獲獎學校，遠赴韓國首爾參與五天的首爾
環保建設及氣候變化學習團，參觀首爾能源夢想中心及清溪川環保工程。

美育

「一人一體藝」及「藝術校園」計劃

這時期培正美育的開展與「一人一體藝」及「藝術校園」計劃息息相關。
正如前述，自 2005 學年開始，培正推動「一人一體藝」政策，期望透過體
育、視覺藝術、戲劇及音樂的多元教育，配合現代化的校園建設，培育學
生的多元智能。透過計劃，學生可按自己的興趣和能力，從音樂（管樂／

弦樂／敲擊樂／木笛／電腦音樂與創作／合唱／中樂）或視覺藝術兩個範疇中，選擇一組作專項訓練。配合系統化的藝術核心課程，務求讓學生掌握藝術的知識和技能，提升鑑賞能力和文化修養。學生除了在正常課堂上學習音樂知識外，亦從專項的樂團演奏中學習合奏技巧，更會定期參與不同類型的校內和校外演出，藉此提升自信心及培養團隊精神。

自 2006 學年開始，培正於中一級開設戲劇科，並把戲劇教育納入「一人一體藝」計劃之內，成為重點培訓項目。課程內容主要為戲劇歷史、舞台知識及表演技巧。除了學習戲劇的知識和技巧外，學生更可藉著戲劇課堂培養溝通技巧、責任心、自信心及表達能力。自此，培正的藝術教育便由音樂、視覺藝術及戲劇三個範疇組成。

2013 年，培正對校園藝術教育作出更革，標舉核心與專項並重的特色。初中專項課程分八大組：合唱與木笛、中樂、管樂、弦樂、視覺藝術、敲擊樂組，學生可按一己的興趣及能力挑選合適的課程。與此同時，所有學生必須學習整套核心課程，包括音樂知識與樂理、音樂欣賞、爵士鼓、數碼鋼琴、視覺藝術及媒體藝術。修訂後的核心課程期望為學生提供均衡的音樂、視覺藝術和戲劇教育的學習機會。而高中專項課程分管弦樂、中樂、舞台技術、電影動漫、音樂劇、視覺藝術、電樂弦聲、舞蹈八大組。至於畢業班課程則因應學生未來投身社會的需要，或與時並進，設立拉丁舞、現代舞、電子音樂、無伴奏合唱組等專項。

為貫徹落實各項藝術教育課程改革，培正同時發展藝術校園計劃，更新設備，以支援課程的實施。2006 年 12 月 16 日，許士芬博士大樓（F 座教學大樓）揭幕。大樓位於禮堂左側，配備先進教學設備，為師生進行音樂、視覺藝術、戲劇教育與及各類表演活動，提供優質的場所。其中位於七樓的「梁馮潔莊女士演藝活動中心」是一個實驗劇場，內設專業的燈光及音響設備、電動吊桿及天幕，與及百餘個座位，對推廣戲劇教育

學生在柏斯數碼音樂實驗室上課

及提高學生演出水準，作用至為關鍵。「基社（1974 年級）銀禧紀念藝術活動中心」是多媒體動畫及影音製作室，安裝了先進的多媒體電腦，幫助學生進行平面設計、影像處理、影片剪輯及數碼音樂創作等，學生亦會在中心接受傳統藝術媒介（如素描、繪畫、版畫和雕塑等）訓練。「張潮彬博士音樂活動中心」配置了先進的影音器材，既是錄音室及混音室，也是環境優美的音樂廳。再加上位於 E 座石階的「丘耀西露天劇場」，培正建構了頗具規模的藝術校園。

2012 年 11 月 28 日，「柏斯數碼音樂實驗室」正式落成啟用，標誌著培正藝術校園建設階段性的完成。實驗室由吳天延校友（1985 年級博社）以「柏斯音樂基金會」名義贊助音樂器材及修建費用，耗資港幣 100 萬元。數碼音樂實驗室設計新穎，概念獨特，除可用於音樂教學和合奏外，更可作為音樂創作的平台，學生可運用電子音樂科技，進行作曲、編曲和混音等音樂創意活動，是全港首個透過電腦系統，將數十台數碼鋼琴及電子鼓連結起來，匯聚成大型電子管弦樂團或敲擊樂隊，進行演奏的電子音樂平台。

銀樂隊成立 55 週年音樂會演出盛況

校園音樂文化的普及

培正推動「一人一體藝」計劃，其中一個重要目的是在校園中普及音樂
文化，將培正發展成「全港最優秀的通識音樂教育學校」。總括歷年以來
培正的普及音樂文化活動，可分成三大類別：學校樂團活動、校內音樂
活動和對外音樂交流活動。詳細內容參見表 9。

表 9：培正歷年來音樂活動舉隅

學校樂團活動	校內音樂活動	對外音樂交流活動
銀樂隊	班際歌唱比賽	校際音樂節
弦樂團	音樂週	聯校管樂團交流會
中樂團	午間音樂會	音樂創藝展
木笛隊	週年音樂會	青年音樂匯演
合唱團	Pui Ching Singing Contest	學院藝術家計劃
流行樂團	各級社音樂匯演	中華盃全國管樂比賽
管弦樂團	校際比賽優勝者音樂會	境外音樂觀摩活動
樂器訓練計劃	銀樂隊週年紀念音樂會	

表 9 反映培正的音樂活動具有多元、專門、普及等多項特色，學生既可

參與專門的樂器或合唱訓練，又能以此參與校內外的比賽或演出，從而獲得鍛鍊及運用音樂技巧的機會，更將學習成果匯集成不同形式的演出，讓全校師生也可欣賞，一同享受音樂帶來的愉悅，令校園充滿音樂氣氛。茲以銀樂隊、級社音樂匯演及週年音樂會作進一步的說明。

香港培正中學銀樂隊成立於 1957 年，至今已有超過 60 年歷史，是學校重要的音樂傳統及文化資產。新世紀時期的銀樂隊仍然不斷成長和進步，今天已發展成為管弦共奏的交響樂團。2007 年，銀樂隊成立 50 週年，學校特舉辦「香港培正中學慶祝香港特別行政區成立十週年暨銀樂隊金禧紀念音樂會」，以誌銀樂隊歷經半世紀的滄桑起伏，隊員如何藉紅藍精神去面對各種困難和挑戰。同年，銀樂隊在香港校際管樂團隊際比賽初級組賽事中，擊敗其他 24 隊參賽學校，獲得冠軍獎杯和通利琴行獎學金。

2012 年 7 月，銀樂隊為慶祝成立 55 週年，假學校禮堂舉行音樂晚會，以饗知音。是次音樂會由銀樂隊與中學管弦樂團、小學管弦樂團及九龍真光中學管弦樂團攜手演出，奏出多首動聽樂章。同年 12 月，銀樂隊在香港青年音樂匯演管樂團比賽中，擊敗多支來自傳統名校的音樂強隊，奪得中學中級組比賽冠軍。連同是次掄元，培正中學的銀樂隊於校際音樂比賽中共奪得 13 次冠軍。

至於在音樂匯演方面，培正自推行「一人一體藝」計劃以來，學生除學習正規的音樂課程外，亦接受專項的音樂訓練，以提升音樂造詣。為展示學習成果，首兩屆接受「一人一體藝」訓練的級社（2010 年級迪社和 2012 年級卓社）特於 2007 年 6 月 2 日，在學校禮堂聯合舉辦音樂會，名為「卓迪音樂匯演 2007」。節目有鼓樂隊、弦樂團、銀樂隊、管弦樂團、中樂團、笛隊和合唱團的表演，全部參與演出的同學接近 400 人，是級社音樂匯演的濫觴。

在首屆「週年音樂會」上，培正各藝術團隊均參與演出。

2009 年 5 月 9 日，已屆中三的卓社再次籌辦音樂匯演，是次匯演既是卓社同學的初中畢業感恩音樂會，又是他們三年來藝術教育學習成果的全面展示。此後，中三級學生每年均舉辦音樂匯演。【10】一般而言，音樂匯演的節目不單包括管樂、弦樂、中樂、敲擊樂、合唱和班際歌唱表演，還加入了學生原創音樂作品表演和視覺藝術作品展覽，以展示學生的藝術才華。整個活動由演出籌備工作，包括節目安排、選曲填詞、演出排練，以至台前幕後、燈光音響、化妝道具等，全部由學生負責，可謂傾全級同學之力，合作而成。通過統籌大型藝術活動，讓學生學會領導、統籌和協作的精神和技巧。

2011 年 7 月 9 日，卓社同學在中五畢業前，在校舉行「中五卓社音樂劇晚會」。這不但是高中藝術學習生涯的總結，也是學生畢業前最後一次大型演出。他們演出的劇目為《十年・回憶》。劇中多首樂曲都是電腦音樂組學生的原創作品，而台前幕後的工作均由學生負責，動員超過 250 人，開啟了級社原創音樂劇的先河。而自 2012 學年開始，中五級社的音樂匯演暨音樂劇晚會延伸至連續兩晚上演，是每年校內的音樂盛事。【11】

【10】自 2017 年以後，中三的音樂匯演改為綜藝晚會，感恩環節仍然保留。
【11】自 2018 年以後，中五的音樂晚會改於中六舉行，並將當日定為中六社辰，以延續培正的傳統。

自 2016 學年開始，培正為進一步推動藝術教育，發展學生的藝術才華，遂舉辦「週年音樂會」，讓各樂團及小組增加演出機會。首屆「週年音樂會」於 2017 年 7 月 6 日舉行，擔演的團隊包括管弦樂團、中樂團、弦樂團、合唱團、銀樂隊、無伴奏合唱組、木笛隊、口琴隊、室樂合奏等，同場並設有視覺藝術展覽。學校又邀請香港培正小學的弦樂團及合唱團一起演出，整個音樂會共有 400 多名中小學生參加，台前幕後均由學生負責製作，藝術科老師指導，讓學生透過親身參與大型藝術製作，提升藝術文化知識、技能、創意和鑑賞能力，並從中學會領導、統籌和團隊協作精神，貫徹培正全人教育的理念。

紅藍劇藝，延續輝煌

培正一向有濃厚的劇藝傳統，早於 1950 年便成立了紅藍劇社，在學界劇壇鋒芒畢露，孕育了不少戲劇人才。踏入 21 世紀，培正一方面推動戲劇教育，讓戲劇普及化，每年均舉行中五級社音樂劇晚會、英語話劇及音樂劇之夜（Drama Night），讓更多學生有參演的機會，藉此提升興趣，發掘潛能。另一方面，紅藍劇社秉持傳統，薈萃精英，參與學界戲劇比賽。其中最成功的劇作要算是獨幕劇《困獸》。劇社在 2007 年憑該劇參加香港學校戲劇節（中學粵語組），並連奪七個獎項，包括：傑出整體演出獎、傑出合作獎、傑出導演獎、傑出舞台視覺效果獎；而在劇中飾演礦工的三名男演員李臻樂、萬啟曦及林芷沿（同屬 2006 年級禧社）更同時獲得評判垂青，全部獲頒傑出男演員獎。評判稱許是次演出具「專業水準」、「表現出色」及「舞台效果優越」。

除中、英文話劇外，培正從 1999 年起，嘗試製作大型百老匯式音樂劇，曾製作的大型音樂劇包括 1999 年的《超時空真愛》及 2003 年的《疾風高飛》。（有關兩劇的製作及演出詳情，請參閱本書第五章〈基督教全人教育〉。）2005 年 12 月，培正製作第三套大型音樂劇——《震動心弦》。該劇由戲劇大師鍾景輝擔任顧問，並由過百師生傾力製作。內容講述在一個

《震動心弦》劇照

人慾橫流的都市裏住了一群醉生夢死的青年，但在一夜之間，家園盡毀，
不少親人在哀哭聲中被吞噬。面對厄運，有人無語問蒼天，有人卻在瓦
礫中發現從未嘗過的真愛。劇中歌曲選自多齣百老匯音樂劇，例如《貓》
（Cats）、《孤星淚》（Les Misérables）等。學生落力的演出，令在場 2,700 位
觀眾深受感動。該劇其後於 2006 年重演，反應熱烈。

近年來，一直是紅藍劇社中流砥柱的何力高，再度回歸母校任教，並製
作聯校音樂劇《奮青樂與路》。該劇於 2017 年公演，囊括第 27 屆香港舞
台劇頒獎禮六項大獎，被譽為「糅合品格與藝術的戲劇教育」顛峰之作。
（有關培正製作大型聯校音樂劇的情況，可參見本章專頁〈紅藍劇藝的
異彩──以戲劇培育生命的何力高〉。）

靈育

在新世紀，培正的基督教事工仍維持一貫的內容框架，以定期舉行的學
生團契（分級團契和總團）為學生宗教活動的主軸，輔以清晨靈修、成

長小組／營會、培靈會、夏令會等，以照顧學生靈性的成長。學校又通過籌辦福音週（上學期）及福音劇（下學期）來發展校園福音工作，再加上九龍城浸信會及培正道浸信會的協作，令學校的牧靈工作具備重要的支點。

福音週與福音劇

作為培正校園福音工作重點的福音週始於上世紀 80 年代，以多元化活動加上傳統的佈道會，增加與不同學生的接觸點，吸引他們參與福音活動。事實上，從 90 年代開始，每年的福音週均加入創新元素，與時並進，保持對年輕學生的吸引力。這種趨勢至 21 世紀仍保持。就主題而言，曾於一些年度加入含義較廣泛的砌字式主題以取代單一主題。例如，2003年福音週以「S. H. A. R. E.」為主題，其中「S」代表 Sacrifice（犧牲）；「H」代表 Harmony（和諧）；「A」代表 Appreciation（欣賞）；「R」代表 Response（回應）；「E」代表 Eternity（永恆）。另一個例子是 2007 年的「C. A. T. C. H.」，其中「C」代表 Christ（基督）；「A」代表 Apocalypse（啟示）；「T」代表 Testimony（見證）；另一個「C」代表 Chance（機會）；「H」代表 Hallelujah（歌頌）。至近年，主題越趨通俗在地。例如，2015年的「至『正』是祢」，「至正」既是培正校訓，有正確的意思，同時又通粵音『正』，表示美好。2017 年的主題為「望咩望」，同樣引入口語化的用詞。主題第一個「望」是注視之意，指注視世界，主題第二個「望」是仰望，指仰望上帝。兩個望字之間加入口語化的「咩」字，變成一個短問句，請同學反思他們正在尋覓什麼，以帶出宗教的意涵。

就內容而言，每年籌辦福音週的老師和學生都別出心裁，嘗試加入新的元素或形式，以增加活動的吸引力。例如，2004 年，增設「青年信仰論壇──基督教與科學勢不兩立？」，邀請何建宗博士和林以諾牧師，即場與學生對談，辯論基督教與科學的融合與衝突，氣氛熱烈，結果原定下午 5 時結束的論壇延至 6 時許才結束。2005 年，大會加入魔術環節，名

為「魔術幻影」，以增加娛樂性。2007年時，又加入校園定向式遊戲，名為「3-Chance」，以配合主題。至2017年，首度加入體驗式遊戲——「咩都望唔到呀」，讓學生體驗身處黑暗，經歷信心的考驗。

自2000年開始，學生基督徒團契總團統籌福音劇的工作，藉戲劇的生動呈現方式激發學生對信仰的思考，此後成為定制，每年下學期均會上演福音劇，是培正校園福音工作的盛事。先後搬演的劇目包括：探索人生意義的《生死謎》（2000）、諷刺生活的《人生為何？》（2001）、有關天父聽禱告的《天使籃》（2002）、討論人性的《荒野人》等。2006年，上演的劇目為《差‧情‧尋》，劇情由三位同學的真實見證改編，內容有關他們面對的家庭壓力、個人抉擇及學業壓力。自此以後，福音劇均改編自老師或學生的真實經歷與體驗，成為真人真事的實況劇，目的是藉著師生的得救見證，向同儕傳揚福音，也藉此鼓勵基督徒師生勇於為主作見證。

校園福音工作

在推動校園福音及生命教育的工作上，培正的基督教事工部一直與九龍城浸信會（城浸）及培正道浸信會（培浸）合作無間，在彼此配搭下發展了不少活動項目，讓學生認識上帝。兩間教會都是學校重要的牧靈工作伙伴。首先，學校在最近幾個學年將初中的生命教育分別交由城浸（中一、中三）及培浸（中二）協助，並由此引申，將該級的團契及相關營會的工作，也交由兩間教會協助推展。至於學校大型宗教活動，如福音週、團契營會、基督教歷史及文化考察團等工作，都是由基督教事工部與兩間教會合作籌辦。

此外，兩間教會又協助栽培和訓練的工作。例如，基督教事工部在2012年的工作重點為培訓門徒，並開設「初信栽培小組」及「進深栽培小組」，結果有172名學生報名，需要分成31組進行門徒栽培工作。領組工作便

學生於清晨在校園獻唱詩歌

由基督徒老師、城浸及培浸的教牧同工、導師分別承擔。同年，城浸為學校中一及中二團契職員舉辦領袖訓練，內容包括建立團隊精神、教授解難技巧及領導技巧。經過兩階段的訓練後，九名團契職員在團契的職任上繼續學習及實踐真理，忠心事主。

除了學校及合作教會的推動外，培正的基督徒學生亦自發追求靈性的長進，務要「離開基督道理的開端，竭力進到完全的地步」（《希伯來書》六章1節）。1999學年，中七級安得烈團進行清晨靈修，每星期一次，逢星期三早上7時30分在學校副堂聚會，由團契導師帶領，開近年培正學生恆常靈修聚會之風。直至2006年，每天仍有平均25人出席清晨靈修。若遇水運會、陸運會等，同學就到場地附近聚會，風雨不改。就算考試期間依然在相同時間和地點聚會，成為校園美好的見證。

2005年10月，培正舉行學生培靈會，主題是「基督徒站起來」。這次培靈會由校友團契策劃，學生團契籌辦，是培正校史上首次由學生自發舉辦的培靈會。目的是鼓勵基督徒同學認真對待自己的信仰，努力追求屬

靈成長。聚會約有 100 名學生參加。

其後數年，校內興起門徒訓練熱潮。先是 2008 年，中六級團契約翰團成立了「噴火組」，目的是認清門徒使命：著重學習及實踐事奉，透過成員的實踐性活動感染其他團友。小組於團契時間以外舉行，以三個月為一期。第一期噴火組於 2008 年 1 月開辦，內容主要學習「護教學」及撰寫得救見證。在之後的一段期間，噴火組燃燒生命、為主發光的熱誠，感染了不少團契同學，同心事奉。

基於培正的基督教辦學理念、悠久的屬靈傳統，以及濃厚的校園宗教氣氛，令基督徒學生人數持續增長。表 10 是校方公佈的數字：

表 10：培正基督徒學生人數（2003-2017）

年度	基督徒學生人數
2003/04	676
2004/05	693
2005/06	635
2006/07	717
2007/08	740
2008-2014	人數不詳
2014/15	724
2015/16	691
2016/17	710

若按學校的總學生人數計算，近年的基督徒學生人數約佔 50%，反映培正一直在校內牧養著一個人數眾多的信仰群體。

校史趣聞

香港培正校友銀樂隊

2017 年是培正銀樂隊成立 60 週年,為隆重其事,校方特籌辦紀念音樂會,並邀請了數十位來自世界各地的銀樂隊校友,與銀樂隊組成過百人的大樂團,攜手演奏多首美妙樂曲,作為慶祝樂隊成立鑽禧紀念。音樂會後,校友為了延續對銀樂隊演奏的熱誠,於 2018 年 1 月成立了香港培正校友銀樂隊,並由 1961 年級善社學長陳志成擔任隊長。原來吹奏單簧管的陳學長正是當年銀樂隊第一任隊長,由他領導群雄可謂實至名歸。

健康無價

2018 年,香港青年獎勵計劃舉辦西藏歷史文化考察之旅,譚日旭校長隨團出發。團隊經青藏鐵路,從青海西寧到達西藏拉薩,車程 22 小時。下車時,譚校長已異常虛弱,但仍堅持遊覽了布達拉宮和大昭寺。結果當晚的血含氧量跌至約 30%(低於 90% 即被界定為低血氧症),要即時入院打吊針及吸氧氣,幸而回港後迅即恢復健康。這次始料不及的高原反應讓譚校長經歷了由身體正常突變成舉步維艱,叫人更珍惜健康。

▲ 培正銀樂隊成立 60 週年紀念音樂會
▼ 譚日旭校長與同學一同參與西藏歷史文化考察之旅

學與教範式轉移
——資訊科技教育在培正

微型電腦於 80 年代初全面推出，培正亦與時並進，開展電腦教育。先是 1982 年底由林秀棠學長（1956 年級瑩社）於香港東區扶輪社及林炳炎教育基金會撥款港幣十萬元，及由何厚煌學長（1950 年級弘社）捐助港幣數萬元，發展「培正中學電腦教育計劃」，為學校購置電腦設備及發展電腦課程。培正第一個電腦教室於 1983 年初落成啟用。1985 年，培正獲政府資助，設置第二個電腦教室，並將會考電腦課程擴展至全部理科學生修讀。1989 年，培正創校百週年紀念，校方再獲捐助更換電腦，並以區域網絡（LAN）將電腦連結，隨後更將網絡連結至學校辦公室，支援學校行政電腦化。1996 年底，培正開始策劃將資訊科技引入教學，構思得到梁泳釗學長（1948 年級建社）的大力支持，捐款設置培正第一個多媒體語言實驗室；翌年再得到

1972 年級賢社學長的支持，捐款設立多媒體示範實驗室。其後學校獲香港電訊贊助設立內聯網，使資訊科技教育邁向新階段。

自 1997 年以來，培正致力推動校本以至全港的資訊科技教育，是本港資訊科技教育的先進學校。回望過去 20 多年，培正的資訊科技教育發展是鄭成業校長、葉賜添校長與全體老師和學生共同努力的成果。具體可以分為以下三個階段：

第一階段：培正電子化校園

1997 年 7 月香港特區政府成立，資訊科技教育成為特區教育發展一個重要方向，以迎接 21 世紀的挑戰。1998 年教育統籌局發佈《與時並進善用資訊科技學習：五年策略 1998/99 至 2002/03》文件，並推出資訊科技先導計劃，培正被選為全

同學正在進行網上考試

港 20 所先導學校之一，獲教育署撥款港幣 600 萬元；其後再獲優質教育基金撥款港幣 1,000 萬元，推行「香港培正中學強化資訊科技特別計劃」（P. C. SPIRIT）。1998 年 12 月，培正電子化校園（Pui Ching e-Campus）計劃基本建設完成，其中包括：全校網絡系統、互動電視及視像廣播系統、多媒體圖書館、電腦教室、地理教室、美術設計室、語言學習室、電腦輔助科學實驗室等。

此時期的資訊科教育發展同時集中於教學網絡平台建設。第一部分是與香港城市大學電腦科學系合作發展的「SPM-NET 學生表現管理系統」，將學校行政管理帶進課室。第二部分是由 1974 年級

基社學長推動發展的「iLearn 網上學習室」，該系統記錄每個學生在不同學科的學習進度及成績。第三部分是應用「學訊 2000」作為學生上網學習及電郵通訊平台，校方訊息亦會通過平台發放。隨著各項資訊科技建設的完成，培正的學與教亦邁進新紀元。

第二階段：以學習者為中心的電子化學習

2000 年，培正獲批 120 多萬元進行資訊科技教育成效研究，為期三年，由葉賜添校長擔任研究統籌，發展一個以學習者為中心的電子化學習模型（e-Learner-centered Learning Model），令培正邁向知識創新學校。要建立以學習者為中心的電子化學校，首先是建設資訊高速公路

基建工程。工程分為硬件平台、系統平台及應用平台三部分。硬件平台包括全校電腦網絡及設置網絡電腦、多媒體學習中心、電視網絡及保安網絡等；系統平台包括伺服器為網絡中心、互聯網及其保安系統；應用平台包括教學資源管理系統、學生學習及評估系統及學生表現管理系統等。通過電子化學習環境，有利學生自主學習，建構知識。

要貫徹電子化自主學習，更重要的是教學的範式轉移，就是將過往以教師為中心的教學模式轉變為以學生為中心的教學模式。具體實踐是在各個學習領域，配合電子化設備，推行探究式學習（如物理、數學）、專題式學習（如美術）、難題式學習（如歷史）、協作式學習（如通識教育）及評估式學習（如電腦、地理）等。

經過多年努力，培正的資訊科技教育在硬件設備上，以及電子化學習文化方面逐步趨向成熟。學生無論在學習文化、學習動機、網上交往、高階思維及學習成效各方面，均呈正面增長，反映培正已邁向知識創新學校。

第三階段：明日校園計劃

踏入 21 世紀，香港教育改革進入新紀元，而培正中學亦推行「明日校園計劃」，其中在資訊科技教育發展方面，分別建設本土校園環境、環球校園環境及虛擬校園環境，以提升學生的學習效能。

本土校園環境是指在校園內設置各樣資訊科技設施，讓學生在數碼化、多元化及靈活多變的教育環境下學習，其中包括在校園內裝置多個電腦資訊亭，建立校園遊蹤系統，由各學科撰寫教材，透過系統進行教學活動，從而提升學生學習興趣。

而創建環球校園環境體現在環球教室及移動教室上。環球教室乃在各個課室中增設多種影音器材及網絡設備，以便進行遠程教學及視像會議。移動教室則是學生利用其手提電話，經移動網絡或無線網絡，直接連接學校內聯網系統，存取教學資源及作學習回饋，令學習不受時空地域的限制。

至於虛擬校園環境，是建設由電子學園及電子社區兩部分組成的培正虛擬校園，目的是要推動學習者為中心的學習範式。

2013年，培正推行「一人一數碼」，進一步利用資訊科技設施輔助學生學習。

電子學園設有電子學習系統、電子資源庫及電子歷程檔案，為學生提供一個廣闊的學習空間，進行自主學習。電子社區最重要的組成部分是一個不記名而有良好社區秩序及搜尋功能的討論區，不同持分者，包括老師、家長、專家等在討論區內進行交流，增強學生獨立思考及高階思維能力，提升學習成效。

2013年，培正推行「一人一數碼」學習方案，各科均積極配合，設計新的教學方法及材料，促進學生自主學習。例如，英文科添置生動有趣的電子故事書程式，備有朗讀功能，除可提供正確讀音，亦可利用口語訓練及故事創作應用程式（例如：SonicPics, Comic Life, Explain Everything 等），讓學生靈活運用英語創作。專題研習科利用學習管理系統（Learning Management System, LMS）進行學習材料管理，學生在討論過程可隨時透過平板電腦存取學校的專題研習手冊及日程資料，在網上搜集資料，在討論區交流，甚至遞交功課。學生亦可利用平板電腦的全球定位系統進行考察路線紀錄、利用二維碼及擴增實境（Augmented Reality, AR）的應用程式提取資訊及進行研習，並利用平板電腦的拍照、錄音或錄影功能記錄訪問片段，最後透過網上免費平台完成專題研習工作紙。體育科則於課堂上利用平板電腦拍攝學生動作，運用影片編輯軟件整理，再利用學校繳交功課系統上載影片，老

師可逐一檢視學生動作，進行指導。音樂科建設柏斯數碼音樂實驗室，讓學生利用電子音樂科技作曲、編曲和混音，發揮他們的音樂創意。

2015年，培正成功申請政府資訊科技總監辦公室「中學資訊科技增潤計劃」，成為本港八間伙伴學校之一。學校將資源用以整合、更新校本電腦，為創意設計科技實驗室添置鐳射切割機及三維打印機，並開設電腦及創意科技拔尖課程，培訓學生的創意思維、程式編寫、機器人技術及三維模型設計的知識；還邀請了十多位在資訊科技界工作的校友擔任顧問導師，務求讓學生獲得最新業界知識，以培養優秀的資訊科技人才。

在學校大力推動資訊科技教育下，老師設計出嶄新的教學環境，實踐各種教學新法，並引入不同系統和平台，提高學生綜合運用資訊科技的能力。2009年，電腦科梁文傑、鍾偉東、馬凱雄及羅銘恩四位老師，獲頒行政長官卓越教學獎。而學生近年在本港以至國際性的資訊科技競賽中，表現卓越，屢獲殊榮。其中自2009學年，培正連續十年奪得香港電腦奧林匹克競賽學校大獎冠軍；至於在國際電腦奧林匹克競賽，培正學生亦自2007學年起連續十年躋身三甲，其中2014年在台北舉行的一屆更奪得金獎而回，為香港爭光。這都是多年來培正致力提倡資訊科技教育的豐碩成果。

北極科研考察之旅

2018 年 3 月 26 日至 4 月 5 日，紅藍科研先鋒舉辦了「北極科研考察之旅」活動，這是香港教育史上第一次由中學籌辦的極地科研考察旅程。參加的學生須先各自撰寫研究計劃書，再經由教授和老師團隊從中挑選。是次活動共有 45 名學生報名，遞交了 33 份研究計劃書。經過面試甄選後，共有 12 位同學可以踏上北極考察之旅，進行七項不同的研究。他們的研究涵蓋植物學、微生物學、海洋科學、核污染、氣象學及生態學。3 月 21 日下午，教育局楊潤雄局長親蒞香港培正中學禮堂，為「紅藍科研先鋒——北極科研考察之旅」主持授旗儀式。22 位香港培正中學的老師、學生和校友，準備就緒，在何建宗校監、譚日旭校長的率領下，向零下 4 至 26 攝氏度的低溫北極圈進發。

考察團隊在 2018 年 3 月 26 日凌晨啟程，前往挪威首都奧斯陸（Oslo），逗留兩天適應時差和溫差後，在 3 月 29 日到達斯瓦爾巴群島（Svalbard，又稱冷岸群島）的朗伊爾城（Longyearbyen），這是全球最北有常住人口的地方。翌日，培正師生登上極地抗冰船 "Freya" 號，開展為期六天的北極科研考察。抗冰船沿群島東岸海域航行，尋找具有科學考察價值的據點。在之後五天的航程中，Freya 號衝破以萬計的海上浮冰，逼近氣勢磅礴的雪崖；有時更冒著被冰山擠壓的危險，靠泊大面積且堅厚的海冰，讓研究人員和老師可以率領學生徒步登上冰原採樣。有幾天甚至須要乘坐橡皮艇衝上小灘，克服濕滑的融霜，奮勇爬上陡峭的冰川，展現堅毅的探索精神。當時還在唸中二的楊詩慧（2022 年級潔社）憶述：

> 大部分的早上，我們都會帶齊裝備，進行登陸、考察和採樣。每次登陸都是一次挑戰……風浪較大時，在船上也不太好受。老師和同學雖然暈船浪，有些甚至嘔吐，他們仍努力和認真地把實驗做好，有時要工作到凌晨時分，

考察團登上橡皮艇，展開極地探索。

真令我敬佩。

縱然環境惡劣，同學仍爭取時間收集數據，例如在不同經緯度收集海水、在冰塊中提取冰藻、檢測空氣的污染物等，並與船上的科學家討論和分析，聆聽他們的講解，務求獲得更多極地知識。提到環境污染，中四遲凱文（2020年級奕社）有很深的感受：

> 在我們進行實驗期間，發現北極有很多垃圾，海灘上有船上的零件，還有很多塑料廢物，海水中有很多我們肉眼看不見的微膠粒。我深深感受到人類對地球已造成了許多傷害，提醒我要愛護環境。

同學又依從探險家的指示，尋找及辨識在冰塊上、陸地上、海洋中及天空中的不同生物，例如北極熊、海豹、海獅、海象、北極狐及不同種類的鳥。其中一次就在探險船百米以外，看到北極熊在吃一隻海豹，場面血腥；另一邊又看到北極狐在偷食北極熊的「大餐」，讓學生親眼目睹動物界中的弱肉強食，可謂眼界大開。同學、老師更在極地上高唱校歌及校旗歌，又嘗試靜默十分鐘，感受北極的聲音。

在這次科研之旅，考察團到達了北緯79度的北冰洋，並到訪由各國建立的北極科學城及位於新奧勒松（Ny Alesund）的中國北極科研基地——黃河站，認識北極科學研究的歷史和發展。而為期11日的北

考察團在嚴寒的氣候下收集科研數據

極科研之旅亦告圓滿結束。何建宗校監對這次旅程有如下的評價：

> 此行成果豐碩，除了正常的科研考察計劃，還藉著帶領青年人前赴北極高緯度地帶，鍛鍊了他們剛強堅毅，有勇有謀的性格；學生們從參與高級科研工作和國際交流之中，也培養出追求創新與可持續發展的精神，流露出愛地球、愛社會的熱心。

培正師生們攜手締造了香港中學的科研歷史。

完成北極科研之旅後，何建宗校監亦正式從香港公開大學科技學院院長的崗位上退休，不意因帶領培正師生到北極進行科研考察，觸發他在北極建設香港人的極地科研平台的構想。據悉，他運用了數百萬元的退休金，在朗伊爾城建立了「香港極地研究所」，主要研究項目包括：海洋微生物、紅潮、藻華及有機神經毒素研究，地衣空氣污染指標，高緯度極地植物分佈，海洋漂浮廢物及微膠粒等。從前香港的科學家只能跟隨其他國家的科研人員到極地考察及研究，何校監盼望「香港極地研究所」將會是一個開放式實驗室，成為香港不同大專院校的科研平台，令香港的極地研究能持續發展。想不到一個中學生的科研之旅成就了何校監終生不懈的極地科研志業。

紅藍劇藝的異彩
——以戲劇培育生命的何力高

何力高為 1991 年級勇社學長，幼稚園、小學、中學都在培正接受教育。中學畢業後入讀香港中文大學，主修新聞與傳播系，副修心理學。後來在香港中文大學獲得東西方戲劇文學碩士學位。他在中二時便初踏台板，加入紅藍劇社成為骨幹成員，並連續三年奪得全港「戲劇匯演」優異演員獎。大學期間繼續投入戲劇，效力新亞劇社，曾於多個比賽中獲得導演、編劇等獎項。1996 年回母校服務，任教中文、中國歷史、聖經、通識及戲劇等科目，歷任助理中文科主任、綜合人文科主任、通識科主任，並負責訓導工作。為擴闊視野，何力高於 2008 年以訪問教師身份到美國紐約州一所私立基督教中學工作一年，其後出任社會企業 L plus H Creations Foundation 創作總監。2015 年第三次回到培正，擔任副校長，2018 年升任校長。何校長的工作崗位雖歷經變遷，但他對戲劇始終熱心投入，對戲劇培育生命的信念越益強烈。

戲劇與生命教育

何力高在培正編導大型音樂劇始於培正 110 週年校慶的壓軸音樂劇——《超時空真愛》。音樂劇在 1999 年 12 月 29 至 30 日假香港大會堂公開演出，座無虛席。是次演出參與台前幕後工作的學生超過 100 人，他們除在演技上得到磨練外，更學會彼此欣賞與合作互勉。何力高負責這次演出的編劇及導演，他的「品格 x 藝術」理念或許孕育於此。

經過多年在校籌辦音樂劇後，何力高分別在 2013 及 2014 年統籌《震動心弦》及《逆風》兩劇。當時他以 L plus H Creations Foundation 創作總監身份，以一人之力，包辦監製、編劇及填詞的工作。兩劇都

是聯校合作的音樂劇，是何力高「以戲劇讓生命蛻變」理念更上層樓的轉捩點。其中《震動心弦》一劇被認為是「震撼昇華每一個平凡但寶貴的生命」的力作，貫徹了何力高通過戲劇培育生命的理想。

當時參演的學校共四所，包括心光學校、聖公會蔡功譜中學、聖公會何明華會督中學及聖公會聖匠中學。劇組一共挑選了80名學生，他們大多來自基層家庭，資源貧乏，學行平平，甚至在成長路上經歷傷痕。安頓他們已不是容易的事，更遑論要求他們接受長達五個月嚴謹而專業的唱跳訓練，然而演出最後成功完成。這讓何力高明白到，原來這些學生需要的不是同情，而是一個機會；也讓他更認定要透過音樂劇，幫助一班「讀書不成」的學生重建自信、尋覓人生方向。

在接受《明報》訪問時，何力高整理這次戲劇經驗，指出音樂劇有助培育「4D」：

> 一齣音樂劇台前幕後加起來隨時超過 100 人，它講求高度的團隊精神和嚴謹的紀律（Discipline），並要對藝術抱一絲不苟的態度和全情投入（Dedication）。而青少年經過無數次艱苦的綵排到最終踏上舞台，過程中，他們會有自我追尋和發現（Discovery），且因著團隊彼此朝夕共對，最終會獲得友誼、人情味和快樂（Delight）。

這個總結充分說明戲劇與生命培育的密切關係。

《震動心弦》前後三度公演，其排練過程更被奧斯卡最佳紀錄短片獎得主楊紫燁拍成紀錄片《爭氣》，讓大眾見證何力高如何透過戲劇令參演學生蛻變成長。何力高在 2018 年香港演藝學院的「迴聲開壇分享會」上總結謂：

> 我相信劇場本身就是一個有機、人性的地方，是一個改變生命的地方。

基於《震動心弦》的成功，何力高於2014 年再接再厲，籌辦《逆風》一劇，並挑選了中聖書院、粉嶺救恩書院、心光學校、東華三院馮黃鳳亭中學、嗇色

何力高深信成績不好的學生，一樣有他們獨特的才華。

園主辦可譽中學暨可譽小學共 80 名學生，參與演出。這次演出亦獲得外間一致好評。《震動心弦》和《逆風》這兩齣由學生擔綱演出的音樂劇，在何力高這位「舞台教官」苦心經營下，讓一班欠缺機會的中學生於原創歌曲與百老滙金曲交織中，經歷了戲裏戲外的奇妙蛻變，可說是糅合品格與藝術創意教育的誠意之作。

《奮青樂與路》——糅合品格與藝術的戲劇教育

何力高於 2017 年擔任由利希慎基金贊助的「聯校音樂劇 2017」製作總監，他匯集 80 多位來自香港培正中學、地利亞修女紀念學校（協和）、香海正覺蓮社佛教正覺中學及心光學校的學生，參與由利希慎基金贊助的本地原創音樂劇《奮青樂與路》，再以歌舞訓練及表演的方式，成功讓更多青少年獲得具啟發的學習體驗。

《奮青樂與路》雲集本地劇壇頂尖創作團隊，包括五屆香港舞台劇獎最佳劇本得主莊梅岩擔任編劇，香港電影金像獎、台灣金馬獎得主高世章和岑偉宗分別擔任作曲和填詞，並由香港舞台劇獎最佳導演（喜劇／鬧劇）方俊杰執導。參與《奮青樂與路》的學生種族不同、成長背景不同、能力不同，但每個人在不同崗位都發光發亮。他們從零開始，接受近半年的演戲、唱歌、跳舞、後台製作

《奮青樂與路》在 2018 年第 27 屆香港舞台劇獎頒獎禮中榮獲六大獎項

等專業訓練，並在過程中培養自律、自信、毅力、專注力、團隊精神和正面價值觀，也要面對挫折和處理人際關係。該劇於 2017 年 9 月 8 至 10 日假葵青劇院演藝廳上演，五場全滿，感動了多達 4,500 名觀眾，被譽為「糅合品格與藝術的戲劇教育」顛峰之作。

《奮青樂與路》的成功獲得了本地劇壇的稱許，在第 27 屆香港舞台劇獎頒獎禮中榮獲六大獎項，包括「最佳原創曲詞」、「最佳配樂」、「最佳音響設計」、「最佳導演（喜劇／鬧劇）」、「年度優秀製作」與及「全年最佳製作大獎」，是首次有由中學生擔綱的作品獲得此劇壇最高殊榮，傳為一時佳話。其後，香港話劇團獲香港賽馬會支持，推出《奮青樂與路》品格教育音樂劇計劃，全港中學均可免費參加，讓更多學生獲得專業的音樂劇及品格訓練，延續該劇的教育精神。

由於長期苦心孤詣地推動戲劇教育，讓舞台變成一個培育生命的場所，何力高於 2018 年 4 月榮獲第三屆「城市當代舞蹈達人獎」。據城市當代舞蹈團創辦人暨藝術總監曹誠淵（1973 年級勤社）表示，達人獎項榮譽崇高，並非隨便頒發。何校長獲獎是由於他長期致力戲劇教育，透過嚴謹的音樂劇訓練及演出，讓青少年在摸索成長中尋回自我價值及信心，成功將藝術表演融會青少年的生命培育，值得稱譽。

2018 年 9 月，何力高出任香港培正中學校長，但他的教育夢並不限於四道校牆。他說：

> 我希望在教育界，找一些志同
> 合的校長，或聯繫一些資源較匱
> 乏的學校，一起搞聯校音樂劇，
> 希望幫到更多年輕人好好成長。

為了延續他對生命培育的教育理想，在到任之初，他計劃推動「正向教育」（Positive Education），希望以 24 種品格素質栽培學生成長，幫助他們找到人生目標與方向。在訂定首份學校發展計劃書（2018-2021）時，他提出了「LEAP 計劃」，即強化生命教育（Life Education Plus）、提升學習效能（Effective Learning）及建立標桿人生（A Purpose Driven Life），期望培正的學生能得著造就。

上世紀 50 年代，培正的紅藍劇社培育了香港戲劇大師鍾景輝，對香港戲劇界貢獻至鉅；至 90 年代，何力高脫穎而出，影響了香港最近 20 年的戲劇教育，是培正劇藝在不同年代所綻放的異彩。

情繫母校，結誼四方
—— 培正同學會

早於 1913 年，培正中學便成立了同學會組織，初名「培正舊生會」。至 1927 年，許滇陽（1918 年級）出任會長，積極整理會務。首先發起「尋舊運動」，訪求同學住址，以資聯絡。繼而與黃啟明校長、楊保羅（1925 年級勵社）、朱耀渠（1926 年級奮志社）等校友起草憲章，並於 1927 年 6 月 20 日舉行同學日，會上通過了同學會的組織章程，培正同學會正式成立。

踏入 20 世紀 30 年代，隨著培正校友在國內外不同地方升學、就業或定居，北平、上海、蘇州、台山、香港，與及北美洲、德國等地均次第成立同學會分會。1931 年秋，同學會幹事曾瑞振（1925 年級勵社）將各地同學郵址、職業，彙編成冊，名為《培正校友錄》，收錄校友名單約 1,500 餘名。又製訂徽章，分贈校友，是校友擁有標記之始。徽章由何國釗（1939 年級鵬社）設計，以紅藍二色混成，內有立體英文字「PCAA」（Pui Ching Alumni Association）及中文「培正同學會」，其中更暗含「十字」，以示基督救世的宏願。

1936 年同學會通過修改會章，擴大執行委員會，由各屆同學選出委員，參與會務。至 1937 年 5 月 11 日，由鄺樂生、馮棠、夏楚章三人經手，以 19,800 元購得廣州文德東路 16 號恆園〔國民革命軍總司令部參謀長李濟深（1885-1959）官邸〕，作為同學會會所，費用由學校墊支。1938 年 6 月同學日，新舊校友齊集新會所，共慶開幕。不久，廣州淪陷，會務遂告中輟。

每年的培正同學日是校友歸省母校，共敘同窗情誼的重要場合。

香港培正同學會的初創

而在香港的培正同學會，始於 1925 年秋天。當時有七至八位勵社（1925 年級）畢業同學旅港營生，因同窗情深，故經常聚會，互相勉勵。其後他們本紅藍精神，倡議籌辦全校同學會，得到不少寓港校友積極回應，遂於 1927 年，假堅道浸信會（今香港浸信教會）舉行大會，選舉職員。當日與會者 30 餘人，眾推同屬勵社的趙天游為會長，林其鍊為副會長，劉煥新為司庫，另伍福民（1926 年級奮志社）為秘書兼特刊編輯。香港培正同學會第一屆職員就此產生。其後香港同學會出版紀念冊，名為《舊雨》，由伍福民主編。除文藝、論說、職員照片外，書中詳載校友消息及住址，是為培正同學會刊物的鼻祖。戰後，為平靖社會治安，香港政府對社團管制甚嚴，規定凡在港成立社團，均須向政府登記。香港培正同學會遂由羅大堯（1926 年級奮志社）、高雁雲（1933 年級奮社）、徐亮星（1930 年級敬業社）三位同學為團體代表，簽署申請，最終同學會成為合法的社團組織。

戰後，香港社會經濟及秩序迅速恢復，不少紅藍兒女相率從內地來港。香港培正同學會商議於 1947 年 3 月 22 日在港校舉辦春令同樂會，讓校友歡聚一堂，聯繫同窗情誼，是戰後同學會第一項大型活動，出席者約 70 餘人。時至今日，培正同學會每年仍舉辦春茗盛宴，讓來自

各方的校友在新春之際，彼此祝願。至於戰後第一次同學日則於 1947 年 5 月 31 日舉行，是日適值港校舉行復校第一屆運動大會，歸省母校的校友特別踴躍，簽到者超逾 200 人，是同學會成立以來出席人數最多的一項活動。而同學日亦成為培正校友一年一度歸省母校，共聚同窗情誼的重要場合。

為了凝聚校友對母校的歸屬感，與及鞏固校友之間的聯繫，培正同學會自戰後復校不久，便為歷屆校友舉辦各種禧慶活動，最先舉辦的是離校 25 年的「晉升元老加冕禮」。1952 年 10 月 25 日，同學會為畢業 25 年的會仁社（1927 年級）校友舉辦首屆晉升元老加冕禮，典禮與當年的同學日同時舉行。會仁社社友到會者 23 人（畢業人數為 52 人）。他們魚貫登台，由黃汝光社友逐一介紹，偶或提及校友青蔥歲月的年少疏狂，博得台下一片哄笑。典禮的高潮是邀請校董會主席張新基醫生（1889-1960）為校友戴上綴以銀花的「紅藍之冕」，滿堂嘉賓，掌聲雷動，同為元老慶賀。

大約自 50 年代後期開始，為元老加冕的嘉賓改由該社老師擔任。最先擔任加冕嘉賓的是廣州培正的史澤民老師，他於 1957 年為善群社（1932 年級）校友加冕。除了出席同學會的大公宴（歷屆校友聚餐）外，元老校友亦會舉辦謝師宴，向仍在世的老師申謝，令加冕禮洋溢著濃重的師友之情。

為隆重其事，各級元老亦別出心裁，為這個屬於他們的光榮日子增添色彩。例如，毓社（1940 年級）便特意設計了全體一式的社服。該套社服以灰色羊絨縫製，上下裝全套，衣袋上綴以金線刺繡紅底社徽胸章，並一律配以棗紅色絲製蝴蝶花領結，衣飾整齊。據悉，社服從英國訂購，可見他們對典禮的重視。嗣後，每屆元老均設計整齊衣飾，以壯陣容。

此外，為增添氣氛，他們又於禮堂擺設對聯楹語，以闡述級社特色。60 年代的對聯多採用複句嵌字格，例如，磐社（1941 年級）的加冕禮對聯是：

> 廿五年飽經內憂外患，眾志彌堅，儼然磐石；
> 萬千士不憚陷陣衝鋒，黃龍直搗，壯哉社容。

《培正同學會通訊》第一期（1948 年）封面

最長的一對是光社（1959 年級）的楹聯：

> 光焰萬丈，志氣如虹，經廿五華
> 年，叱咤風雲，喜見佳日重來，
> 裘馬輕肥榮冠冕；
> 社眾同心，桃潭千尺，值銀禧令
> 典，喧闐簫鼓，幸叨良辰捧秩，
> 敦槃嘉會列堂皇。

近年的對聯則較簡潔，例如，恆社（1967
年級）的對聯為：

> 恆心永守懷化雨，
> 社眾嚶鳴慶銀禧。

反映不同年代的校友秉持不同的文風。

最後值得一提的是歷年來元老校友在加
冕時，均會向母校及同學會致送禮金，
以感謝學校多年來的培育，飲水思源，
情牽母校。亦有部分級社趁著加冕的機
會，捐資建設校園，造福後學。例如，
基社（1974 年級）捐建「基社銀禧紀念
藝術活動中心」。中心設於學校 F 座（許
士芬博士大樓）601 室，設有傳統媒介
區、數碼媒介區、影音製作室及攝影角，
有助促進學生的視藝水平。此外，穎社
（1980 年級）在昔日童軍山捐建投擲場，
取名「穎社投擲場」，協助提升學生於投
擲運動的成績。

自 1980 年起，晉升元老加冕禮改稱「銀
禧加冕典禮」，忠社（1955 年級）為首屆

參與銀禧加冕禮的級社。事實上，自舉行晉升元老加冕禮後，同學會又陸續推動各種週年慶典，讓級社在不同的禧年舉行慶典，增加校友聚頭碰面的機會。例如：珍珠禧（30週年）、珊瑚禧（35週年）、紅寶石禧（40週年）、藍寶石禧（45週年）、金禧（50週年）、翡翠禧（55週年）、鑽禧（60週年）、藍星禧（65週年）、金鑽禧（70週年）等，幾乎是五年一小慶，十年一大慶，令培正大家庭充滿了慶賀的熱鬧與溫情。

培正世界同學日

一直以來，培正不少校友寓居海外，但由於心繫母校，珍視同窗情誼，多年來成立了許多海外同學會，令培正的學緣紐帶伸延至世界各地。發展至今，世界各地的同學會數量多達40個，其中美加地區佔19個居首，亞洲各地區共15個居次，歐洲及澳紐亦有6個，紅藍精神亦因此遍傳世界。

早於1964年，培正中學75週年校慶，世界各地培正校友回港向母校致賀時，各地學長認為紅藍兒女，足跡遍天下，各地同學會如春筍湧現，於是眾議決定組織「世界培正同學會」，以收溝通聯絡之效。1965年11月6日，培正同學會總會（曾稱「世界培正同學會」）正式成立，由鄺文熾學長擔任主席。自此，世界各地培正同學會結成更緊密的網絡。

本「天下培正是一家」的精神，在踏入21世紀時，培正的學長們動議籌辦「世界同學日」（Pui Ching World Alumni Day）。根據雷禮和會長（1968年級仁社）的憶述，世界培正同學日源出於2003年8月溫哥華培正同學會舉辦的「第一屆加拿大培正同學日大會」，除居於加拿大的校友外，來自世界各地的校友亦踴躍參與，這是培正有史以來首次舉辦的跨國大會。會上，香港培正同學會倡議，並獲與會的各地會長一致贊成，以後每隔三年，由培正同學會總會主辦世界培正同學日，在各地巡迴舉辦，並由當地同學會承辦。輪值方式則採用奧運會方式，在大會終結時，當屆承辦的同學會會長會把世界培正同學日旗幟交予當屆香港培正同學會會長，再轉交承辦下屆大會的同學會會長，以彰顯紅藍精神，薪傳不斷。因此，雷會長認為，「加拿大培正同學日是孕育世界培正同學日之母」。而第五屆世界同學日籌委會主席（溫哥華）章子惠（1976年級敏社）指出，世界培正同學

世界培正同學日源於 2003 年 8 月舉行的「第一屆加拿大培正同學日大會」

日的作用在於「讓來自世界各地的校長、老師與同學，共聚一堂話當年，為聯絡同窗，增進友誼，交流會務，關心母校，發揮紅藍兒女是一家的精神。」

事實上，歷屆世界培正同學日均貫徹了紅藍一家的精神，洋溢著對母校及同學的溫情愛顧。首屆世界培正同學日於 2006 年在美國南加州洛杉磯舉行。大會焦點在舉行象徵培正紅藍精神代代相傳的「薪火相傳」儀式，由各地培正同學會各級社代表，由老至少，以傳火炬方式進行。當晚社齡最大的是會仁社（1927 年級）的黃汝光校監（97 歲），而社齡最小的是翹社（2013 年級）周曉昌社長（12 歲），兩者年齡相差 85 年，引為一時佳話。

第二屆世界培正同學日於 2009 年在廣州東山母校舉行，重頭戲是舉行「世界各地培正同學會會長會議」。出席會議的有 20 個同學會的會長或代表，會上一致通過並最終發表〈培正宣言〉，呼籲廣大校友支持、協助及配合母校維護校名的行動，為弘揚至善至正精神，支持母校的建設和發展貢獻力量。

第三屆世界培正同學日於 2012 年在台山培正中學舉行。是次同學日主要見證了黃啟明校長紀念堂落成啟用禮。該堂由鄺文熾學長捐資人民幣 100 萬元興建，是集合禮堂、體育館、專科教室、紀念館

等綜合式的建築，以紀念黃故校長對培正的勛勞。

第四屆世界培正同學日於 2015 年在澳、紐四大城市（悉尼、墨爾本、坎培拉、奧克蘭）舉行，由四地同學會合辦。校友參觀了當地名勝，如墨爾本十二門徒石、悉尼歌劇院、坎培拉戰爭紀念館、奧克蘭天空塔等。大公宴席設 Sydney Tower Eye 六樓的天鳳餐室，與會者多達 300 餘人，觥籌交錯之中，大會安排了著名魔術師葉望風（2006 年級禧社）表演魔術，魔幻效果，令觀眾目眩盡興。

第五屆世界培正同學日於 2018 年在加拿大溫哥華、多倫多，由兩地培正同學會攜手籌辦。承接過去的傳統，是屆同學日讓來自世界各地的培正校友遍遊卡加利、溫哥華、多倫多等地的著名景點，與及鄰近地區的學府，又舉辦多個不同的研討會、展覽及講座，同時保留各級社禧年典禮及「薪火相傳」儀式，讓「至善至正」的精神，永續賡傳。

至於 2021 年第六屆世界培正同學日，將假台灣舉行。寶島之上，再顯綿延不絕的紅藍精神。

培正校友歷年來心繫母校、尊師重道、愛護後學，無私回饋，協助母校發展育人大業，不遺餘力，相關事跡散見於本書不同章節，謹此致敬！

參考書目

培正中學刊物（校刊、同學錄、同學會通訊、特刊、紀念刊物）

《1971 年剛社銀禧加冕紀念特刊》，香港：1996 年。

《正社五十週年特刊》，香港：2010 年。

《光社廿週年社刊（1959-1979）》，香港：1979 年。

《光社金禧紀念特刊》，香港：2009 年。

《光社銀禧加冕特刊（1959-1984）》，香港：1984 年。

《李錦綸先生哀思錄》，紐約：1956 年 3 月。

《私立廣州培正中學六十週年暨香港分校十六週年紀念特刊》，香港：1949年 9 月。

《林子豐博士追思會》，香港：1971 年 4 月。

《林子豐博士喪禮儀節》，香港：1971 年 4 月。

《恒社銀禧紀念特刊》，香港：1992 年。

《紅藍文苑（創刊號）》，1966 年 1 月。

《紅藍學術講座論文集》，1989 年 12 月。

《香港培正中學報章剪輯（一）》，1997 年 5 月。

《香港培正中學報章剪輯（二）》，1997 年 11 月。

《香港培正中學報章剪輯（三）》，1998 年 5 月。

《香港培正中學概況》，1995-2003 年。

《香港培正建校 75 周年感恩崇拜》，2008 年 12 月。

《海外赤子：培正與華僑》，廣州：廣州培正中學，1989 年。

《培正一百一十周年紀念特刊》，香港：1999 年 11 月。

《培正中學 120 周年校慶（1889-2009）》，廣州：2009 年。

《培正中學 68 年度仁社畢業 45 週年特刊》，香港：2013 年。

《培正中學一九四三年級鋒社離校二十五周年紀念特刊》，香港：1968 年。

《培正中學七十周年紀念特刊》，澳門：1959 年 12 月。

《培正中學六十五周年紀念特刊》，香港：1954 年 12 月。

《培正中學六十周年紀念特刊》，廣州：1949 年 10 月。

《培正中學正社銀禧紀念特刊》，香港：1985 年。

《培正中學百周年紀念特刊》，香港：1989 年 11 月。

《培正中學建校百週年紀念專刊》，廣州：1989 年。

《培正中學校慶八十周年紀念特刊》，香港：1969 年 10 月

《培正中學創校七十五周年紀念特刊》，香港：1964 年 8 月。

《培正中學創校八十五周年紀念特刊》，香港：1974 年 6 月。

《培正中學創校八十周年紀念特刊》，澳門：1969 年。

《培正中學誠社畢業四十五周年紀念刊（1953-1998）》，香港：1998 年。

《培正中學暨培正小學九十五周年校慶紀念特刊》，香港：1984 年 8 月。

《培正弘社銀禧紀慶》，香港：1975 年。

《培正同學通訊》，1948-2018 年。

《培正同學錄》，1922-2015 年。

《培正百年史（1889-1989）》，香港：1989 年 11 月。

《培正協社 25 週年紀念特刊》，香港：1989 年。

《培正忠社金禧紀念特刊》，香港：2005 年。

《培正忠社離校卅週年紀念刊》，香港：1985 年。

《培正忠社離校四十周季專刊》，香港：1995 年。

《培正明社金禧專刊（1951-2001）》，廣州：2001 年。

《培正昭社同學畢業四十週年紀念特刊》，香港：1984 年。

《培正校刊》，1930-2019 年。

《培正偉社畢業金禧紀念刊（1952-2002）》，香港：2002 年。

《培正創校 120 周年紀念特刊（1889-2009）》，香港：2009 年 11 月。

《培正毓社同學離校四十週年紀念特刊》，香港：1982 年。

《培正毓社金禧特刊》，香港：1990 年。

《培正滄桑——培正中學建校 110 周年紀念專刊（1889-1999）》，廣州：1999 年。

《培正誠社畢業四十周季紀念刊（1953-1993）》，香港：1993 年。

《培正資訊科技校園——跨進廿一世紀的學校新模式》，1998 年 12 月。

《培正瑩社銀禧紀念（1956-1981）》，香港：1981 年。

《培正輝社畢業金禧紀念五十周年（1957-2007）》，廣州：2007 年。

《培正耀社銀禧特刊（1965-1990）》，香港：1990 年。

《基緣——香港培正中學 1974 年級基社銀禧加冕紀念》，香港：1999 年。

《悠悠歲月，眷眷情懷——百年培正照片集錦》，廣州：1989 年。

《情牽甲子——昭社畢業離校六十週年鑽禧紀念特刊》，香港：2004 年。

《許士芬博士大樓揭幕暨明日校園啟動禮》，2006 年 12 月。

《凱社銀禧加冕紀念特刊（1983-2008）》，香港：2008 年。

《善社銀禧紀念特刊（1961-1986）》，香港：1986 年。

單倫理：《簡略的一生述往》，香港：1998 年春。

《翔社慶祝鑽禧（1936-1966）專刊》，廣州：1997 年 4 月。

《毓社同學離校三十五周年紀念冊》，香港：1977 年 12 月。

《群社金禧紀念冊》，香港：1974 年 11 月。

《資訊科技教育在培正》，1999 年 11 月。

《鼓鑄群才備請纓——廣州市培正中學創校 115 周年紀念專刊（1889-2004）》，
廣州：2004 年。

《廣州私立培正中學戰後復校募捐徵信錄》，1948 年 9 月。

《廣州培正通訊》，1990-2008 年。

《慶祝培正創校 125 周年紀念校慶活動》，2014 年 11 月。

《瑩社離校卅五週年紀念刊（1956-1991）》，香港：1991 年。

《賢社學生中心、梁北鵬運動場暨運動校園揭幕典禮》，2007 年 12 月。

《駿社 2007 年銀禧加冕紀念特刊》，香港：2007 年。

中文論著

文己翎：〈香港教學語言的鬼魅：語言作為身份政治與文化霸權爭奪的戰場〉
（未刊稿），台灣社會研究學會主辦：《試煉「進步」：歷史的延續與斷裂》
研討會（2016 年 10 月），頁 1-13。

王家健：〈華人基督徒與中國新式教育：廣州培正中學研究（1889-1944）〉，
香港中文大學碩士論文，2007 年 9 月。

王齊樂：《香港中文教育發展史》，香港：波文書局，1983 年 2 月。

甘帝德：〈十九世紀至二十世紀之間澳門體育運動之興起〉，《行政》，
第 25 卷第 4 期（2012 年 12 月），頁 1017-1023。

吳梓明：〈基督教教育對華人社會的貢獻：香港經驗的反思〉，載卓新平，薩
耶爾（編）：《基督宗教與當代社會》（北京：宗教文化出版社，2003 年 8 月），
頁 212-225。

李志剛：〈香港培正中學辦學的基督精神及其擴展與貢獻〉，載黃成勉（編）：
《將根扎好：基督宗教在華教育的檢討》（台北：黎明文化，2007 年 11 月），
頁 429-455。

李興韵：〈二十年代廣東國民政府對教會學校的收回——以廣州私立培正中學為例的研究〉，《開放時代》，2004 年第 5 期（2004 年 10 月），頁 5-14。

明報教與學特輯組：《香港中學巡禮》，香港：明報出版社，1996 年 3 月。

金慧霞：〈香港微調中學教學語言政策之研究〉，國立暨南國際大學碩士論文，2011 年 7 月。

查時傑：《民國基督教史論文集》，台北：宇宙光出版社，1993 年 3 月。

胡少偉：〈新世紀後香港基礎教育的改革〉，《香港教師中心學報》，第十二卷（2013 年 12 月），頁 169-181。

〈香港培正中學宗教教育近況〉，《基督教週報》，第 66 期（1965 年 11 月 28 日），第 4 版。

香港考試及評核局：《香港公開考試的發展》，香港：香港考試及評核局，2015 年。

香港政府布政司署：《香港教育制度全面檢討》，香港：香港政府布政司署，1981 年 6 月。

倪紹強：〈也要還國民教育一個公道〉，《香港教師中心學報》，第十二卷（2013 年），頁 217-222。

夏泉：〈廣州聖三一中學學潮與收回教會教育權運動的發軔〉，《民國檔案》，2010 年第 4 期（2010 年 12 月），頁 63-67。

徐日彪：〈近代香港人口試析 (1841-1941)〉，《近代史研究》，1993 年第 3 期（1993 年 6 月），頁 1-28。

浩然：〈黃心堂傳道的三代培正〉，載《基督教週報》，第 2370 期（2010 年 1 月 24 日），「教會今昔」版。

浩然：〈百齡校友，培正之光——黃汝光博士〉，載《基督教週報》，第 2371 期（2010 年 1 月 31 日），「教會今昔」版。

浩然：〈黃汝光博士百年情繫培正〉，載《基督教週報》，第 2372 期（2010 年 2 月 7 日），「教會今昔」版。

馬鴻述：《師友情》，香港：基督教文藝出版社，1980 年 9 月。

〈培正中學簡介〉，《基督教週報》，第 66 期（1965 年 11 月 28 日），第 4 版。

《培正校史》編輯委員會：《培正校史（1889-1994）》，廣州：廣州培正中學，1994 年。

婁勝華：〈廿世紀上半葉澳門社會的發展與轉折〉，《行政》，第 28 卷第 5 期（2015 年 6 月），頁 439-452。

張慧真，孔強生：《從十一萬到三千：淪陷時期香港教育口述歷史》，香港：牛津大學出版社，2005 年。

張曉輝：〈論廣州淪陷後香港在中國外貿中的地位和作用（1938-1941）〉，《抗日戰爭研究》，2003 年第 1 期（2003 年 1 月），頁 80-100。

梁偉明：〈香港中文中學發展的困難（1946-1982）〉，香港中文大學碩士論文，1995 年 6 月。

梁雯晶：〈從新生活運動看國民改造——以兒童為中心〉，《中正歷史學刊》，第十三期（2010 年 12 月），頁 1-37。

梁操雅，丁新豹，羅天佑，羅慧燕：《教育與承傳（二）：南來諸校的口述故事》，香港：香港教育圖書公司，2011 年 5 月。

梁操雅，羅天佑：《香港考評文化的承與變——從強調篩選到反映能力》，香港：商務印書館，2017 年 9 月。

《第五屆世界培正同學日大會紀念特刊》製作小組：《第五屆世界培正同學日大會紀念特刊》（2018 年 8 月 12 日至 8 月 19 日），多倫多：培正同學總會，2018 年。

郭慧英：〈與敵通商？兩次大戰期間香港華商與中國民族主義〉，Translocal Chinese : East Asian Perspective, No. 9 (2015), pp.170-196。

陳向芳：〈香港中學教學語言政策發展及其實施現況之研究〉，國立暨南國際大學碩士論文，2006 年 7 月。

陸鴻基：《從榕樹下到電腦前——香港教育的故事》，香港：進一步多媒體有限公司，2003 年 12 月。

彭新強：〈學校如何面對教育制度改革方案的挑戰〉，香港：香港中文大學，2000 年 9 月。

曾向榮：〈香港華人傑出信徒之研究：林子豐 (1892-1971)〉，香港浸會大學學士畢業論文，2003 年 4 月。

曾榮光：〈香港中學教學語言政策改革：檢討與批判〉，《教育學報》，第 33 卷第 1-2 期（2005 年），頁 221-243。

湯開建：〈民國時期澳門近代體育的形成與發展〉，《行政》，第 18 卷第 2 期（2005 年 6 月），頁 491-526。

賀國強：〈香港中學教學語言政策：校本分流還是中英分校轉車〉，《教育曙光》，第 51 期（2005 年 5 月），頁 29-32。

賀國強：〈教學語言政策的核心問題：校本分科分流有何不妥？〉，《教育曙光》，第 56 卷第 1 期（2008 年 5 月），頁 116-121。

黃汝光：《蒙厚恩的人——黃汝光回憶錄》，香港：香港培正中學，2006 年。

黃沾炯，何景安：《今日香港教育》，廣州：廣東教育出版社，1996 年 7 月。

黃金麟：〈醜怪的裝扮：新生活運動的政略分析〉，《台灣社會研究季刊》，第 30 期（1998 年 6 月），頁 163-203。

黃庭康：〈國家權力形構與華文學校課程改革：戰後新加坡及香港的個案比較〉，《教育與社會研究》，第 4 期（2002 年 7 月），頁 111-133。

黃庭康：〈無心插柳的霸權效應：戰後香港中文學校的組織吸納〉，《思想香港》，第 6 期（2015 年 3 月），頁 1-21。

葉農：〈20 世紀上半葉廣州華人浸信自立教會的興起與發展〉，《暨南學報》（哲學社會科學版），2006 年第 1 期（2006 年 1 月），頁 112-116。

葉農：〈美南浸信會與廣州東山口——一個歷史宗教地理學的典型範例〉，《世界宗教研究》，2012 年第 2 期（2012 年 4 月），頁 10-21。

賈瀟：〈桂林浸信會醫院研究（1916-1951）〉，廣西師範大學碩士論文，2017 年 12 月。

鄧城鋒：〈香港學制演變：文化角度的分析〉，華東師範大學博士論文，2001 年 10 月。

鄭振偉（編）：〈鄭秉仁先生與澳門教育〉，北京：社會科學出版社，2009 年 9 月。

鄭燕祥：〈教改八年的成敗〉（未刊稿），《明報》（2006 年 11 月 7-8 日），論壇版。

盧受采，盧冬青：《香港經濟史（公元前約 4000- 公元 2000 年）》，北京：人民出版社，2004 年 1 月。

盧家碧：〈培道中學發展史〉，香港浸會大學學士畢業論文，2000 年 4 月。

蕭炳基：〈香港語文教育政策的回顧與前瞻〉，《中國語文通訊》，第七期（1990 年 3 月），頁 3-7。

蕭寅定，雷禮和（編）：《培正之父黃啟明校長》，台山：培正同學總會，2012 年 11 月。

霍秉坤，余玉珍：〈香港新高中學制之課程改革：變與未變〉，《課程研究》，第 9 卷第 1 期（2014 年 3 月），頁 1-32。

鮑靜靜：〈培正中學與近代中國教育自立〉，《蘭台世界》，2015 年第 1 期（2015 年 1 月），頁 25-26。

鮑靜靜：〈從乞兒到貴族——近代廣東基督教中學學生狀況的考察〉，《社科縱橫》，第 29 卷第 11 期（2014 年 11 月），頁 133-138。

鮑靜靜：〈教會中學華人師資問題初探——以廣州教會中學為例〉，《社會科學研究》，2011 年第 2 期（2011 年 4 月），頁 175-179。

鮑靜靜：〈教會學校立案中的宗教教育和華人管理權問題研究──以廣東教會學校為例〉，《廣東社會科學》，2015 年第 4 期（2015 年 8 月），頁 128-137。

譚希天：〈培正校名沿革：培正中學校史料之一〉，載《基督教週報》，第 12 期（1964 年 11 月 15 日），頁 8。

譚希天：《希天文輯》，香港：美天企業，1962 年。

關潔：《從書塾到華南名校──記培正中學的發展》，載廣州市文史資料委員會（編）：《廣州文史》（廣州：廣東人民出版社，1998 年），第 52 輯，頁 250-271。

外文論著

Chao Fen Sun, "Hong Kong's Language Policy in the Postcolonial Age : Social Justice and Globalization", in Ming K. Chan (ed.), *Crisis & Transformation in China's Hong Kong*. (New York : M. E Sharpe, 2002), pp. 283-306.

Kam, Wing Hin , "Christian Identity and Business Success Lin Zifeng (1892-1971) and his Public Career in Hong Kong." (Unpublished PhD. Thesis, The University of Queensland, 2011).

To, Alex, "Lam Chi Fung Transformative Role in Shaping Hong Kong Baptist Life Between 1950 and 1970." (PhD. Thesis, Vrije University Amsterdam, 2018).

Wei Zeng, "Medium of Instruction in Secondary Education in Post-Colonial Hong Kong: Why Chinese? Why English?", Working Paper in *Educational Linguistics*, Vol. 22, No. 1 (2007), pp.42-55.

正軌道兮樹風聲——培正中學建校一百三十年史

責任編輯	趙寅
書籍設計	李嘉敏
作者	葉深銘
攝影	譚嘉銘、歐震國
出版	三聯書店（香港）有限公司 香港北角英皇道四九九號北角工業大廈二十樓 Joint Publishing (H.K.) Co., Ltd. 20/F., North Point Industrial Building, 499 King's Road, North Point, Hong Kong
香港發行	香港聯合書刊物流有限公司 香港新界大埔汀麗路三十六號三字樓
印刷	美雅印刷製本有限公司 香港九龍觀塘榮業街六號四樓 A 室
版次	二〇一九年十一月香港第一版第一次印刷
規格	十六開（170mm × 240mm）三六〇面
國際書號	978-962-04-4567-5

© 2019 Joint Publishing (H.K.) Co., Ltd.
Published in Hong Kong

扉頁圖片說明

第一章　落成於 1929 年的美洲華僑紀念堂，以慶祝創校 40 週年。

第二章　1937 年培正中學宗教事業委員會成員

第三章　20 世紀 40 年代香港培正分校校舍

第四章　20 世紀 50 年代香港培正中學校舍

第五章　1979 年培正中學 90 週年校慶的培正同學日

第六章　今日的培正中學校舍

附錄前　培正以「至善至正」的教育理念，在 130 年來培育無數「紅藍兒女」。

三聯書店
http://jointpublishing.com

JPBooks.Plus
http://jp.books.plus